Zhongguo Zonghe Yunshu Tixi Lilun Yu Shijian

中国综合运输体系理论与实践

罗仁坚 著

人民交通出版社

内 容 提 要

本书结合我国交通运输的发展进程，对综合运输体系理论的研究和指导实践进行了归纳以及问题分析，主要内容包括：综合运输体系理论的概念和内涵，我国综合运输体系发展的理念和基本思路，我国综合运输体系在构建中存在的问题，铁路、公路的地位与作用，铁路体制改革，交通运输枢纽等。

本书适合于交通运输相关专业的大学本科及以上学历的学生、科研人员以及从事交通领域工作的管理人员使用。

图书在版编目（CIP）数据

中国综合运输体系理论与实践/罗仁坚著. —北京：人民交通出版社，2009.6

ISBN 978-7-114-07742-5

Ⅰ.中... Ⅱ.罗... Ⅲ.综合运输：交通运输-研究-中国 Ⅳ.F512.4

中国版本图书馆 CIP 数据核字（2009）第 071834 号

书　　名：中国综合运输体系理论与实践
著 作 者：罗仁坚
责任编辑：曾　嘉
出版发行：人民交通出版社
地　　址：(100011)北京市朝阳区安定门外外馆斜街 3 号
网　　址：http://www.ccpress.com.cn
销售电话：(010)59757969，59757973
总 经 销：北京中交盛世书刊有限公司
经　　销：各地新华书店
印　　刷：北京鑫正大印刷有限公司
开　　本：787×980　1/16
印　　张：12.75
字　　数：274 千
版　　次：2009 年 6 月　第 1 版
印　　次：2009 年 6 月　第 1 次印刷
书　　号：ISBN 978-7-114-07742-5
定　　价：40.00 元

序　言

交通运输是国民经济发展和社会文明进步的重要物质基础和支撑条件，是人流、物流、技术、资金流、信息流等各种活动实现的重要载体和纽带，既是生产性服务业，也是消费性服务业。交通运输的发展水平直接关系到各种活动的便利程度以及运输成本，关系到经济发展、商业繁荣、国际竞争能力以及工业化、城镇化等各个方面。同时，交通运输又是一个投资巨大、建设周期长、需要大量占用和消耗资源巨大的重要基础部门。

我国综合运输的研究始于20世纪50年代后期，在推进交通运输建设发展的过程中，综合运输体系的发展思想和理论逐渐形成和渐趋成熟，并用于指导各时期的交通运输建设。《国民经济和社会发展第十一个五年规划纲要》明确提出“统筹规划、合理布局交通基础设施，做好各种运输方式相互衔接，发挥组合效率和整体优势，建设便捷、畅通、高效、安全的综合运输体系”，党的十七大进一步提出“加强基础产业基础设施建设，加快发展现代能源产业和综合运输体系”，都充分体现了建设和发展综合运输体系是国家意志、国家发展的战略要求。作者在文中认为，现代交通中五种不同运输方式的技术经济特征具有较大的差别，相互之间存在一定程度的可替代性，发挥其各自的优势，进行合理的布局和结构组合，建立相互衔接、便捷、高效的运输系统是发展综合运输、建设综合运输体系的基本目标，是交通运输贯彻科学发展观和建设“资源节约型、环境友好型”社会的具体体现。我国与发达国家是在不同的交通运输发展阶段发展综合运输体系，可以互相借鉴经验教训，通过深入研究和科学规划，利用后发优势，结合我国的国情和发展需要，在交通基础设施网络布局规划和建设阶段，就按照综合运输体系的要求和结构优化的目标进行构建发展，少走弯路，以更短的时间和更佳的路径完成体系构建与完善，在适应经济社会发展、有效满足不断增长的运输需求的同时，实现资源、资金的更有效利用和节约。

综合运输体系建设是一项非常复杂的系统工程，理论研究和认识也是一个渐进的、与时俱进的发展过程，具有阶段性。作者结合我国交通运输的发展进程，对综合运输体系理论的研究和指导实践，进行了归纳以及问题分析，指出由于我国交通运输的历史基础非常薄弱，各种运输方式的基本网络覆盖率低，都存在着巨大的发展需求，在未形成较大规模和竞争实力前，任何一种方式的加快发展对所在区域来说都是有利的，优选问题被放在了次重要位置；加之，我国不同运输方式的分部门管理体制、依靠部门自筹资金的发展方式以及宏观调控乏力，综合运输体系发展的价值观和具体调控、引导措施并未系统性形成，各种运输方式的加快发展之争胜过了综合发展的愿望，一定程度上影响了人们对综合运输体系的认识。

但实际上,我国综合运输的发展还是取得了巨大成就,主要表现在从宏观规模协调和发展政策方面促进了公路、水运、航空的加快发展,各种运输方式在规模和实力上具备了竞争能力和综合发展的条件,也为在大发展过程建设中实现体系框架结构的优化创造了基本条件,同时在煤炭铁水联运方面的实践,较好地实现了综合协调发展;比较薄弱的主要是总体交通运输能力仍然存在较大不足以及受体制等因素的影响,在运输方式进一步发展的优先选择以及相互衔接、系统一体化建设中,综合运输发展的思想还贯彻不到位。

在过去的几十年中,由于交通运输整体薄弱,与国民经济发展的要求差距很大,工作的重点主要是推进各种运输方式的加快建设,对理论研究不够重视,造成我国综合运输体系的理论研究相对滞后于实践发展。什么是综合运输体系、什么样的体系框架结构最适合我国的国情等问题,没有形成公认的、系统性的解释。作者长期从事交通运输规划和发展政策研究工作,在总结大量实践经验和相关理论的基础上,对综合运输体系概念、内涵、发展的基本思路以及目前发展中存在的问题等进行了系统性的深入思考和研究,指出综合运输体系归根到底是一种发展理念和与这种理念相配合的发展战略及政策的执行结果,实际上也是交通运输发展追求目标和理想。在交通基础设施网络系统发展层面,主要任务是根据各种运输方式的优势和功能需求进行优化组合,解决结构比例问题,以及促进各种运输方式协调发展、有效衔接,实现各组成部分在物理和逻辑上比较完善的、相互连接的网络;在运输运行与服务系统层面,主要是在制度、机制以及市场构架和规则上消除各种障碍和进行相应的建设,促进各种运输方式分工协作、紧密配合,提供一体化的全程运输服务。

此外,在铁路投融资体制改革方案的论述中,提出了合理的市场构架和通路权制度对推进铁路体制改革和真正吸引社会投资者进入的重要性;在枢纽问题研究中,提出了“交通枢纽”、“运输枢纽”的区别以及枢纽与枢纽站场的关系,枢纽站场在运输链中的功能作用等。这些论述都充分体现了作者对实践的了解和独特的思维能力。

作者在从事大量交通运输发展战略、规划和政策等项目研究中,通过长期深入思考,在前辈研究工作和理论基础上,逐步体会到综合运输的真谛,陆续形成并完善了自己的认知体系。可以说这本书是作者从事综合运输体系研究的结晶,是真正从事综合运输体系研究工作者对综合运输问题的系统性论述,是到目前为止我所读到的论述综合运输体系的最有价值的著作,受益匪浅。本书的出版,对进一步推进综合运输体系理论的研究,丰富和完善综合运输理论体系具有积极的意义和作用。同时,它也可为交通运输管理者、决策者以及研究人员和学校教师与学生提供有价值的参考。

郭小碚
2009.03.18

目　录

第一章

我国综合运输体系的概念和内涵

内容提要:我国综合运输研究开始于20世纪50年代,旨在发挥各种运输方式的优势、合理分工、协调发展,实现资源和成本节约。综合运输体系实质上是交通运输发展从国家整体利益和战略角度追求的理想目标,指由多种运输方式按照比较优势和组合功能的发展方式,构建形成的有效满足需求、结构优化、一体化衔接、运行高效的交通运输有机整体,是体现某一主流价值观的发展理念和与这种理念相配合的发展战略及政策的执行结果。主要目的和任务,一是根据功能需求和各种运输方式的优势进行基础设施网络的优化组合和促进各种运输方式协调发展,既达到节约资源,又满足功能要求;二是在制度、机制,以及市场构架和规则上消除环节障碍,促进各种运输方式分工协作、紧密配合,提供一体化的全程运输服务。

第一节　我国综合运输提出的背景

新中国成立后,经过3年的国民经济恢复和第一个五年计划建设,开始了改变工业落后面貌,向社会主义工业化迈进的建设发展时期。当时的经济体制和经济建设,在"一边倒"的外交政策下,基本上是照搬前苏联的经验,整个经济建设方针是以建立前苏联模式为目标,核心就是在经济恢复的基础上形成以国有经济成分为主体的计划经济体制。前苏联在此期间提供了大量的物质和技术援助,对我国的工业建设起到了重要作用,我国也不断派送人员到前苏联留学、培训。

在交通运输方面,至第一个五年计划完成的1957年年底,全国铁路通车里程达到29862公里,比1952年增加22%;五年内,新建铁路33条,恢复铁路3条,新建、修复铁路干线、复线、支线共约1万公里;宝成铁路、鹰厦铁路、武汉长江大桥,都先后建成。全国公路通车里程达到25万多公里,比1952年增加1倍;康藏、青藏、新藏公路相继通车。1955年前苏联成立了综合运输问题研究所，受前苏联科学院领导（60 年代初，研究所改由前苏联国家计划委员会领导），研究所的任务是调查与研究前苏联统一运输网的发展建设、运量预测以及各种运输方式的综合利用和协作等综合运输问题，其中包括改进运输业的管理方法，运输业的发展规划，探索运输业与其他国民经济部门的最佳比例关系，各种运输方式之间以及各种运输方式内部的比例关系等。

我国的综合运输研究工作正是仿效前苏联，开始于 20 世纪 50 年代中后期。主要标志是：①1956 年，国务院颁布《国家科学发展十二年规划》的交通运输方面第 1 项（3501）提出开展综合运输研究，主要任务是进行综合运输网发展规划研究；②1958 年筹建成立综合运输研究所（组织编制属中国科学院，业务上受原国家经委领导），所内的机构也基本上是效仿前苏联科学院综合运输问题研究所设置运量室、运网室等，人员主要来自铁道、交通两部的行政机关、事业单位及其所属院校；调入人员中有 5 人是解放前出国留学的，有 6 人是解放后留苏的（其中 2 人 1960 年派往前苏联综合运输问题研究所实习一年）。此后，一批有志向、有才华的年轻人陆续进入了研究所，成为了我国综合运输事业的首批先行者。

发达国家的综合运输研究是在整体交通运输达到相对较高的发展水平、各种运输方式形成较强竞争的环境下提出或形成的，而我国综合运输研究工作的提出和开展是受计划经济思想和发展模式推动的，旨在有计划按比例地发展，适应经济建设需要和节约投资、减少浪费。这一时期，虽然提出了综合发展、综合利用、按比例协调发展的思想，在铁水联运、多种运输方式协调配套的通路建设等方面也进行了一些综合运输发展的具体实践，但是，综合运输理论研究方面仍然非常薄弱、粗浅，处于起步的初级阶段，客观上，当时交通运输较低的发展水平也限制了对这方面的发展认识和学术活跃。

第二节　各阶段综合运输实践与理论研究的主要特点

（一）第一阶段交通运输发展与理论研究的主要特点

该阶段为 20 世纪 50 年代至 70 年代末，是我国综合运输工作的起始阶段。

这一时期我国处于计划经济时期，各种运输方式按照计划经济的模式发展，铁路、机场、主要港口由国家投资建设，公路由地方政府负责投资建设，其中铁路的发展和运输占绝对主导地位，运输企业基本上为国营企业，公路、水运少数企业为集体企业。总体上，交通运输整个行业基础非常薄弱，网络基础设施规模小、密度低，运输装备数量不足、技术落后，整体发展水平低下。交通运输发展的主要任务是增加数量、扩大覆盖面、支持工业布局开展和巩固国防需要，除少数干线外，主要以通达为目标，线路技术等级普遍比较低。由于这一时期的经济基础和实力弱，各行各业都急需发展，交通运输又被归属于非物质生产部门，投资严重不足，交通运输的发展与国民经济和社会发展的需要差距很大，尽管线网里程有较大幅度增长，但因原有累积基础少，覆盖率远远不足，而且相当数量的公路是以民工投工投劳、民办公助的方式建设起来的，道路状况普遍很差，加之，汽车工业等发展落后，载运工具保有量少，至70年代末，肩挑背扛、畜力车运输仍为普遍现象，相当多的人没出过远门、没见过火车。

这一时期的综合运输研究工作，理论基础非常薄弱，主要是进行调查，对交通建设和运输生产组织提出建议，在闭关锁国政策下，与国外交流和了解的国外情况极少，而且，在"文化大革命"期间研究工作基本中断。由于交通运输总体落后，各种运输方式的交通基础设施都严重短缺，运输格局以铁路为骨干，运输生产按计划经济模式进行，基本上不存在竞争和替代关系，各种运输方式的地位作用以及分工的界线都非常明确。因此，在发展过程中，基本不存在结构优化和结构比例问题，而是在于哪些项目更急迫以及如何布局更合理化。研究工作基本上是按各种运输方式分别进行，研究的重点主要是线路布局和通路建设，以及旨在节约运输能力、提高运输效率的大宗货物合理（径路）运输、铁水联运等，全国性、大区域性的交通运输整体规划研究很少，对交通运输与国民经济的关系虽有所研究，但很薄弱，综合运输网的研究主要侧重在某些主要通路各种运输方式的协调配套建设。这一时期具有代表性的一些研究有：《长江、宝成、黔桂铁路三线分流与综合发展的研究》、《铁路、水路联运运营组织方式的研究》、《淮南—裕溪口—上海煤炭水陆联运运输组织方案》、《徐州—浦口—上海煤炭水陆联运组织方案》、《我国钢铁企业布局与钢铁煤炭、铁矿石流量、流向研究》、《我国主要大宗物资合理运输流向图研究》、《胜利原油外运方式选择》，以及《运输业投资比例研究》等。

（二）第二阶段交通运输发展与理论研究的主要特点

该阶段为20世纪80年代，是我国综合运输理论研究的基础起步阶段。

1. 国民经济对加快交通运输发展的要求推动了理论研究的开展

改革开放后，随着经济体制改革和国民经济快速发展，交通运输制约国民经济发展的矛盾非常突出，运货难、出行难已成为当时社会经济活动的严重问题。交通运输工作者和管理部门深切地感受和认识到完全沿用以往计划经济的发展手段和基本依靠铁路的方式难以快速增加运力、满足需要，必须加大其他运输方式的发展，增加总能力供给和发挥各种运输方式的作用，来共同满足不断增长的运输需求。与此同时，对国外情况的了解以及有关国外交通运输方面的资料也有所增加。有关部门和研究单位积极组织了对交通运输与国民经济的关系、各种运输方式的技术经济特征、不同运输方式的合理分工、交通运输发展战略以及规划等研究和各种形式的研讨，推动和丰富了交通运输理论的发展，掀起了交通运输在国民经济中的地位作用、发展综合运输、加快各种运输方式协调发展的政策措施等方面的理论研究和各种学术活动，扩大了社会宣传。综合运输研究所在恢复后不久，就创办了《综合运输》杂志以及内部刊物《综合运输参考资料》，在刊登有关文章、规划、政策建议时，积极宣传综合运输发展的思想及相关研究与实践成果。

这一时期具有代表性的部分研究有：《"六五"期间综合运输网规划意见》、《交通运输技术政策研究》、《交通运输投资政策研究》、《发展地方铁路的几项政策建议》、《公铁短途运输合理分工研究》、《发展长江煤炭运输研究》、《中国公路运输发展战略研究》、《2000 年的中国交通运输》、《2000 年全国综合运输网规划纲要》、《中国能源运输发展战略研究》、《山西能源基地交通建设规划》、《上海经济区综合运输网规划》、《阳泉—青岛—上海煤炭水陆联运方案》、《客运运价改革的探讨》等。相当一部分研究成果和建议被政府采纳,体现在相关规划、技术文件、政策中,对这一时期交通运输发展思路的形成和计划编制、政策制定起到了积极的作用。

2. 各种运输方式基础实力的加强为发展综合运输创造了一定条件

客观的发展需要和较广泛的研究与交流,提高了人们对交通运输发展的认识,在发展策略和政策措施上,逐步从以铁路为主的比较单一的发展模式转向了以铁路为骨干、公路为基础、其他运输方式相协调的发展模式上,形成了各种运输争相发展的局面,加快了我国交通运输的总体发展。随着各种运输方式的发展水平差距开始缩小,各自的基础实力逐渐加强,不仅增强了相互配合和互补性,而且形成了一定程度上的发展竞争,为发展综合运输创造了较为有利的发展基础和条件,并要求对综合运输理论有更深的研究,以指导建设和发展。

——在改革开放思想的指导下,交通部提出了“放宽政策,搞活交通运输”和“有河大家走船,有路大家行车”的公路、水路运输市场的改革开放方针,以及随后对国营运输企业进行了政企分开改革,不仅极大地促进了运力的发展,一定程度上缓解了运力紧张的局面,而且使公路、水运有能力分担一部分原来由铁路承担的运输。实施公铁分流、加强铁水联运正是这一时期综合运输发展的研究成果和政策体现。

——民航管理体制的改革,加快了民航运输业的发展,随着经济的持续快速增长和人们收入水平的提高,民航承担的旅客运输快速增长,在综合运输中的地位和作用在较弱的基础水平上不断增强。

——在交通基础设施建设方面。1981 年国家干线公路网的划定(国道网),明确了公路干线布局框架,使得公路发展在一定意义上有了通道、干线的概念,而不再是仅仅局限于地区性的集散运输方式。在征收车辆购置附加费用以及“贷款修路,收费还贷”等政策的支持下,在“要想富,先修路”的思想认识下,公路建设获得了较快发展,开始了高速公路建设。对经济发展的作用和在综合运输中的地位提高,并且,港口建设、民航机场建设也都如此。期间,铁路虽然也在发展,但发展速度相对较慢一些,交通运输方式的结构比例和功能作用发挥方面发生了一定的变化。

随着各种运输方式基础的逐渐加强、自我发展能力的提高,客观上提出了协调发展、合理的结构比例、衔接配合等问题。但是,在交通运输整体不足、对国民经济的发展形成“瓶颈”制约的状况下,各种运输方式的发展都对经济发展、缓解运输紧张局面具有重要作用。而且,我国的交通运输是分部门管理,建设资金部门间不通用,因此,推动各种运输方式通过各自各种可能的资金渠道,加快建设,增加总体供给,是该时期交通运输发展的首要任务。这一时期的综合运输研究,重点也是主要围绕这一任务进行政策、资金渠道等方面的研究,同时也投入较多力量对综合运输网布局规划、煤炭运输通路建设、港口集疏运网络等进行研究。

3. 综合运输理论研究的重点和特点

20 世纪 80 年代,我国交通运输总体落后,基本网络尚未形成,网络规模小,结构层次低,运输能力全面紧张,严重制约着国民经济快速发展。这一时期的综合运输研究重点在推动各种运输方式加快发展,以及解决能源等大宗物资运输,在发展政策、运输网络建设规划、煤炭铁水联运、港口集疏运系统建设等方面的具体实际工作中取得了许多重要成果,对我国交通运输事业的发展作出了积极贡献。在交通网规划与建设的实际工作中,一定程度上体现了促进各种运输方式共同发展、协调配合的思想,对综合运输的内涵、定义等进行了一定的思考,但尚未形成比较系统的理论。尽管在 1987 年的中国共产党第十三次代表大会的报告中采用了"综合运输体系"这一概念,提出了把加快发展综合运输体系作为今后相当长时期内调整和改造交通产业结构的基本方向;在 1988 年七届全国人大审议通过的政府工作报告中提出了必须加快交通运输事业的发展,积极发展综合运输,把铁路、公路、水运、航空和管道等运输设施有机结合起来,适当分工,合理分流,努力提高运输的综合效率;但总体上,理论研究仍然比较薄弱,落后于具体实践,在规划上综合运输被当作各种运输方式的汇总、总和的现象非常普遍。

这一时期综合运输发展的思想,除了联运通路、集疏运系统中的各种运输方式衔接配合以外,主要是体现在各种运输方式的分工、按比例发展、综合平衡的思想上。因此,对各种运输方式的技术经济特征进行了较多的研究,突出了经济性比较的作用;并由于交通网络覆盖稀疏,在线路布局上更加强调各种运输方式的分工,以网络的基本布局和通得了、走得了为主要建设目标;综合运输大通道、功能组合的发展思想和理念尚处于开始形成和较大的争议之中,如:当时对沿江、沿海布局建设铁路的争议就很大,铁路沿线建设干线公路也遭到很大的反对。而且,在各种运输方式发展规划和投资综合平衡上,潜意识的按比例发展的思想仍然非常深厚,尽管怎样的比例是科学的并不知晓。

(三)第三阶段交通运输发展与理论研究的主要特点

该阶段为 20 世纪 90 年代,是我国现代综合运输体系理论初步形成的发展阶段。

1. 各种运输方式基础实力进一步增强,建设综合运输体系逐步得到认同

20 世纪 80 年代在改革开放方针的指导下和相关政策的支持下,原来基础落后、占比重较小的公路、水运、民航得到了相对较快发展,实力有所增强,对改善交通条件、支持国民经济的发展发挥了重要积极作用。进入 90 年代,随着经济总量规模和建设规模不断增大、商品经济的发展、人们收入的增加,使客货运输需求量大幅增长,运输紧张状况呈加剧趋势,成为国民经济发展的"瓶颈"制约。80 年代发展的实践效果,使交通工作者和各级政府主管部门更加深切地认识到加快各种运输方式的共同发展,对解决交通问题和带动经济发展的重要性,并加强了这方面的理论研究工作,综合运输的发展得到了更加重视和较广泛的学术论证,相关方面的研究和文章增多,理论体系开始逐步建立。

这一时期综合运输发展的主要任务,仍然是进一步推动各种运输方式加快建设,壮大基础,完善网络。面对落后和越来越紧张的交通运输,国家加强了对交通运输发展的政策支持

力度和投资力度,采取了"统筹规划、条块结合、分层负责、联合建设"的方针,各种运输方式进入了较快的发展轨道。交通部提出了从"八五"开始,用几个五年计划的时间,实施"三主一支持"交通基础设施建设长远规划,并于1992年报国务院同意后出台了"五纵七横"国道主干线系统建设规划。邓小平南巡讲话和党的十四大提出建立社会主义市场经济体制,在国家宏观调控下使市场机制在社会资源配置中发挥基础性作用,进一步促进了公路、水运、民航的体制机制创新和改革,调动了各方面积极性,拓展了资金渠道,加快了建设发展步伐,尤其是高速公路建设,在已建成项目体现出来巨大效果效益的彰显下,不仅逐步被社会各界所认同,而且各地建设热情高涨。港口在外贸进出口大幅增长以及内贸水运物资大幅增加的运输需求推动下,建设发展速度大幅加快;民航在更能够满足人们支付能力提高、时间价值增长等较高层次出行需求以及其他运输方式供给短缺的推动下,获得了飞速发展;一定程度上增强了进行合理分工、协调发展的基础条件和实力。

2. 建设综合运输体系逐渐成为国家交通运输发展的基本方向

经过20世纪80年代和90年代上半期的发展,各种运输方式间的结构比例发生了较大变化,公路、水运、民航的比重提高,各运输方式对国民经济和人们生活都具有较大的影响,同时总体上又都非常短缺,网络还很不完善,满足不了需要。因此,发展综合运输,推动各种运输方式的加快发展和现代化建设,并在发展中合理配置资源、加强各种运输方式的有机衔接与配合,成为交通运输发展的必然要求,也逐渐成为国家交通运输发展的基本方向。1991年的"八五"计划中就提出了"交通运输的建设要着眼于2000年或者更远一点时间国民经济发展对运力的需要,搞好综合运输体系的建设,以增加铁路运力为重点,同时积极发挥公路、水运、空运、管道等多种运输方式的优势,并使各种运输方式衔接配套"。1996年3月八届人大第四次会议通过的《关于国民经济和社会发展"九五"计划和2010年远景目标纲要》继续提出了"以增加铁路运输能力为重点,充分发挥公路、水运、空运、管道等多种运输方式的优势,加快综合运输体系的建设,形成若干条通过能力强的东西向、南北向大通道。合理配置运输方式,加快交通干线建设,突出解决交通薄弱环节,提高运输效率"。1997年,李鹏总理撰文《建设统一的交通运输体系》指出:"我国交通运输业应以铁路为骨干,公路为基础,充分发挥水运,包括内河、沿海和远洋航运的作用,积极发展航空运输,适当发展管道运输,建设全国统一的综合运输体系"。

1997年亚洲金融危机后,交通基础设施建设成为了我国"积极财政政策,扩大内需"的投资重点,在国债投资、银行贷款等各方面资金的支持下,各种运输方式的投资额逐年大幅增加。如1998年,全国公路基本建设投资从以往的几百亿元一下跃升至1500亿元以上,2000年超过1700亿元,大幅超过铁路每年600多百亿元的投资;民航基本建设投资也从"八五"末的120多亿元增加到了200多亿元。至20世纪末,不仅交通运输对国民经济的"瓶颈"制约基本缓解,而且综合运输体系的建设基础大为增强,为加强引导、优化结构、提升层次、增强满足多样化需求的适应能力和贯彻可持续发展的方针创造了有利的基础条件。

3. 综合运输体系理论研究的主要特点和代表性观点

(1)综合运输体系理论研究的主要特点

20 世纪 90 年代是我国交通运输逐步进入快速发展的时期,也是从以往以铁路发展为主、以传统的技术经济特征作为分工主要依据,向各种运输方式共同发展、合理配置、建设综合运输体系,在观念和政策上转变的发展时期。主要的特点有:

◆90 年代初期,对建设和发展高速公路存在很多不同的认识和观点,围绕是否符合我国国情以及什么是中国特色的发展模式进行了激烈的争论,高速公路建设也只得以"汽车专用路"的形式推进。交通研究工作者进行了大量的理论研究和论证,对发展的实际效果进行总结和宣传,直至"九五"中后期,我国建设高速公路、并逐步连接成网,才被逐步认同,发展形式也从"汽车专用路"正名到了"高速公路"。

◆对拓宽各种运输方式建设资金来源渠道以及调动各方面积极性的投资建设经营模式、支持政策、管理体制改革等进行的大量的研究,包括公路经营权转让、利用国际金融组织贷款等,并积极探求综合发展、综合利用各种运输方式,实现优势互补、协调发展,形成科学、合理的交通运输综合能力等方面的理论和实施政策,对加快各种运输方式的发展和综合运输体系建设起到了非常积极的促进作用。

◆发展综合运输、建设综合运输体系对传统的交通运输建设思想、既有的比例结构产生了较大冲击,对不同运输方式的发展和部门地位产生了一定影响,引发了一些不同的观点和看法;通过各种学术争论,对形成综合发展,满足经济发展和人们生活水平提高对多层次、多样化交通运输的需求,在战略层面、建设规划实施层面、应用层面都有了更为统一的认识,一定程度上也丰富了理论基础。

◆90 年代后期,因珠海机场的部分能力闲置和珠江三角洲地区机场的较密布局,引发了社会一部分人对机场布局、发展速度的争议;同时,对港口的建设发展速度、岸线资源利用也有很多争议,并影响到了国家对这些方面的相关政策。

◆对构建运输大通道进行了理论研究,在《2000 年全国综合运输网规划(纲要)》中首次提出了加强全国六大综合运输大通道的规划建议,即煤炭外运通道、南北运输通道、东西运输通道、进出关运输通道、西南地区运输通道、西北地区运输通道等,得到了国家计委及交通部门的采纳,成为我国这一时期交通运输建设的重点。

◆可持续发展和生态环境保护理念被逐步引入交通运输建设发展过程中。

(2)主要代表性观点和定义

这一时期,在为各种运输方式规划、项目建设服务的大量理论研究的基础上,对综合运输体系的概念和理论进行了一些系统性归纳和总结,形成了一些个人观点和定义。对于综合运输体系,部分学者给出了一些的描述和定义,虽各有不同,也未被普遍公认,但总体中心意思是:根据各种运输方式的技术经济特征,经济合理地发展各种运输方式,并使之有机结合形成一个完整的体系,为社会经济发展服务。在认识描述以及在制定规划和具体建设项目实施中,很大程度上是将综合运输体系作为集各种运输方式的综合体看待。

较具代表性的是杨洪年先生20世纪90年代初提出的"综合运输体系，是指在社会化的运输范围内和统一的运输过程中，按照各种运输方式的技术经济特点，形成分工协作、有机结合、布局合理、联结贯通的交通运输综合体"。90年代后期，他又修改为"它是相对各种单一运输方式的运输体系而言，包涵各种现代运输方式，按照其各自的技术、经济特征，在统筹规划下，形成布局合理、分工协作、协调发展、连接贯通、运输高效的现代化的交通运输综合体"。它主要由三大系统组成：一是综合运输网及其结合部（枢纽）系统。这是构成综合运输体系的物质基础，要求系统内布局合理、诸运输环节互相衔接贯通，技术装备先进并成龙配套，运输网络四通八达。二是综合运输生产系统。这个系统要调度指挥灵敏，便于组织全程联运，实现运输高效率、经济高效益和优质服务，充分体现各种运输方式在综合利用中的优越性。三是综合运输管理、协调系统。这个系统既要有利于宏观间接调控，实行统筹规划和组织协调各种关系，又要发挥市场对资源配置的基础性作用"。

（四）第四阶段交通运输发展与理论研究的主要特点

该阶段为进入21世纪以来，是我国现代综合运输体系理论进入逐步完善的发展阶段。

1. 交通运输进入了大发展阶段和主要发展特点

进入21世纪后，由积极财政政策启动的新一轮交通基础设施大规模建设，发展势头更加强劲，在建设现代综合运输体系的大方针下，各种运输方式进入了加快完善网络布局、提升结构层次的现代化建设大发展阶段。基本建设投资规模在上了一个大台阶后，继续逐年大幅增长，远远超过了以往规划设想。2007年，公路和水运固定资产投资规模达到了7700多亿元，铁路达到了2400多亿元，民航达到了600多亿元。在此期间，高速公路以年均增加5000多公里的速度增长，2007年全国高速公路总里程达到了53913公里，已快接近美国的量级水平，"五纵七横"国道主干线比原规划提前13年基本建成；港口建设也进入大型化、现代化建设的高速发展阶段，万吨级以上泊位达1337个，其中集装箱专用泊位建设在外贸进出口额每年30%左右增长的需求推动下，从2000年的80个增加到了2007年的253个，原油、矿石等大型泊位获得巨大发展，10万吨级以上泊位达110个；铁路在客运提速、发展重载列车、开行动车组旅客列车、建设快速铁路等方面取得了巨大发展，客运专线/高速铁路、城际铁路建设开始进入了全面建设发展阶段；民航基本完成了大型枢纽机场、主要干线机场的改扩建、新建，同时，支线机场建设获得了较大发展；长大干线管道在西气东输、成品油管道、进口原油管道等方面取得重大发展。

这一时期交通运输发展的主要特点：①加强了综合运输发展的思想，各种运输方式在制定和实施各自的发展规划中，比以往更多地考虑了现代综合运输体系的总体目标和与其他运输方式的衔接。②在支持全面建设小康社会的同时，突出了高等级干线网络化建设，现代化水平大幅提高。③从以往以传统的技术经济特征为主要依据，强调各种运输方式的分工，转向了更加注重功能组合、各种运输方式合理配置以及新技术条件下的相互交织渗透的发展模式。④投融资主体多元化、渠道多样化的投融资体制改革和政策创新进一步深化。

⑤各种运输方式更加突出以自身的比较优势进行发展，彻底扭转了以往在发展自身的同时，存在贬低、排斥其他运输方式的一些思想和言论。⑥更加重视以资源和环境约束为条件，优化交通运输结构，引导合理交通消费的选择；更加重视新技术、信息技术的推广应用。

2. 综合运输理论研究的主要方面和对交通运输大发展的主要贡献

交通运输的大发展是在相关交通运输理论研究和成果的基础上，政府部门形成相应的发展认识、决策、政策所推动的，同时，交通运输的建设与发展又进一步推动和丰富了理论研究。这一时期交通运输理论非常活跃，综合运输体系理论不断得到充实和逐渐完善，为交通运输的大发展提供了较强有力的科学决策依据。

(1)与综合运输体系理论有关的主要研究

◆进一步根据工业化、城市化的发展以及经济全球化的发展趋势，对交通运输与国民经济的关系、交通运输发展战略、现代综合运输体系的概念和内涵、符合中国国情的综合运输体系框架构建，进行了相应的研究；

◆进一步研究了各种运输方式新的技术经济特征、各种运输方式在综合运输体系中的地位和作用、未来交通运输需求和发展要求、各种运输方式的中长期发展规划、综合交通网规划；

◆进一步研究了交通运输管理体制改革、各种运输方式的投融资体制和机制创新、投(筹)融资渠道拓展、农村交通以及公益性基础设施投资建设方面的政策；

◆研究了区域经济一体化发展的交通运输规划、全国交通网络运输枢纽布局与建设、城市交通发展等。

(2)理论研究对推动交通运输大发展的主要贡献

◆构建现代综合运输体系的理论以及对满足人均 GDP 达到 3000 美元以上随经济社会持续平稳较快发展而不断增长的多样化、个性化交通运输需求的研究，为进一步加强各种运输方式的发展和建设高技术质量水平的骨干网络提供了有力的理论支持；

◆对新技术应用和更高网络化水平的各种运输方式的技术经济特征的进一步细分研究，以及成形的综合运输大通道理论，有力地推动了大通道交通基础设施的建设和组合发展，同时也对各种运输方式在区域城际交通中的功能组合提供了理论支撑；

◆对以构建符合我国国情的现代综合运输体系为总目标的各种运输方式的发展规模、布局框架、质量结构的规划研究和制订各种运输方式中长期发展规划，进一步推动了各种运输方式持续快速发展，对加快完成大发展过程起到了重要的理论指导作用。

◆投融资体制、机制、以及政策研究，对各种运输方式加快发展的建设资金筹措提供了思路和决策基础。

3. 综合运输体系理论体现的主要思想

(1)这一时期综合运输体系理论体现的主要思想

随着社会经济的发展、科学技术的进步以及人们对综合运输体系认识的不断加深，综合运输体系所应包含的理念和内涵也在不断进步和丰富。综合运输体系既是交通运输发展的目标，也是交通运输发展的一种理念。这种理念不仅要体现社会经济发展进步对交通运输的发展要求，还应体现人类生存与发展共同目标的实现以及本国的国情，具有与时俱进、不断完善的性质。通过对国内外综合运输发展的思想和实践的总结归纳，综合运输体系构建发展的思想主要体现以下几个方面：

◆各组成运输方式的多重性、平等性和包容性；

◆各组成运输方式在充分发挥各自比较优势基础上的合理利用、协调和可持续发展；

◆各组成运输方式的基础设施、运输装备等硬件设施和管理软件在物理和逻辑上相互连接和配合的紧密性、融合性和一体性；

◆各组成运输方式的结构比例随需求结构而变化并逐步趋于一致，其结构的技术水平随技术进步而不断升级；运输过程的连续性、无缝性和全程性；

◆综合运输体系通过市场机制和宏观调控来建立和发展；

◆与传统运输体系相比，综合运输体系具有更高的经济效益和社会效益，更加适应当代经济多样化、国际化、信息化、网络化和持续稳定发展的要求。

（2）与以往相比在发展理念上的差别

这一时期，我国综合运输体系理论研究在理念方面与以往相比有以下几方面的不同或进步：

◆突出了在各种运输方式完善基本网络布局和大发展过程中构建符合我国国情的现代综合运输体系的发展思路，以发展综合运输的思想指导各种运输方式发展规划的制定和完成大发展过程；

◆强调贯彻科学发展观，更加体现以人为本、可持续发展、统筹协调发展的思想理念，重视资源合理利用和节约、环境和生态的保护、人性化；

◆提高了包容性，从以往的强调分工，转向了组合功能、组合发展和发挥比较优势，以满足多样化、多层次的运输需求；同时强调政府宏观调控和发展政策的引导作用，以及管理体制改革的保障作用；

◆更加强调网络化发展、网络化的物理连接、运营组织与服务的逻辑连接；增强了城市内外交通有效衔接和区域交通运输一体化的发展思想；

◆在进一步深化投融资体制改革，实现投融资主体多元化、筹融资渠道多样化的同时，强调政府在发展中的主导作用；

◆更加重视系统整体功能和效率，以及信息化建设和服务。

4. 有代表性的现代综合运输体系定义

这一时期的综合运输体系理论研究在以往研究成果的基础上进一步深化，一些学者和专家根据新的发展趋势和研究认识，对综合运输体系给出了自己的理解和定义。比较具有代表性的主要有：

王庆云司长（《综合运输》2002）对综合运输体系的概括，他认为：综合运输体系是市场经济发展到一定阶段，在科技创新和制度创新的作用下产生的一种现代交通运输的组织形式。其理论可概括为：为满足国民经济和社会发展的需要以及客货用户的要求，将铁路、公路、水运、民航、管道五种现代运输方式作为一个有机整体进行系统研究、系统规划和系统建设，形成整体的系统能力,并以市场经济为导向,以高新技术为基础,在充分发挥各种运输方式比较优势的前提下,为人类经济发展与社会进步及客货运输用户提供安全、快捷、方便、舒适、经济优质服务的综合系统,最终实现便利产品流通,增加生产者的经济价值。它至少包括由硬件设施与软件服务组成的三个子系统:一是现代综合交通运输网络与装备系统;二是以现代信息技术与现代化管理手段为基础的安全、高效的运营与管理系统;三是充分体现市场经济规律与"用户选择"、"以人为本"服务准则的优质高效服务系统。

罗仁坚认为,综合运输体系没有具体固定的结构模式,其取决于所贯彻的发展理念以及与这种理念相配合的发展战略和政策,体现国家意志和主动性意图,不是五种运输方式各自发展的简单叠加。不同的发展结构模式,在占用社会资源总量、能源消耗、社会总运输成本支出、系统整体功能强度和效率水平,以及公平性和机动性等指标上将形成很大的不同。交通运输是社会经济大系统中的一个子系统,其所能够占用的资源和交通基础设施的最终规模必须与社会经济其他行业和部门的发展要求相协调。

他在《我国现代综合运输体系框架研究》(2003)中对现代综合运输体系的定义:是指符合于一个国家或地区的经济地理特征,适应社会经济发展和人们生活水平提高的要求,各种运输方式分工协作、优势互补、结构优化,在现代装备技术和信息技术的支持下,实现物理上、逻辑上一体化衔接的现代化交通运输系统的有机整体。具体为:基于各种运输方式的新技术经济特征和可持续发展的思想,建立形成的符合区域经济地理特征和社会经济发展要求的各种运输方式优化配置的交通基础网络系统,与采用现代先进技术和合理的运输组织方式,在物理上和逻辑上实现运输过程各环节无缝连接的一体化运输系统的有机集成。同时,宏观政策引导和行业管理自始至终贯彻于两个系统中,是现代综合运输体系形成与运行的必备支持条件,也是我国现代综合运输体系建立与完善的关键,它所体现的发展理念与具体政策措施对于综合运输体系的发展方向与结构形式以及建设重点具有根本性的影响作用。

荣朝和等(《综合运输》2008.01)认为,综合运输体系是实现一体化交通运输的设施、技术、经济和制度系统。主要组成内容包括:功能和服务层,载运工具、技术与标准层,基础设施层,组织与市场结构层,体制与政策层;此外,综合运输体系的外部环境还包括:经济结构与区域城市空间结构,自然资源与生态环境,经济、政治与文化体制。

第三节　综合运输体系概念和内涵

(一)综合运输体系的概念

总结综合运输的发展实践,实际上,由于价值观不同、评价衡量的标准不同,综合运输体系的发展没有统一最优的结果,而是在某一主流价值观主导下的较佳或最佳,而且还是一个不断优化、完善的过程。因此，可以说，综合运输体系归根到底是一种发展理念和与这种理念相配合的发展战略及政策的执行结果，是交通运输发展从国家整体利益和战略角度追求的理想目标。

发展综合运输（或建设综合运输体系）就是根据各种运输方式的特性，发挥各自的比较优势，进行更有效率和节约型的优势组合，以及建立一体化的运输系统，实现各种运输方式之间、城市交通和外部交通的无缝衔接，实现系统效率和服务质量的提高，在可供资源的支撑下，满足不断增长的各种客货运输需求和人们生活质量提高的需要。其既是可持续发展的客观要求，也是各种运输方式各自发展达到一定水平后系统自身进一步发展的要求，是交通运输贯彻科学发展观和建设"资源节约型、环境友好型"社会的具体体现和措施落实；信息技术的快速发展是推进和加快综合运输体系发展的重要要素。

因此，现代综合运输体系的概念可以简要表述为：指由多种运输方式按照比较优势和组合功能的发展方式，构建形成的有效满足需求、结构优化、一体化衔接、运行高效的交通运输有机整体。

比较完整的表述为：根据各种运输方式的现代技术经济特征和社会对资源消耗、建造成本、运行成本的可承担能力，在框架结构优化、运输系统一体化、全面信息化的战略目标和政策指引下，由多种运输方式按照功能组合、优势互补、技术先进、合理竞争、资源节约的原则进行网络化布局发展，共同构建形成的有效满足社会经济发展需要、一体化紧密衔接、运行高效的交通运输有机整体。

——有效满足需求，指要根据各种运输方式的现代技术经济特征和社会对资源消耗、建造成本、运行成本的可承担能力，从全社会可持续发展的角度，构建满足人们生活质量提高、节约资源的交通运输模式，通过供给和相关政策，引导人们对交通运输方式的选择。

——结构优化，指以体系框架结构优化为目标进行各种运输方式的组合配置以及各种运输方式自身网络的完善，发挥组合优势、组合效率。

——一体化衔接，指在物理上实现基础设施网络的一体化衔接，逻辑上实现运输环节的无缝衔接和良好的信息化服务。

——运行高效，指满足功能和服务质量要求的系统整体运行的高效率。

——有机整体，包括综合运输基础设施网络系统、综合运输运行与服务系统，以及市场机制和管理体制对两个系统构建和运行的作用和影响，其功能效用和适应性大于各种运输方式的总和。

综合运输基础设施网络系统，是交通运输工具得以运行的基础，其发展水平以及各部分的连接关系直接影响着交通运输工具的通达和运输组织方式，其各部分物理上的一体化连接是构建一体化交通运输系统和进行一体化运输组织的基础条件。构建综合运输体系在该层面主要有两大任务，一个是根据功能需求和各种运输方式的优势进行优化组合，解决结构比例问题；另一个就是促进各种运输方式协调发展、有效衔接，基础设施网络各组成部分物理上的一体化连接正是其主要内容。

综合运输运行与服务系统，是交通运输发挥功用、为人类服务以及效率效益产出的系统，是综合运输体系最终成果和效率的体现，其各部分和环节的一体化逻辑衔接是实施连续、无缝的一体化运输组织和服务的关键，也是提高交通运输效率和服务水平最具有效力的手段。构建综合运输体系在该层面的任务，就是要在制度、机制、以及市场构架和规则上消除各种障碍和进行相应的建设，促进各种运输方式分工协作、紧密配合、提供一体化的全程运输服务。

（二）综合运输体系的主要内涵

综合运输大体系，不是五种运输方式各自发展简单的叠加，是一个有明确目标、政府引导下构建形成的有机组合整体，有着深刻的内涵，具体主要体现在以下几个方面：

发挥比较优势、优化组合、合理利用资源、引导运输需求。不同运输方式具有不同的技术经济特征和适应不同层次的需求，交通运输的发展应根据资源条件和需求引导的要求，充分发挥各种运输方式的比较优势，进行规划布局和优化组合，在有效满足运输需求的情况下，实现资源的最合理利用和节约。

各种运输方式之间、基础设施与使用系统之间协调发展和有机配合。各种运输方式在布局和能力衔接上要协调发展，同时各种运输方式的运行使用系统与交通网络供给系统要形成有机匹配，实现系统整体高效用和高效率。

连续、无缝衔接和一体化运输服务。交通基础网络在物理上要形成一体化连接，运行使用系统在运输服务、市场开放、经营合作、技术标准、运营规则、运输价格、清算机制、信息以及票据等方面要形成一体化的逻辑连接，运输全过程实现一体化的运输组织和服务。

现代先进技术的应用，信息化、智能化。以先进技术、信息化、智能化提高系统整体发展水平和管理及服务水平，实现能力供给增加、安全保障性提高以及经济、环保等。

提高人们生活质量与统筹协调、可持续发展的平衡。一方面，要建立发达的、完善的现代化交通运输系统，适应经济发展和人们生活质量提高的需要；另一方面，综合运输体系的发展结构和规模要坚持和贯彻可持续发展的理念和战略，与经济、社会、环境发展相协调，要通过供给系统和使用政策以及宣传教育等引导人们树立更加注重资源节约的交通消费观念和交通行为。

第四节　综合运输体系各组成部分的相互关系

（一）综合运输体系与综合运输系统的区别以及相互关系

至目前为止，由于基础研究薄弱，对综合运输体系和综合运输系统还没有一个公认的、广泛应用的确切定义，二者经常混用。在国外，英文中也都是用 system 一词表述，中文翻译对其有体系、系统、体制、制度、方式、秩序、机构、组织等诸多解释。事实上，从汉语的词义角度，体系与系统是有区别的，作者认为，系统主要指由各要素组成的具有特定功能的有形实体及内部各组成部分的相互关系；而体系的涵义更广、具有更多抽象的内容，除了指由各要素结合组成的具有特定功能的实体整体以及内部各组成部分的相互关系以外，还包括与外部的关系。综合运输体系与综合运输系统的区别以及关联主要在于：

综合运输体系是从国民经济和社会的角度对交通运输业发展的理想追求和评价，其内容包括交通运输业发展的理念、战略、总体架构、整体发展水平、与国民经济和社会发展的适应关系、对资源的使用和节约、运行使用系统效率和服务水平、管理和政策等。

综合运输系统是指按照综合运输体系发展理念和战略，由多种运输方式分工协作、共同构建形成的服务于整个国家或地区客货运输位移的功能体集合。其是综合运输体系发展在物质方面的实体体现的结果，反映的主要是综合运输体系内部各组成部分的结合及相互关系，是从具体使用、运输服务以及效率的角度对交通运输业发展的衡量和评价。综合运输系统包括基础设施、运营组织和运输服务、信息服务、市场管理和政策等组成部分。

(二)综合运输体系各层面之间的关系

综合运输体系结构的形成，是需求与供给相互作用的结果，其中政府意志和政策引导对供给规模、结构发挥着重要作用，供给规模、结构以及使用政策又进一步影响需求结构。现代综合运输体系各组成部分之间的相互关系和政策的引导作用如图 1-1 所示。

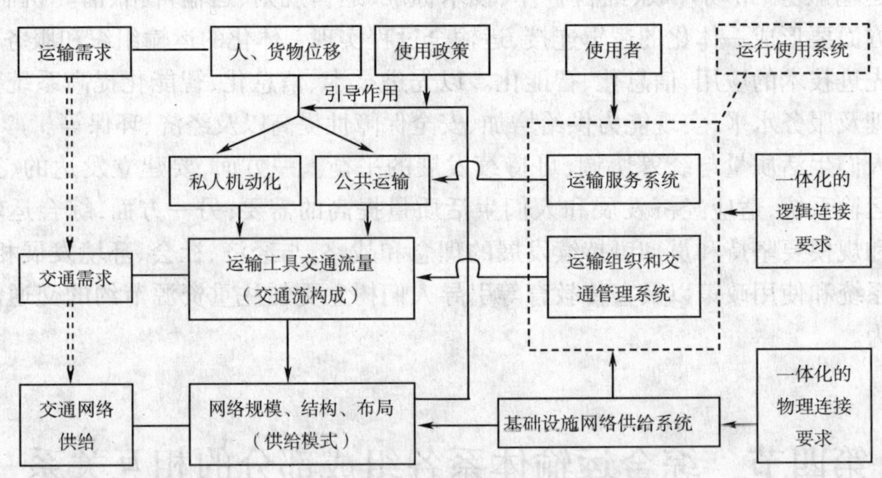

图 1-1　综合运输体系纵向层面关系结构图

现代五种运输方式具有不同的运输特性，在载运量、运送速度、可达性、占用资源和能源消耗、服务层面和质量等方面有着不同的优劣势，同时在一定的范围内又具有可替代性、处于相互竞争的关系。不同发展理念和政策下所形成的不同发展组合（结构模式），除了对占用社会资源总量、能源消耗、社会总运输成本支出、系统整体功能强度、效率水平构成较大影响以外，还会对人们的生活方式、个性化、多样化的交通需求、服务的公平性和机动性等形成较大的影响。衡量其是否合理或是否最优没有统一的计算尺度，主要取决于政府和整个社会对这些不同指标的追求程度以及社会所能够承担得起并愿意支付的包括资源在内的各种成本。

不同的发展政策和发展过程中的不同供给结构会对各层次交通运输需求产生不同的引导或刺激作用，会逐步与人们的出行和生活方式形成“耦合”，进而形成不同结构的需求发展趋势，影响系统未来结构的发展。

交通运输的发展为的是支持经济和社会发展目标的实现以及人们生活质量的提高，其本身不是最终目的，是达到其他目标的一种“工具”。交通运输系统是社会经济大系统中的一个子系统，它不能脱离社会经济大系统而独立发展，其所能够占用的资源和交通基础设施的最终规模都必须与社会经济其他行业和部门的发展要求相协调，而这些需要依靠国家政策和政府为主导来协调和平衡。

(三)综合运输系统各层面之间的关系

从交通运输系统的使用关系划分，可分为用户、交通运行与运输服务、交通基础设施三个层面，它们之间的关系及对一体化的要求如图 1-2 所示。

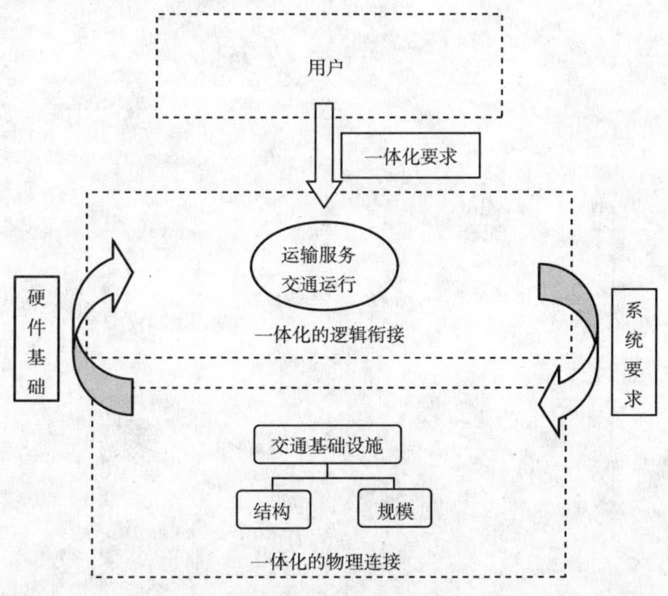

图 1-2　交通运输系统各层面关系图

(四)综合运输体系理论未来研究的主要方向

现代综合运输体系建设是一个长期的过程，综合运输体系理论的完善也是一个不断与时俱进、不断深化的过程。在目前我国交通基础设施网络、总体运输能力的发展已达到相对较高水平的基础上，综合运输理论的系统性、前瞻性、针对性，对指导交通运输在完成大发展过程中不断完善现代综合运输体系建设具有极其重要的指引性作用。结合我国综合运输体系理论研究的现状基础和交通运输发展现状及趋势,未来需要重点加强和深化研究的主要方面:一是应对资源与环境约束、工业化与城市化进程加快、经济全球化影响更深、私人机动化和运输总量需求继续快速增长等各种挑战,我国交通运输发展的战略,综合运输体系主体框架结构的构建与发展;二是综合运输大通道的交通运输组合和基础设施配置,现代化大城市的交通运输系统建设,城市群综合运输系统构建,城市内外交通有效衔接与运输枢纽建设;三是提高整体运输效率和服务水平的一体化运输组织与服务系统,一体化运输市场的构架与体制机制;四是交通运输信息化、智能化。

(完成于2008年)

第二章

我国综合运输体系发展的理念和基本思路

内容提要:构建和发展符合我国国情的综合运输体系是依据国情的必然选择,是交通运输贯彻科学发展观和建设“资源节约型、环境友好型”社会的具体体现和措施落实。我国与国外发达国家是在不同的交通运输发展阶段发展综合运输体系,可以在基础设施网络构建中就充分体现资源节约和一体化发展的思想。综合运输体系的发展需要以政府为主导进行推动,以综合运输体系大框架优化为目标,引导各种运输方式合理发展和布局,在发展中实现结构优化调整。在大城市交通运输系统中,应大力构建以轨道交通为骨干、地面公交发达的城市公共客运保障系统。积极发挥技术、信息化对系统效率、服务水平、能力供给提高的作用。

第一节　我国综合运输体系发展应贯彻的理念

(一)构建和发展综合运输体系是国家意志、政府目标

构建和发展符合现代技术发展方向和我国国情特点的比较完善的综合运输体系,以适应经济社会发展、人民生活质量提高、资源节约的要求,是我国政府一直努力的目标,也是交通运输使用者和运输业经营者所期望的目标。我国的资源条件、人口因素以及经济社会发展的资源节约、环境友好的要求,决定了我国交通运输必须走综合运输体系的发展道路,以综合发展、优势发挥、系统高效的发展方式,最大可能地合理地利用资源,高效率地满足不断增长的客货运输需求和应对经济全球化的挑战。

党的十三大报告首次在党的重要文件中提出“综合运输体系”,即“加快发展以综合运输体系为主轴的交通业”,到党的十七大进一步提出“加强基础产业基础设施建设,加快发展现

代能源产业和综合运输体系”,以及《国民经济和社会发展第十一个五年规划纲要》明确要求“统筹规划、合理布局交通基础设施,做好各种运输方式相互衔接,发挥组合效率和整体优势,建设便捷、畅通、高效、安全的综合运输体系”,都充分体现了建设综合运输体系是国家意志、国家发展战略和国情的要求。

(二)我国与发达国家发展综合运输体系的阶段差异

1. 发达国家发展综合运输体系的交通运输发展阶段

发达国家综合运输理论和政策的形成与发展,起始于20世纪中后期。交通运输作为国民经济中的一大行业,不仅其地位和作用十分重要,而且社会资源的消耗也十分巨大。社会资源在交通运输部门和运输部门内各方式间的科学分配和合理使用,引起国家和社会的广泛关注,并力图通过国家规划、政策和法规等形式加以鼓励、限制和引导,综合运输理论和实践由此而不断发展。但是,由于各国的差异性较大,对综合运输体系也没有一个比较统一的完整性概括,而且他们提出和发展综合运输的发展阶段与我国不同,他们是在各种运输方式在放松管制和市场化竞争的环境下都已获得了比较充分的发展,大规模的交通基础设施布局和建设已基本完成,各种运输方式的需求结构比较稳定,交通运输进入比较稳定的成熟发展阶段。他们所讲的综合运输,除了在新增设施布局规划中改进各种运输方式的结构配置以外,核心是在已有以单一运输方式为主的运输系统基础上,通过国家规划和政府的政策引导,在信息技术的有力支持下,实现各种运输方式的紧密衔接和资源的合理使用;强调从运输组织和制度上实现运输的无缝衔接和零距离换乘,以及交通运输在环境、能源、不同人群的可达性等方面上实现可持续发展。如美国建立国家运输系统的政策是:发展经济高效、环境友善、为国家参与全球竞争奠定基础、以较高的能源效率运送旅客和货物的国家运输系统(NITS);国家运输系统应由统一标准和相互衔接的各种运输方式组成,包括未来的各种运输方式,以降低能源消耗,减轻环境污染,同时促进经济发展,支撑国家在国际贸易中的优势地位。

国外发展综合运输的思想大体可以归纳为:在信息技术为核心的高新技术支撑下,以实现高效率、无缝衔接为主要目标,充分挖掘运输方式内和运输方式间各环节的潜力;强调各运输方式间的整合、集成和高效率协调;按照可持续发展原则,最大限度满足各类群体公众的利益和权益。

2. 我国发展综合运输体系所处的阶段

到目前为止,我国交通运输的整体发展水平与国外发达国家仍存在着很大差距,各种运输方式都尚未完成大发展过程,各种交通基础设施还很不完善,都还在积极地进行较大规模的布局规划与建设,综合运输体系及其形态正在形成和发展过程中。在这样的发展阶段,通过经验的学习借鉴,可以后发超越,即通过科学的综合运输理论和发展理念指导综合运输体系的构建,在基础设施网络的规划建设过程中,就可以较大程度地实现组合优化、节约资源的目标,并朝着一体化运输服务系统的方向进行布局建设,在建设发展过程中不断完成系统构建和完善。

经过改革开放30年的较快建设与发展,目前我国各种运输方式都已具备了相当规模和实力,2007年全国铁路里程达到了7.8万公里,公路通车里程达到了358万公里,其中高速公路里程达到了5.39万公里，居世界第二位；万吨级以上深水泊位达1337个；定期航班通航机场达148个；输油(气)管道里程达5.45万公里。不仅交通运输严重短缺的不适应状况得到根本性改善，而且各种运输方式进行合理分工、协调发展的基础条件和实力大为增强，为进行多种运输方式的合理配置、组合结构优化、共建一体化运输服务系统、发挥整体优势创造了有利条件和基础。

目前，我国交通运输业进入了全面快速的大发展阶段，2007年交通运输固定资产投资达到1.2万多亿元，进入21世纪以来，各种运输方式网络规模和大型基础设施数量大幅快速增长。为了应对由美国引发的全球金融危机，交通基础设施建设再次成为"增投资、扩内需、保增长"的重点。在当前和未来一段时期，各种运输方式的发展以及所形成的比例关系、结构关系，将基本决定着我国未来综合运输体系的框架和结构模式，关系到综合运输体系发展的战略意图和目标能否被有效贯彻和实现，是我国综合运输体系构建形成的关键发展阶段。

(三)我国综合运输体系发展的理念

我国交通特点，一是人口数量庞大，大城市数量多、分布广，正处于工业化、城镇化进程加快发展阶段，城市数量和规模、人员流动和出行总量仍在继续以较快速度增长；二是正处于全面建设小康社会时期，地区经济发展、不同群体收入水平差距大，交通运输需求多样化发展趋势明显，个性化、高层次交通运输需求增长快速；三是国土面积大，资源与产业分布不均衡，原材料与产品流动范围广，各种运输方式都有较大的适应范围和发展空间；四是人均土地资源、环境容量小，交通运输需求强度高，矛盾不断加剧。为此，我国的综合运输体系发展应贯彻"以人为本和促进经济社会发展，有效满足运输需求，优势组合和系统整体高效"的可持续发展理念。

1.应构建发达、完善的交通网络系统，以促进经济社会发展和人们生活质量提高

交通运输是国民经济发展和社会文明进步的重要物质基础和支撑条件，直接关系到经济发展能力和人们的生存、生活条件，是经济社会发展必须投入的社会先行成本。我国交通运输发展不足仍然是制约我国经济发展、国际竞争力提高、全面建设小康社会的重要因素，影响着市场配置资源和生产要素流动的效率，影响着以人为本思想的落实。虽然资源、环境条件对我国交通运输的发展和模式选择构成较大的制约，但是，资源是要为人类发展所利用和服务的，可持续发展的涵义并不是指不能利用和开发资源，而是强调合理和有效利用资源，"既满足当代人的需要，又不损害后代人满足需要的能力的发展"，其包含经济可持续性、社会可持续性和环境可持续性。从国家发展、全球竞争、经济可持续性的角度和要求，交通运输的发展规模和水平必须与经济社会发展、人们生活水平提高的要求相适应，即：提高人类的生存能力和生存质量，发展本身也是社会可持续的重要内容。因此，必须以科学发展观为指导，坚持发展为第一要务和以人为本的思想，加快构建和完善符合我国国情的交通运输网络系统，总体发展规模、布局、层次结构、技术水平要满足经济社会发展需要，以及具备较强的国际经济竞争保障能力。

2.应选择符合国情的主导型交通运输模式，引导发展和需求选择

以人为本与可持续发展是矛盾的辩证统一。一方面，个性化、多样化交通运输需求的增

多是经济发展、人们收入和生活质量提高的一种体现，从适应需求的角度，交通运输的发展建设应服从于人们生活品质不断提高的要求；另一方面，资源的有限性和可持续发展的要求，又决定了交通运输不能完全以满足少数高层次需求为发展的追求目标，而应以满足多数人的交通运输需求为主要发展目标，同时，从维护社会整体和长远发展的角度，要求人们在追求物质生活和享乐中应该有一定的节制性，政府对此在资源分配、设施供给、使用政策上要进行相应的引导。因此，主导型交通运输模式的选择应以承担得起的资源消耗和成本支出、满足大多数人的交通运输需求和社会长远发展为前提。

我国人口多、土地等资源约束强的基本国情，决定了不能采取美国式的"小汽车+飞机"为主的交通运输模式，而应该选择资源占用少、能够承担高强度运量、集中运送的交通运输模式。应以有效满足不断增长的"运输"需求，而不是满足各种不断增长的"交通"需求为发展目标，通过政府的科学规划和交通资源的有效配置，构建以公共运输为主导的现代化综合运输体系，有效满足人们出行和货物运输需求以及对质量的要求，对于占用和消耗资源高的个性化交通需求不可能大量或无限度满足，应通过有限度的基础设施供给和市场调节、政策引导进行一定抑制和转换。

3. 以综合运输系统一体化，实现整体高率和服务水平提高

发展综合运输体系除了基础设施网络优势组合、结构优化以外，一体化、高效的交通运输服务系统是综合运输体系的核心目标之一。只有根据市场原则，按各种运输方式主要功能和优势进行合理分工、紧密协作，消除各环节的衔接障碍，建立全程运输服务一体化的综合运输大系统，才能通过系统效率的整体提高，达到资源的较大节约和整体运输服务水平的提升。为此，在基础设施网络、枢纽站场的布局规划和建设中，就应该按照一体化系统的目标和运行模式，进行各种运输方式间、对外交通与城市交通衔接的统筹规划与协调，实现物理上的一体化连接，为运输系统一体化打造基础；在综合运输服务系统构建中，应消除各方面的体制障碍，按照一体化系统的运行模式和发展的条件要求，进行制度、机制、市场构架、运输组织、市场规则、技术标准、信息平台、法律法规保障体系等方面的建设与完善，实现各环节的一体化高效衔接和服务提供，为全程运输服务模式的推广创造发展环境。

此外，应加快交通运输信息化、智能化水平的提高以及装备现代化，以技术手段实现能力、效率和服务水平的提高。

第二节　我国综合运输体系构建发展的基本思路

交通运输是现代社会经济赖以运行和发展的基础，交通运输的发达程度直接影响对经济发展的支持力度、人们生活质量以及产品国际竞争力的高低等。至目前为止，我国交通运输还没有完成大发展过程，总量规模和质量与我国经济地理发展的需求都还存在着较大的

差距，还不能有效地满足我国工业化和城市化发展的需要，不能对社会经济发展提供足够的有力的基础支持。同时，交通运输又是占用资源和消耗能源较多的产业，在给人类社会带来便利、克服空间距离阻碍的同时，占用了大量的土地资源，带来了环境质量等负面问题；而且，我国人口总量多，人均资源容量和环境容量都大大低于发达国家水平，甚至低于世界平均水平，交通运输的发展受资源的约束性强。因此，我国综合运输体系的发展将面临着如何更快地发展和更有效地利用有限的资源的问题，既不能因为强调发展而造成较为严重的环境破坏和损害后代人满足需要的能力，也不能因资源和环境保护、片面地理解可持续发展的内涵而制约交通运输的发展，阻碍经济的发展和人们生活质量的提高，要将提高人类的生存能力和生存质量作为社会可持续发展的重要内容。

为此，我国现代综合运输体系的未来发展思路应该是：以国情为基础；以适应工业化、城镇化快速发展，有效满足运输需求为目标；以现代技术和科技进步为重要支撑；加快现代化建设，发挥组合优势，节约资源，可持续发展。

（一）以综合运输体系大框架优化为目标，在发展中实现结构优化调整

1. 以大框架优化为目标，编制各种运输方式发展与建设规划

构建和发展符合现代技术发展方向和我国国情特点的比较完善的综合运输体系，以适应经济社会发展、人民生活质量提高、资源节约的要求，是我国政府一直努力的目标，也是交通运输使用者和运输业经营者所期望的目标。我国的资源条件、人口因素决定了我国交通运输必须走综合运输体系的发展道路，以综合发展、优势发挥、系统高效的发展方式，最大可能地合理地利用资源，高效率地满足不断增长的客货运输需求和应对经济全球化的挑战。在党的十三大文件中就提出了“加快发展以综合运输体系为主轴的交通业”，《国民经济和社会发展第十个五年计划纲要》提出了“交通建设要统筹规划，合理安排，扩大网络，优化结构，完善系统，推进改革，建立健全畅通、安全、便捷的现代综合运输体系”。这些都充分体现了发展综合运输体系是国家意志、国家发展战略的要求。

由于各种运输方式都具有一定的可替代性，替代的范围和程度取决于对运输方式质量的追求和愿意支付替代发展的成本大小。交通运输的主导方式、各种运输方式的组成结构是在一系列发展政策环境下形成的，任由市场自行发展，很难会形成合理的结构关系或发展比例，资源必定是更多地流向于更具有现实回报和更符合人们追求物质生活质量的方式。而一旦这种趋势形成规模，需求将会越来越集中于这一方式，即使其他方式更经济、更具有社会效益，也很难扭转，或需要付出巨大的代价。同时，交通基础设施是一种投资大、占用土地等稀缺资源较多、建设周期相对较长，长期服务于社会经济的一种基础设施，建成使用和沿线土地被开发利用后，再进行改造或布局调整的社会成本极高；而且，一旦有限的线位资源被某一运输方式或其他行业占用后，再进行调整和发展其他运输方式将会遇到极大的困难和需要付出更大的代价。

交通运输体系最终结构和形态的形成有两种方式，一种方式是各种运输方式以木运输

方式为中心,以满足全需求的发展方式进行网络布局、自系统完善以及结构优化,在供给大于需求的情况下,各种运输方式形成比较激烈的市场竞争,最终只能停用部分设施和降低能力利用率,逐步达到一种相对平衡的结构状态;另一种方式是在对体系科学研究的基础上,政府制订长远发展目标和规划,指导各种运输方式按照大系统、结构优化的原则进行合理分工和组合发展,最终建成体现政府意图的系统高效、满足需要又节约资源的综合运输体系。我国的资源条件、经济条件,决定了必须以较少的资源、最有效的途径来满足高强度的不断增长的运输需求,适应经济社会发展和人们生活水平的提高,在资源、资金上不允许有太大的浪费,在发展进程上必须抓紧时间,不允许走太多的弯路。

因此,我国交通运输的发展必须以综合运输体系大框架优化为目标,研究综合运输体系大框架结构,编制长期发展规划,各种运输方式应在此大目标的指导下编制各自的发展规划,在网络布局、系统建设中体现多种运输方式协作、组合的思想,在建设和完善各自网络以及系统的过程中,综合运输体系随之逐步构建形成和完善。有发达国家的经验和教训作借鉴,我国完全有后发超越、少走弯路的条件,而且我国的经济体制也有利于采用这种发展方式。

2. 以发展为主题,在发展中逐步实现结构优化

(1)目前只是低水平的暂时缓解,交通基础设施依然很薄弱

尽管改革开放以来特别是近十几年通过大力建设交通基础设施,交通运输全面紧张状况已得到缓解;但是,目前的缓解是在我国社会经济发展水平和人民生活水平较低情况下实现的,是一种低水平的、暂时的、非全面性的缓解。从总体上分析,我国各种运输方式的交通基础设施依然薄弱,交通基础网络布局还很不完善,交通运输系统整体效率和服务质量不高,运输成本尚未有效降低,在经济全球化的大背景下,对改善投资环境和提高产品的国际竞争力的支持明显不足。而且,由于相当部分的基础设施处于饱和或接近饱和的高强度中,可用于满足未来需求增加的富余能力和应变的弹性能力严重不足,同时相当一部分地区的交通还很落后,严重地制约着摆脱贫困和国土开发。

与发达国家相比,在交通网络的密度、通达度、服务水平等方面,我国都存在相当大的差距。我国国土面积比美国略大,而铁路里程只有美国的1/3左右,公路总里程和高速公路里程只为美国的28%,机场数量只是美国的1/38。尽管以单一运输方式的基础设施数量进行对比,并不能直接说明真正的需求差距,但是,各种运输方式都同时差距很大,就完全可以说明落后程度。从我国现有的交通基础设施布局看,铁路、公路、机场、管道等还未形成基本完善的网络布局,公路平均间距高达14公里左右,铁路平均间距达300多公里,平均7万多平方公里才有一个机场,还有0.5%的乡镇和7.9%的行政村不通公路,与现代文明形成极大的反差。

(2)交通运输是商品市场发展的基础,是交易成本的重要影响因素

交通运输是国民经济和社会发展的基础,它连接和贯穿着其他所有的经济产业和人们的生产、生活以及社会活动各个方面。现代社会是商品经济社会,商品经济的基础在于商品

的流通和交易,而交易的发达与否在于劳动分工的细化程度和交易成本的高低。交通运输既是商品交易实现的条件之一,也是构成商品交易成本的重要组成因素,它既影响商品的流通过程中的流通成本,也影响商品生产过程的生产成本。交通基础设施的不足和交通状况质量差,不仅会造成人员往来和货物运输的直接成本增加,而且会使得社会生产、生活活动低效率,信息的作用效力减弱,活动成本和商品的生产成本增加,最终导致总交易成本的增加、贸易额下降、市场活跃度降低,进而影响社会分工的深化和社会生产力水平提高的速率以及社会财富的创造。根据斯密定理和杨格定理的定义:"经济发展是一个以交易费用下降为核心,劳动分工和制度变迁循环累积,互为因果的过程。"以及"市场范围的扩张是分工深化的必要条件,市场范围扩张的关键因素是交易费用"。交通运输的改进是实现降低交易费用和促进市场扩张极其重要的手段,市场范围的扩张又促使专业化分工的进一步深化、生产效率的提高,进而完成递增报酬的实现。由此,要实现经济增长,就必须尽可能地改善交通运输条件,消除空间阻碍和降低交易费用。而目前我国交通基础设施数量和质量无论是从为现代社会生产活动和人们生活创造较好的基础条件,以及降低交易成本、提高在国际上生存能力需要的角度,还是从为分布在我国东西5400公里、南北5200公里辽阔疆土上的人们提供基本交通支持和国防安全的角度分析,都还远远满足不了需要。不仅跨区域交通运输能力不足、运输成本高、运输服务质量低,制约了交换能力和市场范围,而且区域内部交通基础设施的通达度、网络密度不够,总体质量等级低,便捷性、畅通性不能较好地满足货物运输和人员出行的需要。

(3)工业化加快发展过程需要交通运输的较充分发展作为基础支撑

交通网络是社会经济联络的纽带,是现代社会生产和生活的基本条件,是生产力的组成部分,是人们的活动范围和生存质量的体现之一,其发达程度直接关系到一个国家或地区的生产力水平、经济和社会的发达程度、人们生活质量、产品的国际竞争力、国防安全等各个方面。经济发达的国家或地区,交通运输必定发达,交通运输落后的地区一般地经济发展也相对落后,其主要的原因就是交通不便,不能有效解决通达性和畅通性问题,运输成本(广义成本)和运输效率制约了地区经济发展。

①发达国家工业化过程的交通运输发展

从世界发达国家的工业化过程看,工业化的发展过程无不是在相应的交通运输大发展的支持下不断演进的。从工业革命初期开始,伴随着蒸汽轮船的发明与使用,大部分欧洲国家和美国都经历了水运大发展和运河大建设时期,为工业化初期大量大宗散货的运输需要和经济的高速发展提供了基础支持。19世纪20年代,火车的发明,弥补了水运因受地理条件限制较多的不足,极大地增强了跨区域的社会经济联系。各个进入工业化的国家掀起了建设铁路的高潮,至20世纪20年代末,全世界铁路总里程达到了127万公里,形成了基本完善的铁路网布局,其中美国的铁路网总里程在最鼎盛期达到了40.9万公里,为这些国家的经济起飞和规模扩张提供了较有力的交通运输基础支持,促进了生产力水平和工业化水平的提高。从20世纪20年代后,随着汽车进入规模化生产,一种便利性、机动性、通达性更好的现代交通运输方式得到了高速发展，适应了以资金和技术密集型为主的工业结构对交通运输的需求和人们对时间和便利性的追求，使生产力水平在更高的层次上得到了较快发展，改变了社会生产和生活方式。在汽车交通大发展的同时，管道和民航业也获得了较快发展，达到了相当规模，满足了油气运输和人们对速度的要求。在各种运输方式的发展过程中，一种更具有现代发展方向的新运输方式的产生不是取代原有的运输方式，而是一种竞争共存的关系。随着各发达国家进入后工业化时期，各种运输方式通过大发展达到一定的规模，并在各种新技术充分利用、各自的技术经济优势得到体现和市场竞争下，运输结构也基本趋于稳定，总体物理规模基本可以满足当今和未来的社会经济发展的需要，各种运输方式进入了一体化的综合协调发展阶段，可持续性、公平性、舒适性成为了重要发展内容。可以说，如果没有交通运输的大发展和及时提供足够的基础支持，工业化的进程就会大大减慢，就不会有今天的发达程度。

②我国工业化的发展阶段和交通运输发展的差距

我国与发达国家的差距，既表现在经济发展水平和总量规模上的差距，更表现在支持经济发展的基础设施上的差距，基础设施的数量和质量还不能较好地支持经济起飞的需要和人们提高生活质量的要求，只能被动地适应。我国交通基础设施虽然在近20多年获得了较大发展，但是，目前的总体水平还很低，从我国社会经济发展所处的阶段看，还难以为未来的发展提供足量的基础支持。

一是我国经历的工业化发展时间较短，总体上还处于工业化中期阶段，虽然利用后发优势可以加快工业化的进程，缩短整个过程的发展时间，并且，电子技术、信息技术等世界性的高新技术产业也已占据了一定的经济规模和比重在不断提高，但是，我国工业化整体水平还不高，要真正完成工业化过程还需要较长的一段时期。目前，我国正处于工业化的加速发展期，在这一时期，能源、原材料的需求随着经济总量规模的扩大而不断增长，劳动密集型产业、资源密集型产业与资金密集型、高新技术产业并存，城市化进程显著加快。虽然单位产值的货物运输量虽然随着产业结构层次的不断提升和产品技术水平的提高而呈下降趋势，但下降的速率明显小于经济规模扩大而新增的运输量增长速率，而且我国国内市场范围的广大，随着社会生产分工的细化、产品种类的丰富以及同类产品的服务和质量差异化，产品在全国范围的流动量大、流动距离长。因此，未来货物运输总量增长的弹性系数虽然小于1.0，但仍然还会保持在相对较高的水平。客运需求随着人们收入水平和城市化水平的提高，将会大幅快速增长。“十六大”提出了建设全面小康社会和基本实现现代化的目标，21世纪头20年国内生产总值力争翻两番，基本实现工业化，综合国力和国际竞争力明显增强。根据运输需求与国民经济和工业化个阶段的关系，到2020年，我国的交通运输需求总量将达到目前的2.5~3倍左右，现有只能勉强维持适应现实需要的交通基础设施，将根本无法适应未来的发展需要。单从需求总量上看，达到比目前适当更宽松的适应度适应未来社会经济的发展需要，交通运输能力需要比目前再提高2倍左右。因此，在未来相当长的一段时期，交通运输还必须大力发展，还必须较大幅度地增加总量规模和提高质量并优化运输结构，才能为国民经济的快速发展和综合国力的提高提供较强的基础支持和创造经济起飞的条件，才能进一步促进社会分工、加快技术的扩散推广应用和提高生产力水平，才能进一步降低交易成本、提高产品的国际竞争力，才能通过跨越式的发展较快地基本实现工业化，才能不断适应人们生活质量提高的需要。

二是交通基础设施分布决定着国家范围内的地区经济地理，我国幅员辽阔，人口和城市分布广，资源分布不均衡，区域经济发展差距大，产业布局与资源分布不一致，存在着大规模的能源、原材料跨区域运输和人员的大规模、大范围流动。目前的交通运输发展水平在机动性和可达性等方面与人口的分布、资源的开发和有效配置等还不能较好地适应，而且即有的交通基础设施状况也较差，运输成本相对较高。交通运输系统的机动性直接意味着人员或货物空间位移的能力强弱，意味着市场的范围和商品经济的发达程度，意味着资源配置的效率；可达性的目标是要为全社会所有人提供基本的交通服务和不断创造更好的生存和生活环境，其更多地代表了社会的公平和区际间的公平，是社会可持续性的发展要求。我国目前在这两方面都存在着较大的差距，①现有交通基础设施密度不够、通达深度不够，还有一部分人享受不到基本的交通服务或成本过高而无法使用，相当一部分经济落后地区和边远地区因交通基础设施严重不足，资源无法有效开发利用，经济发展缓慢，人们生产生活条件很差，距离小康水平还有很大的距离；②尽管由于高速公路的发展，部分干线公路交通状况有了较好的改善，航空运输也基本能够满足当前因收入不平不高、总量需求规模不大的运输需求，但是，总体上，我国现有的交通基础设施质量等级不高，交通运输能力依然不足，缺少必要的能力储备，刚性很强，满足需要的服务水平低，经常是通而不畅，或不能提供足量的服务；特别是铁路，在节假日期间，能力供给严重不足，在平日，稍高层次（卧铺等）的供给也明显不足，人性化水平低。总之，现有交通基础设施的机动性水平、效率水平还较低，社会运转和经济发展的成本还相对较高，经济地理条件还远未根本改善。

（4）发展仍然是我国未来交通运输的主题，结构优化应该通过增量调整

目前包括铁路、公路、民航以及城市交通在内的各种运输方式的基础设施布局还不完善，各种运输方式都不能有效地满足我国工业化和城市化发展的需要，不能对社会经济发展提供足够的基础支持，与我国经济地理发展的需求都还存在着较大的数量规模和质量水平差距。根据交通运输的发展阶段划分，各种运输方式都还没有完成大发展过程，交通运输的总体功能和各种运输方式能力供给都还不能有效满足经济社会发展和工业化、城镇化、城乡一体化的需要，还需要有一个规模扩大、布局完善、结构层次提升的发展过程，加快发展、增加供给仍然是我国都市未来十几二十年交通运输发展面临的重要任务，也是解决交通运输能力不能有效满足需要的根本出路之一。为此，在未来一段时期内应在综合运输体系中长期发展规划和大框架优化的目标的指导下，继续以发展、增加供给为主题，在发展中通过增量和存量升级逐渐完善。一是要继续支持各种运输方式完成大发展过程，通过增加总量规模，提高我国交通运输的机动性和通达性，提高对未来社会经济发展的支持能力，扩大资源的配置范围和增强资源配置的有效性，解决网络结构层次性矛盾和缩小地区间发展差距；二

是借鉴国外的发展经验,在发展过程中要根据综合运输体系的发展目标,按照各种运输方式的合理分工与协作,加快符合未来发展需求的主导运输方式的发展,通过增量的调整和存量升级,使各种运输方式之间的结构和布局逐步趋于优化,实现交通运输整个大系统的国民经济效率效益水平的较大提高;同时通过后发优势,充分利用现代先进技术和体现现代交通发展理念,减少弯路、缩短发展过程,实现交通运输的跨越式发展。

(二)以新的技术经济特征和需求结构为依据,发展综合运输网络系统

1. 以优势组合,实现社会资源节约和系统整体高效

(1)不同的组合构建成不同的资源消耗水平

在当今社会,任何一种产成品的生产、流通、分配、消费过程,基本上很难以靠单一的运输方式以较低的物流成本完成,而是需要各种运输方式协调合作、共同完成。这对每种运输方式从客观上提出了必须用系统的、综合的方法,更多地采用联合运输等一体化的运输方式,才能充分发挥各自的优势和潜能,达到效益、效率最大化。

从世界范围看,现代交通运输经历了从水运——铁路——公路、民航为主导的发展过程,每一种运输方式的广泛使用都与社会经济发展水平和各种运输方式的技术发展水平紧密相连。在当今五种主要的运输方式中,相互之间都具有一定的可替代性,替代的强度既取决于运输方式技术上的经济性,也取决于各种运输方式的在不同区域的发达程度以及由政策决定的使用成本。五种运输方式的不同发展组合,将构成不同的社会资源消耗数量和系统效率水平,构成不同的社会总运输成本,并且对产业布局、生产组织方式、人口分布和生活方式产生不同的影响。

(2)发达国家构建综合运输体系的特点

世界发达国家综合运输体系的发展主要有两个特点:一个是铁路和其他运输方式私人经营的特点,追求利润增长和市场竞争,使得它们在经营中客观上融合了联合和优势互补的思想,在运输生产过程中有主动的动机为各种运输方式的协调配合和运输组织方法的创新以及跨行业经营创造发展条件;二是基本上都是在完成大规模交通运输基础设施建设,各种运输方式形成较强的市场竞争之后,通过制订相应的运输发展政策,促进各种运输方式的合理分工和协调发展,各种运输方式之间的分工主要是通过运输价格和服务质量等方面的市场竞争来实现的。欧共体国家政府的运输政策大体是:对运输经营是自由竞争,用户自由选择;而对运输基础设施投资、运价、税收和财政补贴则实行国家调控,强调要按照运输需求和各种运输方式的技术经济特征合理分担客货运输量,同时,注重保护环境和资源的合理利用。日本则是通过确定经济发展、国土开发计划与运输系统协调配合,加强综合运输设施建设,对运价、税收、补贴等进行协调,以及实施相应的能源与环境保护对策等,实现交通运输的协调发展。

交通运输既是社会经济的发展的基础,也是国民经济的重要组成部分。在经济发达的国家,先进的更符合社会经济发展需求的交通运输方式会获得较快和较大规模的发展,这也是基于当时的背景和技术发展水平较有效率的选择。但是,随着新的交通运输方式的产生

和新技术的不断应用，对原有运输方式产生越来越大的挑战，市场结构也在按照各种运输方式新的技术经济特点通过市场竞争逐渐发生变化，直至达到一种相对的平衡。这也是美国铁路在高速公路和民用航空大发展之后，受到竞争挤压，市场份额和需求下降，较大规模拆除铁路线路的一个发展结果。

(3)在大发展过程中实现各种运输方式的优势组合和协调发展

现在，五种运输方式的技术发展都已比较成熟，各种运输方式的技术发展潜力和对现代社会发展的作用在未来相对较长的一段时间内也具有较强的可预见性，发达国家的运输结构是各种运输方式通过市场竞争形成的结果，代表了当代社会文明这一时期的发展趋势。我国的交通运输正处于大规模的建设发展过程，具有后发优势的有利条件，应该充分分析和借鉴发达国家交通运输发展的经验和最新的发展趋势，在发展过程中实现跨越，少走弯路，在大发展的过程中就贯彻综合运输的理念、可持续发展的理念，在大发展的过程中不断实现和完善各种运输方式的合理分工和协调发展，使建立完善的综合运输体系的发展目标在交通运输的建设发展过程中逐步得到实现，使发展过程中的体系保持较高的效率和保证资源的合理利用。

各种运输方式的技术经济特征和运输方式之间的可替代性，客观上决定了每一种运输方式在确定的地域范围内使用的比较成本和使用的广度。但是，对某种运输方式而言，随着技术的进步、交通基础设施质量的提高、更先进的运输工具的使用，会使整体运输效率和服务水平提高，其除了原有的基本需求以外，还会突破原有的技术经济适用范围，并通过促进社会经济发展产生新的诱增需求和转移其他运输方式的运输量。同时，运输需求的增多，也会来自于综合运输整体发展水平的提高，因为交通运输是国民经济的基础、是国民经济发展的先导，与国民经济之间存在着相互循环的推动作用，交通运输条件的改善，会使经济发展产生新的比较优势，会使区域的产业聚集效应增强，拉动经济的发展，社会经济发展速度提高，从而产生新的交通需求，使区域的交通需求总量增加。此外，各种运输方式之间虽然存在着竞争和替代关系，但也存在着相互增强的作用，某一种运输方式需求增加也来自于其他运输方式的发展，如：港口运输量，要依赖于集疏运的铁路和公路的发展，同样，港口的发展也为铁路和公路带来了更多的运输量；也即某种运输方式某一时段的运输总需求是整个交通运输系统与国民经济相互作用以及各种运输方式相互间达到一种暂时平衡的结果，不是独立的，是对应于综合运输系统某一具体结构状况下的需求。因此，为了充分利用各种运输方式的优势，最大可能地为社会经济发展服务和尽可能地降低社会总成本，应依据各种运输的新的技术经济特征和未来的发展前景对综合交通运输网络系统进行合理布局规划。在规划的思想上，要考虑各种运输方式的使用成本特征，但不可作为唯一的依据，要充分体现社会的进步性，要将时间效率、便捷性、个性化需求作为重要的衡量标准，要考虑各种运输方式的互补和相互促进的作用，要以实现整个大系统效率的高效为目标。

2. 依据各种运输方式新的技术经济特征，突出发展重点

(1)公路发展重点

公路是全社会普遍需求的、最基础性的、为其他运输方式实现全程运输服务提供配合支

持的面上及干线运输方式，要形成布局和层次结构合理、功能完善的基础网络系统，骨架干线要高速化，次干线要快速化，支线要密化。

公路网络系统既是独立完整的系统，又是与其他运输方式紧密衔接的系统，是一个接口开放性的系统。高速公路的发展，车辆运输的大型化，改变了公路原来速度慢、运输能力低的技术经济特征，也改变了人们的出行习惯，促进了物流服务方式的发展，在主要的城市间已成为运输大动脉、产业经济带的先导者。因此，在规划中，要对公路作用再认识，要充分认识公路在现代社会发展中的重要作用和主干公路在综合运输体系中的骨干作用。现代综合运输网络系统可以理解为两个层次，一个层次是基本网络层次，该层次就是公路基础层次（包括内河河道），即公路必须有足够的规模和合理的布局结构，提供人类赖以生存和发展的最基本的、普遍的网络性服务；另一个层次是干线网络层次，该层次为如何根据各种运输方式的技术经济性和地域经济地理特征以及现在和未来的需求特点进行网络的优化配置，也是综合运输体系的重点，高速公路是构成干线网络层次非常重要的内容。

关于公路占用土地问题。公路是现代文明的物质基础之一，是各种社会经济活动联络的纽带，是出行方便性和机动性的最佳交通方式，是对人们生活方式和生活质量影响最大的一种运输方式，从社会资源的分配的角度，理应占据一定比例的土地等有关资源。在运输方式比较中，公路与铁路的功能与作用有着很大的不同，对应着不同的运输需求，尽管二者之间具有一定的替代性，但它们对于地区经济和区域经济的发展的不同影响是不可替代的，它们之间对经济的影响关系是互补、相互增强的关系。不能简单以占地多少来进行优劣评价和选择，而应将土地作为资源的约束因素之一，从满足社会经济发展和多样化交通需求，从综合运输网络结构完善，以及世界交通发展趋势和资源可承担等多方面来评判和确定合适的发展规模及网络布局。实际上，如果只计算线路占地，按公里计算的高速公路总体用地大体为铁路Ⅰ级干线的1.24~1.37倍，按单位货运能力计算的高速公路总体用地大体为铁路Ⅰ级干线的1.46~2.54倍。

此外，在选择交通运输方式与建造标准时的指导思想应是：在可承担得起的资源和成本消耗的情况下，建立能够较有效地满足人们出行和货物运输需要、创造更好生活和工作环境的交通运输系统，而不仅仅是占用自然资源最低的交通运输系统，否则，现代交通方式就没有必要发展，生活质量的提高必定是要占用和消耗更多的资源和能源。

（2）铁路发展重点

铁路是运量起点较高的、大宗长途运输主力的线上运输方式，要形成干线网络框架和大通道的骨干。我国东西长5400公里、南北5200公里，幅员广阔，城市和人口分布广，资源呈不均匀分布，地区经济发展不平衡，大量的货物和旅客需要长途运输，铁路在综合运输体系中的骨干作用是其他运输方式难以取代的。特别是我国经济发展水平总体还不高，运输的费用经济性对运输方式的需求选择有着极其重要的影响，这一点与发达国家有着很大的不同。同时，铁路的经济性是基于高起点的运量，一般大宗运量的发送点与达到点都相对比较集中，流向比较明确，而且铁路主要是一种中间运输方式。因此，铁路路网系统应着重于干线和通道,要形成与地理空间和大运量流向相适应的较完善的框架网络布局,而没有必要形成一个普遍的高密度的网络(这也是国外拆除部分铁路支线的一个重要原因)。主要干线大通道要大力建设客运专线,形成客货分线运行的格局,满足客运需求集中的快速旅客运输需求和货物运输能力需要;支线建设必须要有运输量作为支持、以经济性作为主要评判标准,运量小的地区完全可以加强其他运输方式的发展以满足需求。

铁路在发展中要避免单纯追求总体市场份额的思想,要有所为、有所不为,突出干线的运输效率和服务水平,要克服以时间效率作为代价换取能力的做法,适应当今社会更加注重时效和物流对运输环节发展的需求,运输量足够大的区间应该发展专线运输(如现在已开展的煤炭运输专线、旅客运输专线等)。因此,铁路未来的能力增长重点和里程主要增长点,应主要是大通道的专线、三线、四线、以及其他干线的复线建设,铁路运行系统应以提高整体运行速度和改善运输服务环境为主要目标,通过铁路干线系统的全面升级适应国民经济对长大干线运输的需要以及带动全国综合运输系统运行效率的提高。

(3)水运发展重点

①内河和沿海水运

水路运输是运输量较大、成本低、速度慢、受制于航道分布的水上运输方式,要充分利用现有的江、河、海自然条件和结合水资源的综合开发利用,形成江、海运输大通道和水系运输网络。

水路运输虽然在旅客运输方面缺乏竞争优势,但在大宗货物、资源性产品以及集装箱运输等方面具有较大的成本比较优势。我国拥有长江水系、珠江水系、京杭运河等12万多公里的内河水运航道和1.9万多公里的海岸线,水运资源丰富,而且我国能源、矿产品等大宗货物的流向与水运干线的方向基本一致,长江、珠江与沿海港口和海洋直接相连,是沿海向内陆的延伸,为此,应该充分利用天赐的自然水运条件,积极发展水路运输,为沿线地区的产业和资源开发服务。水运的发展应重点抓住几大江河和沿海的建设,实现骨干航道运输现代化,使其真正成为相应的综合运输大通道的主力运输方式。

②远洋运输

远洋运输是我国对外贸易的主力运输方式和主要枢纽,要建成具有较强竞争力的现代化船队和适应外贸进出口需要、沿海运输需要、构成合理的现代化港口。

③港口

港口是发展水运和衡量水运发展水平的重要基础设施,根据目前的发展趋势,未来一段时期内应重点加强集装箱泊位、大型深水原油和矿石接卸码头的建设,按照规模化经营、提高港口国际竞争的思想,突出航运中心和主要枢纽港的发展,同时加快其他港口的升级改造,全面提高港口作业效率,加快货物运送速度。

(4)民航机场发展重点

航空运输是速度快、成本高、最现代化的点与点之间的运输方式,要建成枢纽机场、干线机场、支线机场结构层次合理的机场布局。随着经济发展水平、人们收入水平的不断提高以及航空运输成本的降低，对航空的需求会进一步快速增长，特别是长途、超长途的旅客出行会越来越多地选择航空运输。但是我国经济发展水平总体还不高，大多数人的收入水平还不足以支撑选择航空出行或将航空作为一种经常性的出行方式，因此其需求有一定的限度，特别是对于经济欠发达地区更是如此。未来的发展重点应是：加快枢纽机场和干线机场改扩建以及风景旅游区、边远地区和地面交通不发达地区支线机场的建设，对于公路交通发达地区，支线机场布局不应过于密集和追求数量，而应通过改善与机场连接的公路和地区公路网交通条件，扩大干线机场的直接服务范围。

(5)输油(气)管道发展重点

管道运输是大运量、低成本、低污染、占地少的液体和气体运输方式，要逐步形成与油气资源开发地、进口点至加工地、消费地相适应的具有较好调配功能的输送管道网。油气资源的集中分布与开发、大型接卸码头的建设、石油炼化基地的规模化整合以及主要消费地区消费量达到相应规模，都为长输油气管道的发展创造了条件和提出了要求。今后管道发展的重点应是：与进口原油和加工基地相对应的原油管道、主要地区的成品油管道和天然气管道，尽可能使同类管道构成相互联通的输送网络，提高管道在综合运输体系中的作用。

(三)以强化骨架功能和满足多样化需求，构建综合运输大通道

1.构建大能力、满足多样化需求的综合运输大通道

综合运输大通道(交通轴)是综合运输网络和国家经济发展的命脉，是跨区域间最重要的连接，其发达程度既代表着一个国家交通运输的发展水平，也是区域经济发展规模与发展水平的重要影响因素。之所以成为运输大通道是因为其连接的是区域间最大的城市和城市群，沿途经过的也都是省会城市和重要城市，是人口最为密集、经济最为发达(相对于区域内其他地区)、产业最为聚集的地区，GDP 和人口在全国占有重要比重，各类客货运输流量大、强度高。

经济、人口、资源分布的特点以及区域间的交流决定了大通道运输需求总量大、集中以及多样化，明显区别于其他地区需求总量小、分散的特征，大通道除了两端以及中间重要结点之间的直达运输需求量很大以外，由于沿线产业的密布和城市带的形成，大结点与沿途由中小城市组成的众多中小结点之间以及各中小结点之间的运输需求也很大，此外，还有大量从其他区域以及直接影响区外转入的运输量。在这些运输需求中，货物运输方面，区域之间既有大宗长途的资源性产品运输、一般性的工农业产品运输，也有时效性和运送质量要求高的高新技术产品、一般工业品、农产品运输；区域内部既有大量的原材料和建筑材料运输，也有大量产成品、半成品以及农副产品运输；一些运输需求时效性要求很强，另一些则要求低运输费用，而且各类运输需求总量都较大；旅客运输方面，既有大量的主要城市间直达运输，也有大量的地区性运输，旅客中既有对运送速度、舒适性、服务质量层次要求较高以及追求个性化的交通费用支付能力较强的群体，也有大量交通费用支付能力一般和较弱的群体。因此，尽管各种运输方式之间具有一定的可替代性，在交通运输方式种类有限提供或服务水

平满足不了要求的情况下，有限的选择会使人们被迫放弃一些最符合自己愿望和最经济合理的需求，而改用其他运输方式，其结果是使既有运输方式的实际运输量增大，但同时也抑制了一部分潜在的需求，还会增加运输过程的时间、换装，造成运输能力的紧张、服务意识下降等，从社会经济角度和需求角度看，会使运输系统效率降低，并一定程度上影响地区经济的发展和人们社会活动的范围和增加活动的欲望。

此外，一个地区或一个国家人们生活的方式及特点很大程度上是由城市交通系统和城市间交通系统的性质和服务质量所决定，交通方式多类型的提供，是现代社会发展的需求，而这种提供又将影响城市和城市带的发展与布局，正像洛杉矶的生活方式是由它的高速路决定的，伦敦的生活方式是由它的19世纪的铁路所决定的一样，交通运输方式提供的种类和组合不仅仅影响着经济发展，也影响着人们的生活方式。

总之，大通道影响范围内的经济和人口总量大、分布集中，人们的收入水平也相对较高，对各种交通运输的服务需求性强，具有较大规模量的各类运输需求，为各种运输方式的共存与发展提供了经济基础，各种运输方式都具有较好的发展条件。而且交通运输的先导作用和基础作用在大通道内更为明显，通道经济发展规模的壮大需要有各种运输方式相互配合的、发达的交通运输系统，以进一步降低交易成本、提供更加便捷的服务，区域经济才能进一步扩大市场范围、产业分工深化和产业链加长。

2. 增强大通道交通运输功能和各种运输方式的互补性，促进经济发展

各种运输方式既有替代性，也有很强的互补性和相互依赖性。一种运输方式的发展和运输量的增多，会给与之相配合的运输方式产生更多的需求，它们之间更紧密的协作可以使运输系统整体效率提高和使各种运输方式市场范围的扩大与服务的延伸，结果各自承担的运输量也都增加，而且运输系统效率和效益提高。由多种运输方式组成的交通运输系统越发达，就可以更多地降低产品的市场交易成本、扩大产品市场范围，就会进一步促进区域间和区域内产业分工的深化和产业链加长、以及增强产业分布的聚集效应和新产业的诞生，越来越多的产业将沿着通道聚集，形成更加密集的工业带和城市带，经济发展的爆发力增强，进而又对交通运输产生运输量更大、种类更多的需求。

一个地区交通运输规模的适应程度，也是该地经济社会现代化程度的基本标志之一。现代经济社会在多大的范围、以什么样经济成本、运用多少资源来实现人与物在空间和时间上的变换，反映了经济社会的发达程度。纵观发达国家的经济社会发展过程，无不表明现代经济社会的发展，都经历了一个交通运输革命的阶段，交通运输作为经济发展的先决条件，对于社会和经济的发展具有很强的引导作用，交通运输的发展不仅是经济社会需求的一种直接反映，更是交通运输以主角的身份作用于经济社会发展过程的特殊时期。美国运输部在2000～2005年战略规划中，将交通运输发展支持经济增长作为排在安全之后居第二位的交通战略目标，指出支持经济增长是国家运输系统最基本的目的之一，运输业的合作、创新、经营和财政健康，是整个经济增长战略的重要主题，它们对美国在全球经济竞争中的重要性与日俱增，运输能够提高国家的经济地位，要保证运输服务价格指数的增长低于全国生产价

格指数(PPI)增长率。

此外,世界经济发展史还表明:交通基础设施产业除了在经济起飞和快速发展前有一个超前发展的阶段外,即使到了基本成型后也还必须随着社会经济的发展而不断完善和提高技术水平,在国民经济中始终占有重要的地位和作用,这是任何其他产业所不具备的最重要特征之一。当今国际经济最发达的国家、地区和城市也是现代交通运输最发达的地区。特别是国际经济中心城市:如纽约、伦敦、东京、新加坡等也都无一例外的形成现代化的海港、航空港和立体网络化的综合运输系统。

3. 结合各种运输方式的骨架网络布局进行综合运输大通道统筹规划与建设

在大通道中,单一的运输方式无论是在能力和效率上,还是在支持与促进国民经济和社会发展方面都难以较全面地满足需求,需要多种运输共同协作。以多种运输方式的组合形式发展运输大通道,是区域经济分工与发展的客观要求,是综合运输体系发展的需要,也是交通运输系统效率和效益水平的提高、降低交易成本和提高我国产品国际竞争力的需要。

此外,大通道是国家社会经济的主要集中带和发展带,是各种运输方式骨架网络线路的必经通道和地区,也是各种运输方式承担运输量最大、在综合运输体系中作用最明显的线路,是各种运输方式建设的重点,多种运输方式共同组合将可以促进各种运输方式在相互竞争系和统效率的提高,在相互依存中不断提高技术水平和服务质量,进而带动全国综合运输体系的发展。多种运输方式共同组成通道综合运输系统,既是社会经济发展的需求,也是交通运输发展的必然结果。

综合运输大通道,是全国交通运输网的命脉骨架,对全国综合运输体系的形成与完善具有极其重要的意义,在发展过程中,既应按照每一种运输方式全国网络布局与层次结构的发展要求,也要按照各种运输方式合理分工、优势互补、协调发展、连接贯通的布局原则,进行统筹规划与建设。

(四)以较高的技术标准和适度超前发展,加快交通运输现代化建设

1. 以后发优势和跨越式发展,加快交通运输现代化建设

交通运输是现代经济社会正常运行的基础保障,市场经济运行速度和节奏的加快、现代化大生产的发展、市场分工的精细和生产专业化程度不断提高、生产要素的快速流动与交换都需要有现代化的交通运输作为支持。交通运输现代化是社会经济现代化的基本标志之一,没有现代化的交通运输,市场经济的发展速度和发达程度就会受到制约,经济社会现代化的实现就会受到影响甚至难以实现。因此,加快建设现代化的交通运输体系,是推进我国现代化进程中必须首先具备的条件之一,社会经济实现现代化首先要交通运输现代化。

交通运输的发展不仅仅是单纯地满足交通运输需求,而且是对社会经济的可持续发展提供基础支撑条件。我国的经济正经历着从起飞进入持续增长的历史发展时期,“十六大”提出了全面建设小康社会和基本实现现代化的发展目标,21 世纪头 20 年国内生产总值要翻两番,即年均增长速度至少要达 7.2% 以上的持续增长。对于现代化建设事业,首要的问题

是如何进入经济的起飞状态和保持持续发展，也就是如何创造经济起飞和持续发展的条件。西方经济学家罗斯福指出：在创造前提条件和起飞时期，总投资中很高的份额必须投入社会先行资本。交通运输对国民经济在进入起飞和在起飞过程中具有很强的先导作用，增大交通运输投资、较早实现交通运输现代化，可以较显著地改善区域之间和区域内的流通条件和降低交易成本，使各种资源能够在区域间自由地、便捷地流动，在全社会范围内实现资源的优化配置，为社会经济的专业化分工提供更多的社会资本支持。当前，我国的交通基础设施仅只是低层次的缓解，还远远不能适应国民经济和社会发展需求，加快交通运输现代化的建设是为整个社会经济的稳定持续发展提供后续支持。正如前总理朱镕基在九届二次人大会议政府工作报告中指出：基础设施是我国的薄弱环节，总体上不存在重复建设问题。

世界交通基础设施的发展趋势是高速、安全、智能、舒适、环保，为了能在较短的时期内实现我国交通运输现代化，我国的交通基础设施就必须按照世界交通基础设施的现代发展趋势以较高的起点进行建设，特别是骨干线路和大型综合性枢纽场站应选择较高的标准超前建设。干线网络技术标准层次提高了，不仅可以提高交通服务能力、提高交通畅通性和降低交通运输成本，而且还可以带动与之相连的路网基础设施建设水平的提高，最终形成主干突出、层次结构合理、标准与功能及需求相对应的基础网络结构。在运输方面，应从政策、基础平台建设以及市场准入等方面积极支持现代技术的推广采用，鼓励高效、节能、环保的现代化运输工具的普及和运输组织方式的创新。总之，应以后发优势、跨越式的发展，加快我国交通运输的现代化建设。

2. 应以满足未来20年需求为目标，进行建设发展

交通基础设施是一种投资大、占用土地等稀缺资源较多、建设周期相对较长，长期服务于社会经济的必不可少的设施。其一经建成使用后，再进行改造或重建的社会成本很高。因此，在制定发展规划与建设中，要有超前性，一是在建设标准与规模上要满足未来较长期的交通运输量增长的需要，要充分认识到我国的客货运输需求还处于较快的增长时期；二是在技术上要对世界交通的领先技术有充分的了解和预见性，对于未来新技术的采用留有一定的接口。

我国正处于社会经济快速发展的时期，各种运输的需求在不断地快速增长，为了给社会经济创造更好的发展条件和为主动地适应未来的发展需要做准备，交通基础设施应该留有较大的富余量。我国大部分地区正处于工业化中期，部分地区还处于工业化初期，城镇化进入快速发展期，尽管伴随着后发的技术进步和信息化会使货物运输量增幅减缓，但未来的运输需求仍将会以较高的速度增长，特别是旅客运输需求会随着收入水平的不断提高和生活质量的不断改善而快速增长。根据目前客货运输的发展的趋势，在未来20年内客货交通总需求还会翻一番多，甚至多达1.5番。适度超前发展造成的暂时富余不应该理解为浪费，而应从更长远的社会总成本的角度进行评价，特别是在经济全球化的竞争环境下，增加社会资本投入、改善交通运输降低交易费用，使各种资源和生产要素能够更有效更经济地相结合，是增强产品国际市场竞争力一种国家战略措施，如果在建成后没几年就饱和，很快就需要进行扩建和新建将造成更大的损失。要彻底改变以往的被动适应式的发展，新建大型基础设施的交通运输能力应能够基本满足未来20年的发展需要，技术上要先进。

(五)以干支协调、区域协调的发展方式完善网络覆盖和改善农村交通条件

1. 加大支线建设，构建合理的网络层次结构，改善农村交通

在交通运输系统中，各种运输方式都有其具体的技术经济特征，担负着不同的运输任务，其中包括：干线运输、支线运输、长途运输(跨区域)、短途运输。要使交通运输网畅通，担负起国家和地区的旅客、货物运输任务，则必须形成全系统的综合运输能力，既要有符合国家需要的担负干线和长途运输任务的铁路、干线公路、沿海和内河水运干线的运输能力，同时还必须要有相应的担负支线、短途运输任务的公路、内河航运的能力。否则，如果只有交通运输网的骨架——干线，而无联系中小城市、厂矿企业和广大农村的短途运输网，则必然造成枢纽、车站和港口的堵塞，客流、货流的中断，必然要影响国民经济的发展和人们的出行与社会交流。

发达交通基础设施是区域经济发展的基本条件，仅有干线交通，而区域内的交通不足、网络布局不完善，区域经济的效率和专业化分工以及发展规模将受到制约，将直接影响到产业的布局和人口分布的集中、城市化水平的提高。此外，支线网络的不发达，将使“门到门”的全程运输受到影响和效率水平得不到有效发挥，使产业不能形成更合理的布局，同时，还会使一部分人无法获取相应的交通服务。特别是西部地区，近几年通过国家的倾斜支持，干线交通有了较大的改善，但一般路网和支线交通仍然非常落后，交通服务质量差、运输成本高，还有一部分乡村不通路，只能采用古老的人力或畜力交通方式。

因此，建设综合运输体系过程中，除了要重点解决干线的交通运输问题外，还应同时加快与其连接的次干线和支线网络的建设，提高路网密度和农村的通达程度，形成层次结构合理网络系统，才有可能使系统效率提高和社会效益目标趋于最大化，才能够较好地适应地区经济、农村经济和城市化发展的需要；才有可能逐步体现社会公平的原则，促进城市与农村共同发展以及全面建设小康社会目标的实现；才有可能较全方位地降低生产要素流动成本，促进资源的有效开发和资金、技术、人才的进一步合理流动，促进地区内、区域外的分工与协作，避免因流通不畅造成“大而全”、“小而全”和产业雷同所带来的资源使用浪费和低效，进而进一步带动地区经济的发展。

2. 加大区域协调发展力度，大力改善西部和农村地区交通

以区域协调发展的思想加快西部地区的交通基础设施，既是国家总体发展目标实现的基础，全面建设小康社会的支持保障；也是实现区域经济和社会协调发展、体现社会公平原则的重要具体举措。

改革开放以来，我国经济快速发展，各地区经济都实现了较快的增长。但由于发展起点的差异、自然和社会经济环境方面的差异以及所采取的不同发展战略，各地区经济增长速度表现出较大的不同，使得地区发展的差距呈现出扩大的趋势。东部地区和中西部地区之间的差距及其进一步扩大的趋势，正带来一系列不良的甚至是严重的经济和社会问题。加强

落后地区特别是西部地区的基础设施建设，有利于促进西部的开发与发展，增强西部地区的经济发展能力。

尽管我国经济发展水平还较低，又面临着经济全球化的竞争压力，在坚持“效率优先，兼顾公平”原则的基础上，对地区差距要有一个全面、客观的认识，要明确解决这一问题的阶段目标及其步骤，以缓解地区矛盾，增强西部地区与东部地区的经济、文化交流，促进民族团结，保持西部地区的社会稳定。

根据中国科学院《2000年中国可持续发展战略报告》，可持续发展总能力居全国前五名的仍然是：上海、北京、天津、广东、江苏。而可持续发展总能力居于全国后五名的仍然是：甘肃、宁夏、青海、贵州和西藏。列入总能力排序前例的地区基本上位于东部，列于总能力排序后列的地区基本上位于西部，这表明东部与西部在可持续发展总能力上是有很大差距的。交通基础设施的发达程度是国民经济发展的支撑条件，在建设发展中要注重交通基础设施的先导作用。一般来说，西部地区的城市经济总量规模相对较小，集中度较低，在建设干线时，要综合考虑各层次路网的功能需求和社会效益，又不能单纯拘泥于交通量或直接经济效益的高低；同样，西部地区的县乡村交通条件差距更大、经济更不发达，更需要大量的建设项目。因此，在西部地区交通基础设施建设时，不能一味地追求大项目，要合理地安排干线与支线的建设。要注重老、少、边、穷地区的公路建设，积极改善农村交通条件，体现社会公平发展的原则，支持社会的可持续性，交通建设既是经济发展问题，也是政治和稳定的问题。

（六）合理规划布局和加快建设综合运输枢纽，促进一体化运输发展

1.克服体制障碍，构建一体化运输系统，落实综合运输枢纽规划与建设

在综合运输体系建设中，综合运输枢纽的建设对于各种运输方式的衔接配合非常重要，交通运输枢纽是几种运输方式相互连接的结合部，它是组成运输网的节点，是实现综合运输“零距离换乘”、“无缝衔接”最基础的条件之一。各种运输方式的交通线只有通过运输枢纽才能形成一个整体，才有可能在运输组织方式上、实际运行中实现全程“无缝”的物理连接和逻辑连接，实现全过程的高效率。此外，交通运输枢纽的建设与布局，也会影响到各种运输方式网络布局的完善和综合运输能力的形成以及城市的合理布局。目前，我国的综合运输枢纽规划和建设滞后的很重要原因，一是体制障碍和行业垄断，各种运输方式的站场都是按照各自的运输生产要求各自规划、各自分立建设、自成体系，如：铁路场站枢纽是与铁路线路作为一个整体归属铁道部统一建设与经营，而公路场站枢纽则主要是以企业为主或地方政府与企业共同建设，企业运营。在场站建设中，公路与铁路二者在场站枢纽合作建设与运营的谈判中处于极不相称的地位，而且由于发展目标和所代表的利益不同，往往难以达成共识。二是垄断造成了缺乏“一体化”运输的思想和服务创新意识，联合运输仅仅是一种简单的分段集成，中间环节多，而且复杂、协调困难，交易成本高，“一票到底”、减少中间繁琐的环节、提高全程效率的努力，由于系统阻力巨大（也即推动成本很高）而难以实现。如果没有各种运输方式对这种改进的必要性达成共同的认识和统一付诸行动，只有个别企业或对该问

题处于非决定性的行业是难以推动的。为此,必须加快包括铁路运输行业在内的市场化进程,在政府的有关政策引导下,由市场来推动。

2. 实施“统一规划、联合建设”,加快综合运输枢纽发展

综合交通运输枢纽是多种运输方式相互之间实现一体化的全程“无缝”物理连接和逻辑连接的关键,必须以战略的高度在规划综合运输网络的同时对综合交通运输枢纽进行统一布局规划,加强包括城市部门在内的各有关部门的协调,强调城间运输与城市交通的衔接配合。在目前的各种运输分别管理的体制下,规划与协调工作应由国家主管交通运输的综合部门主持,各种运输方式的交通管理部门和城市规划部门共同参与进行。同时还必须指定主要单位(部门)负责按规划进行建设,采取“统一规划、联合建设、共同使用”的方式,加快将对必要性的认识落实到实际行动中,尽快为“一体化”运输系统的建立创造物理连接的基础。

(七)统筹交通运输发展与经济、资源、环境的关系,坚持可持续发展

1. 正确处理交通运输发展与经济、社会、环境的关系

(1)交通运输可持续发展的世界发展趋势

可持续发展是当今使用频率相当高的一个词汇,其基本定义可以表述为“既满足当代人的需求,又不危及后代人满足其需要的能力的发展”。可持续发展是一种思想,意味着观念的转变;可持续发展是一种方向,意味着规划和目标的修正;可持续发展是一种宣言,意味着具体行动中的计划和贯彻。人类社会要走上交通运输可持续发展的道路,必须用可持续发展的概念来重新审视交通发展的历史、现状,对交通运输给环境、社会带来的诸多影响和压力予以足够的关注,尤其要完善新的发展观,构建基于可持续发展概念的交通运输规划、建设和管理体系,并将可持续发展的基本原则融入到相关理论和技术的每一个环节。

人类经济问题的根源在于资源的有限性。一方面,相对于人类的无穷欲望而言,地球赋于我们的资源太少了;另一方面,由于自然或社会的原因,这些有限的资源还往往被我们所浪费。因此,如何合理地配置和利用有限的资源,就成为人类永恒的问题。

交通运输既是现代社会经济赖以发展的基础,又是占用资源和消耗能源较多的产业,全世界交通运输消耗的能源约占全部能耗的三分之一,交通运输在给人类社会带来便利、克服空间距离阻碍的同时,占用了大量的土地资源,带来了交通阻滞、交通事故、环境质量等负面问题,对人类未来的生存空间和生存的环境质量构成了极其密切的关系。因此,世界各国对交通运输的发展理念正在发生着显著的变化,交通环境问题被越来越重视,在有限的土地资源和环境资源制约下,如何使交通运输系统满足不断增长的交通需求,实现可持续发展,是当今世界必须面对的现实问题。

纵观当今世界交通发展的潮流,可以概括为以下几个趋势:一是可持续发展的思想。将交通发展、各种运输方式的协调、社会的经济活动、人类的生存环境等要求有机地结合起来,形成高效、安全、低污染、经济、方便、舒适的可持续发展的综合交通体系。二是地球环境问题对交通发展提出新的要求。臭氧层破坏、地球变暖、酸雨等问题与汽车交通的发展有着密

切的关系,如何减少汽车交通对环境的破坏,是世界各国普遍关心的问题。三是在新的交换体系发展中,各国都特别重视交通的信息化、个性化以及经济性和公平性。交通运输需求的持续大量增加和城市交通拥堵与污染问题越来越突出,对交通政策和技术提出了新的要求,交通发展已经从不断满足出行者的各种交通需求发展到实施需求管理、发展公共交通、提高交通效率和安全水平的现代交通系统阶段。

(2)交通运输的经济可持续性是我国交通运输可持续发展的核心

我国人口总量多、密度大,人均资源容量和环境容量要大大低于发达国家水平,甚至低于世界平均水平,交通运输的可持续发展在我国现代化建设过程尤其重要,特别是我国交通运输正处在快速发展逐步成型的过程中,研究和借鉴发达国家以往的经验教训可以使我们减少不必要的弯路,同时,也必须认识到世界发达国家讲可持续发展是他们已经完成了交通运输大发展,拥有了雄厚的基础,而我国的交通运输规模远远落后于发达国家,必须同时解决发展与环境保护问题。从我国现实来看,不能把可持续发展仅仅理解成环境保护、生态保护以及资源的利用,而限制了发展,必须把发展放在突出的位置,在发展中贯彻可持续的思想,可持续发展并不是不能利用和开发资源,而是强调合理和有效利用资源,其包含经济可持续性、社会可持续性和环境可持续性。交通运输的经济可持续性是交通运输可持续发展的核心,是指交通运输必须以较优的组合方式、较高的效率满足社会经济发展和人们生活质量提高的需要,交通运输的规模与活动水平必须与经济发展的规模和资源合理开发与配置的需求相适应。为此,交通运输必须具备一定的发展规模,必须有足够的能力和物质基础以支持我国社会经济的持续、健康、快速发展。事实上,只有通过交通运输达到一定规模的发展,才有能力支持和促进经济增长,人类才能在提高生活质量和工作环境的同时,拥有更多的能力和财力去更好地保护环境,如果没有与现代生活相适应的基本交通支持条件,也将很难真正做到可持续发展。因此,只有通过以现代的理念和可持续的思想发展各种运输方式,实现能够满足人们出行和货物运输需要、创造更好生活和工作环境需要的较优组合,建立较完善的综合运输体系,才是可持续发展的归宿。

交通运输可持续发展更重要的是应该充分吸收国际上新理论和新思想,通过调整综合运输规划,实现可持续发展目标,尽量减少对资源的浪费,减少对生态环境的伤害,从战略的角度做到交通运输发展与社会经济发展、人们生活质量提高、土地资源利用、环境保护等之间确立一种协调发展的辨证比例关系。此外,农村地区、落后地区的交通也不能因为环境保护而不发展或少发展,要有一个合理的社会尺度,要使贫困人群有能力去获得和享有交通服务,或用他们可接受的价格去获得交通服务,这是从社会公平、政治或社会稳定的角度必须考虑的问题,是社会可持续性的发展内容。世界银行和亚洲开发银行等国际机构的研究人员都把社会尺度作为交通可持续发展概念的重要内涵。

2. 强化节约型交通运输模式的发展,以需求管理减少交通需求

我国交通运输的可持续发展,一是要以建立和完善综合运输体系的思想,通过各种运输方式的协调发展,提高系统效率和较少对资源的浪费;二是积极发挥和提高资源占用少、能

源消耗低、污染少的运输方式的作用,从结构上降低单位运输量的能源消耗量和污染量;三是通过需求管理,引导人们调整消费观念和消费方式,减少对交通基础设施的需求,这一点在我国交通运输的发展过程尤其重要,我国的国情容量不允许我们完全按照西方发达国家的模式发展我国的交通运输,一味地以适应需求的发展思想将会导致交通设施始终不足、资源被无限占用、而且交通拥堵问题无法解决,必须以交通需求管理的思想来建设和发展我国的综合运输体系。

交通需求管理是贯彻可持续发展思想的一项具有成效的可行措施,从资源的有限性出发,人类在追求生活享乐中应该有一定的节制,应该从全球的角度和人类长远发展的角度较为自觉地调整的消费观念和交通行为方式,作为政府可通过一些理性的手段对这些观念和行为进行有效的引导。一是建立与我国国情和资源禀赋相适应的综合运输体系,将交通运输规划与土地利用、城市布局发展相结合,通过政策手段确立减少交通需求的发展模式,发展公共交通,在结构上实现交通模式的优化;二是通过有关鼓励政策和社会成本分担等手段,调节人们对交通方式的选择,鼓励人们采用较少资源消耗的交通模式和减少交通出行的模式;三是促进交通行业的技术更新,优先推广节约资源和能源的先进技术,提高交通系统运行效率的技术等。

交通需求管理,并不是说要多发展铁路而少发展公路,前面已分析了公路与铁路对社会经济发展的不同作用,以及公路占用土地并不会比铁路多很多,至于能源消耗和污染排放问题,随着燃料电池、燃料电池混合动力汽车进入产业化生产后,将会给汽车业和汽车交通带来革命性的变化,其将可以与詹姆士·瓦特19世纪发明的蒸汽机相提并论。前面已经说了,交通运输的发展是要改善我们的生活质量而不是降低我们的生活质量。根据发达国家的经验,简单地建造越来越多的交通基础设施并不能根本解决运输量不断增长的需要。为此需要:①推动对交通基础设施占用更少、对环境有利的交通模式,如公共交通、骑车,通过土地利用规划调整城市空间格局,引导交通运输需求的时间和空间分布等,减少对私人小汽车使用的依赖,并采用适当的经济手段进行引导,目前有少部分人将城市交通拥挤归咎于自行车太多的观点很值得商榷;②加大对公共交通的投资和支持力度,无论是城市交通还是城际交通都要创造更加方便和舒适的乘车环境,同时建设一体化的交通运输系统,方便旅客在各运输方式之间以及内部进行换乘,大力改善公共交通的服务质量,引导更多的出行采用公共交通;③虽然目前增加旅行消费也是拉动内需的一部分,但从造成交通拥堵和未来的发展趋势看,应该鼓励减少不必要的旅行,其主要方式可能有积极推广电子商务,加快电子政务的建设以及虚拟旅行等。

(八)加快管理体制改革,促进规划、政策的统一和各种运输方式的紧密融合

1. 加强政府规划和政策引导,促进综合运输体系加快构建和完善

交通运输之所以重要,是因为只有它可以连接或贯穿其他所有产业。从某种意义上讲,交通运输全球化是开启经济全球化大门的钥匙。提高交通运输整体效率、降低运输成本,可

以有效地促进经济发展规模的扩大和国际市场竞争力的提高。然而,交通运输是一个非常复杂的庞大系统,具有极强的基础性和社会性,依靠市场和企业的力量仅能改善局部或某一个体的效率,难以推动整个系统全面的完善和效率的普遍提高,或进程极度缓慢。综合运输体系的形成必须依靠政府的宏观调控,交通运输总体框架是综合运输体系的基础核心,其建立主要依靠政府的力量进行推动。框架是否合理、是否能够为实现交通运输的高效提供支撑,将取决于宏观战略目标的决策和规划以及管理制度的水平。

政府的宏观调控手段主要有:行业发展规划,产业政策和产业发展序列目录,政府投资和投融资政策,税收和价格政策,用地政策等。行业发展规划和行业发展目录可以对项目进行直接控制;投资和投融资政策可以引导包括社会资金在内的各种资金投向,最终影响各种运输方式的发展速度;税收和价格政策可以起到诱导和强制性的作用,会影响不同运输方式的市场竞争力,从而达到扶植或抑制某种运输方式发展的目的,直接和间接地起到对运输结构的调整作用;用地政策基本上是属于一种强制性政策。

2. 加快交通运输管理体制改革,建立有效的协调机制

要建立完善的现代综合运输体系,实现运输各个环节的"无缝"衔接,就必须在战略、规划、政策、技术标准、信息传输、经营规则以及管理体制上进行统一的协调和宏观调控,避免各种运输方式或部门以自我为中心各自规划、各自建设、自成体系,造成本应相互衔接的环节割裂、相互之间的接口少、标准和规则不统一,最终导致系统的低效、成本增多、资源浪费;特别是对综合运输枢纽的建设以及信息化等技术标准的制定,更需要从综合运输体系的发展战略上进行统一的规划与指导。

交通运输业是国民经济的基础设施和产业,与一般的产业相比,具有诸多特性:建设周期和运行寿命长,与其他产业的关联性强;一些项目一旦以各自的体系建成,再进行协调、整合,不仅难度大,而且成本极高;此外,标准的不统一、制度的不合理,所造成的各种运输方式以及各环节之间衔接的障碍、交易成本的增加,也是综合运输体系发展中必须解决的非常重要的问题。

在我国经济发展报告和全国交通运输发展战略中,都强调要加强各种运输方式的协调和发展综合运输体系,但由于受到体制等制约,在政策的具体制定与实施、各种运输发展规划的协调等方面力度不够,各种运输方式自成体系、各自发展的倾向依然很强烈,综合规划或是各种运输方式规划的平衡结果以及指导各种运输方式具体规划的约束力不强。为此,必须加快交通运输管理体制的改革,建立有效的协调机制,才有可能实现各部门间规划、政策的统一,达到各种运输方式协调发展、综合运输体系尽快构建形成和不断完善的目标。

(九)以信息化、智能化等技术途径增加能力供给和体现人性化

1. 加快交通运输信息化、智能化建设,提高现代化水平

(1)信息化、智能化是现代化交通运输的发展方向

科学技术是第一生产力,是推动经济和社会发展的伟大革命力量。人类不可能通过无

限制地扩张设施和服务来满足运输需求,改进方式、挖掘潜力、提高效率,才能克服空间约束性的局限。随着经济的发展和社会的进步,交通基础设施能力与使用者需求之间的矛盾日益突出,在最初阶段还可以通过修建更多的铁路、公路、机场等来缓解这一矛盾,但时至今日,单靠混凝土和沥青已无法解决问题,必须依靠科技进步,采用现代化的装备和管理技术,改进整个交通运输系统的运行组织方式,来大幅度提高交通基础设施的使用效率和安全性等。

从世界发达国家的交通发展现象可以看到:20 世纪 70 ~ 80 年代以来,虽然现代化国家道路网已四通八达,但随着经济的发展,交通拥挤、阻塞现象日趋严重,交通污染与事故的发生率明显上升,并且路网的通过能力越来越不能满足交通量的增长。为了解决这些问题,这些发达国家已开始把注意力从修建更多交通基础设施、扩大交通网络规模转移到采用高新技术来改造现有运输系统及其管理体系,以解决以上诸多问题。美、日和西欧发达国家已开始投入大量资金和人力进行智能运输系统(ITS)建设;信息化,已成为 21 世纪现代化交通运输体系的发展方向。

(2)交通运输信息化、智能化是解决交通运输发展问题的重要手段

交通运输智能化是信息化的一种具体体现,智能运输系统是以信息技术为核心,结合系统工程和交通工程的理论,形成的一个新兴的领域,已成为解决现代交通发展问题的重要手段。ITS 的应用将有助于实现由单一的基础设施扩张向集约型交通发展的转变。①可以减少交通运输工具对交通网络的占用,提高路网的通行密度,如在公路的同一路段上,较高的车速,车流量就越大,道路使用效率也就相对较高,这一趋势有临界点,因为车速越高,车与车之间的距离要求保持得越大,每辆车占用的道路长度会更多,车速超过临界点,车流量反而会下降。采用 ITS 等新技术,就可以在保证行车安全的前提下,缩短车与车之间的距离,从而提高道路的使用效率。②可以减少交通工具在途的停留时间。如车辆在道路上过长地停留往往是造成交通阻塞的原因。采用电子自动收费和移动称重等方法就可以使车辆在收费站或称重站等处无须停留。③可以减少交通事故。ITS 可以使驾驶员更安全地行车,减少交通事故,一旦发生交通事故,事故处理部门能够迅速地处理,保证道路畅通。④可以减少系统的不协调造成效率低下和选择最有效的出行路径。作为信息技术实现载体,交通诱导系统、交通信息系统、交通控制系统,在现代交通体系中发挥着十分重要的作用,它们将交通主体——人或物、交通工具、交通基础设施、交通管理部门连接为一个有机的整体,减少了由于系统内部不相协调造成的效率下降。此外,交通诱导系统、交通信息系统,可以使驾驶员通过车载计算机以及其他通信设施,随时随地获得天气、道路状态以及交通状况等信息,选择适宜的出行时间和出行路线,从而在客观上提高了道路能力的增量供给。

(3)信息化、智能化是我国交通运输实现现代化的必由之路

信息化是当今世界发展的大趋势,也是我国产业优化升级实现现代化的关键环节。《国民经济和社会发展十五计划纲要》和"十六大"明确提出:"以信息化带动工业化,发挥后发优势,实现社会生产力的跨越式发展"。"以信息化、网络化为基础,加快智能型交通的发展"。

交通是国民经济和社会发展的基础产业，也是自然资源的主要消耗者，对社会经济发展和自然环境有巨大影响，如何在满足运输需求的同时，使得这些消耗最低。现时的途径就是信息化、智能化。同时，信息化、智能化也是实现交通运输现代化的必由之路，是交通运输业可持续发展战略的重要内容，是我国交通运输业实现跨越式发展、缓解资源和环境的压力的有效途径。

在加快信息化、智能化建设的同时，还必须大力提高交通工程、运输装备等硬件技术的研发能力和推广使用力度，以提高设备的生产效率和先进性、安全性，使交通基础设施与交通运输工具在技术上达到协调发展，效用通过提高效率达到尽可能地发挥，实现产业的整体升级和增量供给。

2. 加强信息平台和共享机制建设，提高系统整体效率和提供更加人性化的服务

交通不仅仅是混凝土、沥青、钢材的混合物，它重要的是给人们提供机会和自由选择。铁路、公路、港口不仅仅是为车辆或是船舶服务的，最终是为人服务的，以人为本的概念应该贯穿到交通发展的全过程。在交通基础设施的规划布局和站点设置以及交通运输政策的制定上要把人对各种交通运输服务的数量和质量需求，以及对系统的安全、便捷、舒适、智能等的要求加以全面考虑，要更多地从使用者的角度和适应现代物流发展要求的角度进行规划，充分体现以人为本和为用户服务的思想。

系统完善度和系统效率是交通运输整体发展水平的最终体现，系统效率水平除了硬件设施以外，系统的结构模式、组织模式、运行方式、信息化程度、管理水平等都是重要的影响因素。粗放式的生产组织方式不仅低效，而且也无法满足日益增长的交通运输需求，必须依靠现代化装备技术、信息技术、管理技术、先进的组织模式等提高交通基础设施的运输能力和整个交通运输系统的运行效率以及安全性等。

交通运输信息化、智能化既是提高系统效率的技术要求，也是以人为本的具体体现，是交通运输发展应贯彻的重要战略之一。为此，未来的发展要进一步深化体制改革，完善协调与决策机制，打破部门分割，以方便使用者和提高系统效率及服务水平为目标，积极推进各种运输方式、综合运输枢纽、城市交通与对外交通、市域交通的一体化运输系统建设和系统的信息化建设；大力发展和整合交通运输信息技术和信息资源的开发利用，建设综合运输信息平台和建立交通运输信息资源共享机制，提高行业整体信息化水平；将以人为本、全程高效服务、节约资源的思想充分体现在发展方式中。

(十)以宏观调控和市场化相结合的方式实现交通资源的合理配置

1. 发挥政府主导作用，积极引入市场机制和市场化运作模式

交通运输是国民经济的基础产业，交通运输的发展必须与国民经济和社会发展相适应。制定与国民经济相适应的交通运输的产业发展规划和产业政策，对整个交通运输产业的投入产出的效益以及对社会经济的促进作用是至关重要的，政府的宏观调控和投资行为从本质上来说是贯彻政府产业发展规划和产业政策的主要手段。

综合交通运输体系的建设需要依靠国家宏观调控和市场化两个方面的合力。由于交通基础设施是支撑社会经济发展的基本条件,具有很强的公共物品属性,交通运输赖以存在的土地、岸线、空域、航道等又都为政府所控制,因此,交通基础设施的发展更多地应是政府的行为,政府进行规划重点在于体现国家经济的发展战略,同时,政府本身也有责任为社会和经济发展建立合理的交通运输基础。交通运输是一个极其复杂的系统,也只有加强宏观调控,发挥政府在基础设施发展中的主导作用,各种运输方式才能协调发展,形成分工合作的合理布局,才能有效地利用有限的交通资源和尽可能地提高系统效率。同时,市场化手段在合理配置交通资源方面和加快综合运输体系形成与完善也是必不可少的,需要发挥重要的作用。没有市场化的手段也就没有交通运输今天的成就,未来的发展道路也将越走越窄,现代化的进程将会受到资金、体制等各方面的严重制约,对国民经济发展的需要将更加不能适应。因此,一方面,要根据基础设施与运输相分离的原则,基础设施网络的建设与管理政府承担主要职责,由政府进行规划与协调,采用政府投资和引导社会投资的方式实现结构合理化,运输方面按照市场化的原则由企业自主承担、自主经营,政府主要在规则的制定、市场准入与监督上行使职能;另一方面,在基础设施的建设中要采用市场运作的模式,促使资金、资源的有效利用和社会公平,并在技术上可以做到使用排他性的一部分规划项目,根据国家经济发展的总体战略目标,积极推向市场、以市场的方式吸引社会资金加快发展,形成"政府创造环境,市场创造财富"的发展机制。

在综合运输体系建设中,要对现代综合运输体系的理论和世界交通运输发展的趋势加以深入研究,制定出符合我国国情的交通运输发展战略,完善交通基础设施发展规划和交通发展政策,通过政府的宏观调控,突出需要加快发展的方面和环节,消除现有的体制性障碍,加强各种运输方式之间以及运输方式内部的衔接配合,为实现各种运输方式系统的一体化创造基础条件。要深化各种运输方式的管理体制与经营体制改革,消除行业壁垒,鼓励各种运输方式之间的市场竞争与联合,通过市场竞争促进运输系统的完善与效率提高。

2. 从经济全球化角度合理控制经营性交通基础设施发展规模

在交通基础设施建设市场化过程中,经营性交通基础设施的发展规模应该深入研究。交通运输为国民经济服务,主要是体现在"最终实现便利产品流通,增加生产者的经济价值"。也就是说,一国的经济最终要体现在 GDP 的增长上和一国的整体竞争力。为达到这一目标,各国都在积极提高运输效率,降低流通环节的各种费用,使生产者创造最大的经济价值,都不希望在运输环节上占用很高的成本比重,许多国家政府都将提供公共产品服务作为其义不容辞的责任。鉴于交通运输在经济社会发展中的重要作用,许多国家尤其是发达国家,对交通运输行业实现倾斜政策作为发展经济的基本国策。如美国在 20 世纪 30 年代以来,国家对经济实行的强有力干预政策,国家大规模对铁路、港口、机场特别是高速公路等交通基础设施进行投入,不仅促使美国经济走出了经济危机,而且为美国经济的持续发展奠定了良好的基础。在美国运输部 2000 ~ 2005 年战略规划中,将交通运输支持经济持续增长作为重要战略目标,"一场 21 世纪的开拓国际国内市场的革命即将到来,运输业对美国在全球经济竞争中的重要性与日俱增,运输能够提高国家的竞争地位";为此,运输部一方面调整国际行动计划,支持政府在全球范围内建立高效、安全的运输体系的构想;一方面保证运输服务价格指数的增长低于全国生产价格指数(PPI)增长率。将交通基础设施作为公共产品来处理。

在我国已成为世贸组织成员国和经济全球化竞争环境下,在西方发达国家都将交通基础设施部分作为公共产品无偿提供给用户的对比情况下,我国如果继续将过多的过路费、过轨费、建设费、附加费等都分摊到了用户身上,无疑会大大降低我国产品的整体国际竞争力。例如:目前我国的收费公路里程已占到全世界的70%左右,是收费公路里程最多的国家。在经济全球化进程加快、国际市场竞争越来越激烈以及加入WTO后国内市场的逐步开放、国外产品不断抢占国内市场的今天,如何从我国经济发展大战略的角度对收费公路的发展规模进行较合适的把握,既能使我国的公路建设保持较快的发展速度和公路状况的不断改善,不断提高对运输需求适应程度,又能更好地提高我国产品的在国际市场和国内市场的国际竞争力,将直接影响到交通运输发展的战略指导思想以及交通运输在发展过程中对国民经济增长的贡献如何体现的问题。因此,处理好交通运输与经济发展关系是至关重要的。交通基础设施的投资、成本、经营管理方式以及运输价格等问题,要从国家的整体利益和国家经济战略角度去考虑,也就是说,交通基础设施的成本应更多地体现由政府提供的社会成本投入,经济流通领域内的必不可少的运输成本要靠市场去解决,由用户承担。这些问题都必须在宏观调控政策中加以明确。

第三节　我国大城市交通运输系统构建发展的主要思路

近十多年来,我国大城市交通基础设施投资建设力度明显加大、加快,同时,交通拥挤问题却越趋严重,既有的发展理念和发展模式受到了严重的挑战。城市交通出行需求持续快速增长与土地空间资源严重紧缺的矛盾是当前和未来城市交通运输发展面临的最大问题,如何构建有效的城市交通运输系统,较根本性地减少城市交通拥堵,保障城市交通出行和运转效率,是当前城市交通建设发展过程中面临的最大难题。

(一)造成当前城市交通状况恶化的一些主观原因

大城市交通拥堵问题虽然是世界大都市以及人口密集区域发展过程中普遍面临的问题,但是在拥有大量经验和教训可借鉴的情况,仍然没有跨越不必要的发展过程和更早地规划、构建有效的系统,既有经济发展阶段和实力问题,更有认识和发展理念问题,主要表现在:

1. 对私人机动化发展预见性不足,缺少整体性应对措施

小汽车快速进入家庭导致了城市交通原有格局的彻底改变,无论是专家还是政府对私

人机动化的快速到来、私人机动化的快速增长对城市交通的影响程度，缺少足够的预见性，未能及早地在系统建设和政策上做相应的准备和应对。公共交通的发展滞后、保障性差，使得更多的人寻求私人交通的方式来解决出行问题，刺激了私人机动化加快发展，陷入了公交不能有效保障——私人机动化快速增长——道路交通越来越拥挤——公交运行条件恶化、分担下降——进一步选择私人机动化来保障出行——道路交通整体进一步恶化的恶性循环。虽然各大城市都明显加大了城市道路投资，拓宽既有道路，增建新路，但在对道路资源使用和分配缺乏整体性调控政策配合的情况下，增加的通行能力很快都被快速增长的私人交通所吞噬，道路交通拥挤状况依旧，甚至加剧。

2. 城市轨道交通起步太晚

认识方面的原因以及20世纪90年代中后期收紧对城市轨道交通规划的审批政策，在很大程度上影响了我国城市轨道交通较早规模化建设的启动时间。直到“十五”中后期城市轨道交通规划获批和建设才得以加快，至目前为止，即使北京、上海这样轨道交通起步较早、发展力度很大的城市也未建成骨干网络。

3. 地面公交运营网络模式不合理，以及缺少足够的路权优先保障

运营网络模式不合理和缺少路权优先保障是造成许多城市地面公交“速度太慢、准点率低、乘坐环境差、方便性不够、服务水平低”的主要原因。我国都市目前的公交运营网络模式的基本形态与城市早期、中期的形态差不多，是不断增加线路、延伸线路、叠加线路、规模不断扩大的结果，并没有因城市规模和条件的改变、交通的发展进步，而进行更有适应性、更有效率的模式改革，没有按照现代化生产方式的专业化、集约化的思想来组织网络化运输生产，不能有效满足乘客出行所需要的高发车频率、快速、网络化的要求。而且，公交线路以枢纽为核心的布局，将许多线路集中于市区某一公交枢纽发车、换乘，使得公交线路往少数“点”过度集中，造成车流、人流拥挤和混乱，将本来分散的客流汇集到不是其目的地的地方，然后再换乘转往目的地，不符合客流的直接流向。

4. 交通建设追随需求发展，未能有效引导城市空间布局结构调整

由于系统结构缺陷，未能从根本上解决出行保障问题，基础设施始终处于供给不足状态，加上措施主要重于追随交通需求、解决当前问题，超前发展、引导性发展不足，不仅交通出行分布过于集中问题始终难以解决，而且也没能在交通机动化水平不断发展、提高的支持下，引导城市有效改变摊大饼式的发展模式，优化空间结构，进而分散交通分布，为解决交通问题创造条件。

一是由于市中心地区的城市功能、商业、就业岗位集中度等并没有被有效分散、疏解，反而加强，交通承载能力与城市中心区功能布局和土地超强度开发的矛盾非常突出。

二是以中心城区为核心的单核结构发展模式，单一的居住外迁，未能减少、反而增加了交通需求，形成外围组团与市中心地区通道强大的“潮汐交通流”，而且在缺少轨道交通的情况下，主要是以私人交通为主。

三是由于交通与土地开发之间未能做到先行发展，轨道等公共交通未能从先期就发挥

引导作用，组团和沿线的土地开发利用模式以及强度分布未能与大容量公共交通的发展形成更有效紧密的配合，影响了公共交通的发展条件和对客流的更大吸引。

（二）我国大城市未来主要交通模式选择

1. 交通问题的实质

都市交通问题实质上是人——车——路的矛盾激化与冲突，是需求和供给双方面的问题。不是仅依靠增加道路供给就能解决的，需要在交通模式和政策上做出合理的选择和应对。

2. 我国大城市未来交通的主要发展模式

大城市交通比较典型的交通模式：一种是以小汽车为主导的交通模式，如洛杉矶等美国城市；另一种是以轨道为骨干的公共交通为主导的交通模式，如东京、巴黎、伦敦等日本和欧洲的大城市；还有一种就是发展中国家城市，以地面公交为主体的公共交通与私人交通竞争发展的交通模式，这种发展模式下，如果没有严格的限制性措施，私人交通膨胀的速度很快，公共交通受私人交通增多、道路通行状况不断恶化的影响将会呈萎缩发展趋势，城市交通将会逐步走向混乱、拥堵、瘫痪，问题比第一种模式更加严重，因为第一种模式是与相应的城市空间布局和土地开发模式互为适应而发展起来的，城市的扩张方式是低密度“蔓延”，有相应的空间作支持。

我国大城市的人口规模、资源条件决定了没有条件选择需要充足土地等资源支持的低密度扩张模式，市区人口和城市功能的高密度聚集，道路和停车设施规模有限，也决定了不可能以小汽车私人交通为主导的交通模式；而轨道交通发展严重不足、私人交通快速增长、地面公交吸引力下降、整体交通状况不断恶化的我国大城市现状交通模式，是不可持续的、亟待改变的发展模式。借鉴国外主要发达城市的经验，我国都市的发展和现代化建设，必须构建发达的道路和轨道立体交通网，发展以公共交通为主导和基本出行保障的交通模式。

（三）构建大城市有效交通运输系统的总体思路方向

1. 从系统整体高度对城市交通运输问题进行研究和采取解决措施

大城市交通已发展成为一个庞大复杂的系统，仅从局部和从属子系统的改善，并不能够带来整个大系统效率的提高和整体功能的加强，必须从资源约束和系统整体的高度，对包括各种交通基础设施的数量规模、结构比例、布局、交通运输方式的提供者和使用者、交通资源的使用权分配和使用成本、公共交通运输系统的效率和服务水平等进行系统性的研究和新认识，才有可能对当前问题和未来发展提出可采取的比较全面性、有效的措施。

2. 从需求和供给双方面进行研究和解决问题

交通运输问题是人——车——路的矛盾问题，人口数量的增加和出行范围扩大，必然带来出行需求总量增加；出行需求总量和出行交通模式选择又决定着各种方式的交通流量大小。小汽车在市区的使用条件是构成市区交通流量大小和对路网通行能力需求的主要影响因素,仅从交通基础设施的供给方面及环节不可能解决现状发展趋势的交通问题,必须从需求产生的源头,从城市空间布局、土地开发模式、交通出行方式引导等方面来共同解决问题。

3. 充分体现“繁荣的城市、人民的城市、公平的城市”交通发展要求

发达、畅通、便捷的交通条件是城市活力、繁荣的重要基础,城市社会的主体是全体城市居民,构建的交通运输系统以及交通资源使用分配上必须维护畅通、保障居民的日常出行,充分体现大众性,在城市功能和服务任务之外,不可仅为了优先保障权贵阶层出行而牺牲大众出行的公平性。在交通资源有限的发展条件下,要坚持公共交通方式优先发展的原则,加大投资力度,尽快建立以公共交通为主导和基本保障的城市交通系统,做到适度超前发展,并使大众在价格上能够广泛地享有交通权;同时,通过道路使用权的安排(如更多地设置公共汽车专用道等)和制定相应配套措施,合理抑制小汽车在市区的使用,有限度地满足市区私人机动化交通需求。

4. 加快构建以轨道交通为骨干、地面公交广泛覆盖的大城市客运公共交通系统

大力发展城市轨道交通,构建比较发达的轨道交通网络,是解决城市交通问题、提高出行交通保障、增强城市功能的必要手段,也是发达国家城市交通的发展经验。在快速机动化发展阶段,单靠建设道路难以保持供需平衡,尤其是我国正处于机动化快速发展的阶段,都市交通系统处于非常脆弱的状态,必须通过加快轨道交通建设,尽快建成骨干网络,发挥网络化效果作用,来提升城市整体交通功能,保障城市正常运转和缓解私人机动化带来的城市交通压力,较全面实质性地改善城市交通整体状况。同时,必须认识到,随着轨道交通线路的不断建成运营,需要对地面公交线路和网络进行一些必要的调整,但轨道交通与地面公交不是取代关系,而是共同组成为居民出行提供多种选择的大众化公共交通,二者在功能作用、出行服务范围等方面是既有互补、又有分工的关系,地面公交在网络密度、覆盖面、更接近居民点、以及适应不同运量方面具有优势,应进一步发展和改善服务,与轨道交通一起共同形成整体功能强、广泛覆盖、使用便捷的公共交通服务系统。

5. 加大对现有地面公交运营网络组织模式的改革力度,提高地面公交效率和吸引力

大多数都市目前的地面公交网络和运行组织模式是随着城市的发展而不断扩大规模的结果,效率低,服务水平差,吸引力下降。在这种模式的框框下,局部和子系统的改良并不能带来系统整体的改善,需要进行较大力度的改革,对运营网络和运行组织模式进行重构,才能提升整体结构层次,实现系统整体效率和服务水平的较大提高,满足现代大城市的客流组织要求。

(四)城市交通基础设施网络构建和发展的主要思路

我国大多数城市交通基础设施距离完善还有相当的差距,不仅保障能力比较脆弱,而且也不能有效满足城市功能布局结构调整优化以及空间发展需要。未来的发展思路主要是:进一步加强城市道路网改造,完善布局和优化结构,提高道路网整体交通负荷能力;寻求地下更大的发展空间,加快都市轨道交通网布局建设,构建地上、地下立体交通结构,增强交通

整体运输能力和保障性，提升城市交通整体功能；完善自行车和步行系统设施建设，加强机动车与非机动车的行驶隔离，提高非机动化出行的安全保障性；贯彻交通先导战略，促进城市空间布局规划的有效实施。

1. 城市道路网络

(1)进一步提高市中心地区道路网密度，加强外围地区道路网布局

总体上，我国都市道路网密度低，交通用地比率不足，大多数城市道路网密度和用地面积未达设计规范要求，路网密度大大低于同规模级别的国外主要城市，道路总通行能力偏小，与城市功能和总活动量不对应。而且，道路低密度化、封闭式小区问题严重，“车子、道路和房子”的组合结构不合理。

为此，应进一步修正我国城市建设和道路网布局的发展理念，对于城市中心区，应结合城市建成区改造，正确处理建筑物与道路的关系，对土地开发利用进行合理调整和优化建筑物布局，市区内各种楼房实行四面开放，撤除围墙，增加可通行的道路数量和网络密度；对于中心区外围地区，应借鉴国外经验和以往发展的教训，调整规划思路，合理增加道路线路布局和用地预留，提高道路网密度和用地比率。

(2)完善路网结构，增强城市道路微循环系统建设

我国主要大城市以干线为核心理念设计城市交通的现象比较明显，注重大干道建设，不重视支路建设及对大干道交通的疏解衔接，路网各层级比例结构不合理，干支不协调，网络结构不完善，干路交通不能快速、有效地分流到面上网络。

为此，应借鉴国外大城市的经验，树立正确的理念，重视路网结构的合理性和优化，以提高路网整体容量和运行效率为目标进行科学规划设计、合理布局，重视城市道路的微循环系统的作用与建设，形成快速路、主干道、次干道、支路的合理级配。

(3)加强放射线快速路、主干路规划建设，发挥TOD作用，引导城市功能和人口合理分布

在城市中心区外围，要加强放射线快速路、主干路的规划建设和先行发展，形成至边缘集团/组团的快速通道走廊以及大容量快速公共交通服务系统，同时，加强通道走廊两端以及主要客流点的集散路网衔接，以适应和解决“潮汐交通流”问题，引导城市功能、人口等向外分布转移。加大力度改善城市交通基础设施与对外交通的衔接，增大城市出入口的通行能力，减轻进出城交通拥堵。

(4)完善城市导向系统、自行车和步行系统

进一步完善自行车和步行系统以及城市导向系统，健全信息化服务功能，关注城市人文环境，提高非机动化出行在城市交通系统中的地位以及安全性。

2. 城市轨道网络

(1)合理确定轨道网规模和密度，优化线路布局

轨道网只有达到一定的规模和覆盖面，才能发挥较强的整体作用和影响力，成为城市客运的主导力量和出行的主要选择方式。轨道网规划应根据各都市的规模、空间形态、功能和人口分布、客流流向流量等因素，以满足大客流量需求为根本，统筹规划、合理布局，不可相

互攀比。一般宜采用网状和走廊式相结合的布局形式。

(2)集中财力加快轨道骨干线建设,尽快形成骨干网络

应该以集中财力解决突破口的方式抓紧实施已批准的城市轨道交通建设规划,重点加快、加强城市轨道骨干线路建设,尽快建成相对比较完整的城市轨道骨干网络,发挥网络化优势,担负起公共客运系统的骨干功能。

(3)积极发挥BRT方式对轨道交通的过渡和替代作用

大容量快速公交(BRT)是一种比普通公交运营速度高、载客量大,比轨道交通投资少的地面公共运输方式,适合于中等客流量的走廊。其不仅可以缓解大城市越来越严重的交通拥堵问题,而且有利于城市交通的可持续发展。

大力发展轨道交通是解决大都市交通问题的根本,也是国际大都市发展的主要经验,但是不应把发展轨道交通作为解决城市公共交通的唯一选择,还应考虑经济原则,应将BRT作为轨道交通线网的补充、延伸以及过渡方式,主要布局在中等运量通道/走廊为旅客提供快速公共客运服务,加以重视和积极发展。

(五)城市公共客运子系统构建和发展的主要思路

总体思路是全面贯彻落实优先发展公共交通战略,加大投入和改革力度;优化和完善地面公交网络,加快轨道交通运营网络发展,建立有效运营机制;加强地面公交与轨道交通的衔接配合以及整合资源,建立一体化的公共客运服务系统。

1.地面公交

(1)进一步提高公交线网覆盖密度,实施广泛的普遍服务。

(2)改革优化地面公交运营网络构架模式,提高运营效率和服务质量

对于当前地面公交运营线路方面存在的问题,局部的改良,对系统改进影响作用不大,必须对现有的地面公交运营网络构架的基本模式进行重新审视,借鉴国外相关城市的经验,调整思路,按照大都市客流的特点和现代化的运输组织方式进行模式重构。

总的原则应是结构简单、快速便捷、换乘方便、疏导客流、与轨道交通配合互补,根据市区道路网结构形态,按专业化分工分段集中运送模式减少运营线路重复,基本取直地面公交运营线路,采用与像地铁一样直行或环形的运行组织方式。具体上,将公交线路分为干线、普线、支线三个层次,按市中心地区公交、市区外围地区公交分别构建,二者以走廊干线相连接。

(3)明确政府对公交发展承担的职责,加大建设和对车辆设备的投资力度

公交的发展应以政府为主导,加大投资、加快发展,实施低票价制和严格成本核算制下的运营补贴制度,慎重对地面公交运营企业进行公司化改造和引入民营资本,不宜采取上市公司的方式经营和融资。

(4)切实落实公交优先原则,系统性增设公交专用道

树立正确的交通服务和交通管理理念,在道路资源使用分配上切实落实公交路权优先

原则，充分体现和保障公众权益，对全市公交专用道和优先措施进行比较系统地设置，普遍提高公交运行速度和准点率，为选择公交车出行更加方便、快捷提供保障。

2. 轨道交通

(1)采取网络化、适度竞争的运营模式，增强服务和成本控制动力

轨道交通作为各都市未来公共交通的骨干，不仅在客运服务上要有效满足便捷出行要求，还应保持较高的运行效率和控制运营成本。不同的运营模式对系统效率、资源共享、服务提供、成本控制等方面会产生较大的差异，也会影响到轨道交通的建设投资方式。对于轨道交通的运营模式，在轨道网发展初期就应进行全盘系统性思路设计和规划，确定的基本原则和方向，要有利于统一管理和调度指挥以及应急事件的措施处理，要有利于降低运营成本和资源共享共用以及平衡客流需要。

轨道交通虽然对个别线路可以采取独立运营的方式，但网络化、规模化运营的特征明显。参照世界多数城市轨道交通的运营模式经验，建议采取2～3家专业公司进行网络化规模经营，通过运营公司之间的适度竞争，发挥激励机制的作用，促进运行效率和服务水平的提高以及有效控制和节约运营成本。

(2)加强与地面公交的资源整合，提高资源效率和服务链水平

随着轨道交通线路的建成运营，应对相应的地面公交资源进行适度调整和整合，建立互补关系以及形成与轨道交通紧密配合的地面公交集散网络，提高利用公交出行的便捷性和全程换乘衔接的服务水平，并建立轨道交通与地面公交一体化的票价关系和清算制度。

(3)加强轨道站点的停车换乘设施布局建设

积极发挥市区外围小汽车停车换乘设施在近中期的作用；加强市区交通保护圈停车换乘设施布局建设；积极规划配置地铁车站的自行车放置场地及设施。

3. 出租汽车

从城市交通结构的角度，出租汽车不应是面向大众化出行的交通工具，应对其进行合理定位，逐步过渡到中高以上交通消费为主要服务对象。合理控制并随轨道交通网的发展逐步调减市区出租汽车数量规模，建立出租车分类运营制度，规范和加强新城/卫星城/远郊市县的出租汽车服务。

(六)市区货物运输子系统构建和发展的主要思路

1. 建立和完善以市区外围货运枢纽站场为核心物流配送系统，积极发展共同配送

应将货运枢纽站场以及物流仓储场地尽量布局在市区外围地区，以减少物流在市中心地区的集聚、中转以及由此产生的交通需求。同时，应将物流基础设施(如物流基地、物流中心等)与货运枢纽站场相结合，进行共同规划布局与建设，防止形成两套系统和增加运输环节及成本。要建立和不断完善以货运枢纽站场/物流基地为核心的物流配送系统，积极发展第三方物流和共同配送组织方式，促进具有规模化的大型物流配送企业的发展，尽可能地减少车辆在城市道路的行驶交通量。

2. 合理发放货车通行证数量，加强城区通行货车的性能管理

坚持白天货运车辆通行证管理制度，尽量减少货车白天市区出行与客车车流叠加造成交通更加拥挤；同时，要根据白天市区货物运输的客观需要，科学合理地确定货车通行证的发放数量和对象，为居民生活和商业繁荣提供便利，减少、直至杜绝客车货运现象及其带来的问题。对市区出行货车的性能指标和环保条件提出标准要求，并严格监管。

3. 建立健全市区企业夜间接卸、收货制度

要加强引导和协助市区商业企业建立夜间接卸、收货制度，物流企业夜间配送制度，指导企业对装卸货平台的建设和装卸机械的配置，使市区企业、公司更多地采用夜间货运作业和配送，减轻对白天交通的压力。

第四节 "十一五"期间我国交通运输应发展的重点

经过近十多年的大力发展，我国交通运输在基础设施总量规模和质量、运输能力供给方面取得了巨大成就，与国民经济发展严重不适应的状况得到了扭转，交通运输本身也从初始的规模扩展和基本布局进入了各种运输方式协调发展、普及与重点提高并进、实施一体化运输的新发展阶段。为此，"十一五"的发展应该根据已有基础创造的条件和空间，将发展思想从被动适应逐步向交通运输现代化建设和发挥交通运输对国民经济的先导促进作用转变，重点解决制约交通运输协调发展和整体效率提高的几大关键性问题，促进整体发展水平上新台阶。

（一）必须进一步提高总量规模

虽然目前交通运输状况有了明显改善，但能力供给依然脆弱，交通基础网络布局还很不完善，整体发展水平较低，还不能基本适应国民经济和社会发展的要求。交通运输是支持现代社会生产和生活的基础行业，其发达程度决定着人们的活动范围和资源的配置效率，影响着国家和地区的生产力水平和人们生活质量以及产品的国际竞争力等，是经济发展和经济起飞必须投入的社会先行资本，世界发达国家的经验也表明，其工业化过程无不是在相应的交通运输大发展的支持下不断演进的。实现"十六大"提出的全面建设小康社会和到2020年GDP比2000年翻两番的目标，交通运输必须提供更强有力的基础支撑和服务支撑。目前我国交通运输总量规模仍然不足，路网密度低、能力供给弹性差，各种运输方式都还不能有效地满足工业化和城镇化快速发展的需要，因此，"十一五"和未来较长的一段时期仍然要以发展为主题，继续支持各种运输方式完成大发展过程，并通过增加总量规模，在骨架网络要增加大能力的煤炭运输通路和快速旅客运输网络，在地区性交通中要增加普通网络的覆盖密度和大力改善农村交通，较大程度地解决网络结构层次性矛盾和缩小地区间发展差距，全

面提高我国交通运输的机动性和通达性,增强对社会经济发展的支持能力。

(二)必须大力突出铁路的发展

在过去的十多年中,铁路的发展明显滞后于其他运输方式的发展,这也是目前铁路运输比其他运输方式更为紧张的原因,不仅干线旅客运输紧张问题始终没有解决,而且随着重工业发展速度的加快,能源运输紧张问题突显,成为了综合交通运输的“短腿”。

铁路载运质量大、运行成本低、能源消耗少,是最适合于我国能源、原材料长距离运输,人口分布广、客流密度大,社会经济发展水平和人们收入较低等特点的骨干运输方式,也是相对节省资源的一种运输方式,其发展水平不仅直接关系到能源、原材料等重要资源的配置效率和供给的保障程度,而且直接影响着全国的机动性水平和产品的国内国际竞争力水平。尽管公路、民航的快速发展,转移了部分铁路客货运输量,一定程度上减轻了铁路压力,但是,我国所处的经济发展阶段和资源分布、人口分布的特点,决定了铁路在我国中长及以上距离客货运输的根本性作用是其他运输方式难以替代的,铁路运输松紧程度是判断全国运输紧张与否的主要衡量指标。从目前的发展趋势看,只有铁路运输基本适应了国民经济发展需要,我国交通运输滞后于国民经济发展的状况才能根本性扭转。

“十一五”铁路的发展,一要重点突出煤炭运输通道的建设,保障经济生产所需的能源、原材料的及时、足量运输,由于我国经济正处于工业化过程中重化工业发展时期,对能源、原材料的需求处于上升阶段,运输需求量大,对主要通道的运输能力需求强度大,并且需要具有一定的储备;二要加快铁路客运专线的建设,以适应大流量、高强度的旅客运输需求和人们生活水平提高对快速化、高服务质量的要求;三要积极修建区域城际铁路,以适应都市圈和城市带经济发展和城市空间布局扩展,及其所产生的高密度大流量的城际旅客运输需求。

(三)铁路体制改革和综合运输体系建设必须取得突破性进展

铁路体制改革的滞后,不仅使铁路的融资渠道狭窄、发展力度不足、成本控制和服务意识不强,限制了铁路自身的发展,而且制约了我国综合运输体系的建设和交通运输系统整体效率的提高。铁路统一调度、网络化经营的要求和运输能力的相对紧张,不应成为拖延铁路改革的挡箭牌,不改革、不消除进入壁垒、仅靠政府投资,铁路难以获得快速发展,能力始终难以满足需要,而且也不符合市场经济的原则和提高效率、控制成本的要求。现行铁路体制改革割离了各种运输方式的有效衔接配合和运输过程的连贯性,已越来越严重地阻碍了我国交通运输整体效率效益水平的提高和一体化运输的实现以及现代化交通运输系统的建设。近十多年来交通运输总体供给能力的大幅增加和目前紧张状况的初步缓解、其他运输方式较充足的市场能力支持以及铁路体制改革经历了长期酝酿,为进行铁路体制改革创造了有利的外围空间。为此,“十一五”必须将铁路体制改革作为交通运输发展的一项极其重要的工作,并争取取得突破性进展。

建设和完善符合我国国情的综合运输体系,充分发挥各种运输方式的优势,合理有效地配置资源和提高交通运输系统整体效率，是我国资源供给条件、实现运输一体化和降低运输成本的客观要求，也是交通运输生产力发展到一定阶段的必然选择。由于受部门体制的掣肘和综合调控能力的薄弱，长期以来我国交通运输基本上是以各种运输方式自我发展的模式发展，综合运输体系建设进展缓慢，缺乏明确的发展方向和框架结构，这也是造成各种运输方式发展不平衡、系统连通效率低、一体化的运输组织不通畅的重要原因。目前我国交通运输正处于大规模的建设发展过程，及时借鉴发达国家交通运输发展的经验，制定明确的综合运输体系发展规划和实施措施，才能在大发展的过程中不断实现和完善各种运输方式的合理分工和协调发展，少走弯路，才有可能使我国的交通运输系统保持效率性和资源的合理利用。为此，"十一五"应结合体制的改革，将加强综合运输体系的建设放在突出的重要位置上，以综合运输发展规划的统一性、权威性、以及综合运输枢纽的规划建设为突破点。

（四）应进一步加强区域协调发展和解决农村交通问题

"九五"、"十五"交通运输加大了支持西部开发和农村公路建设的力度，在促进区域协调发展和改善农村交通方面取得可喜成果，但是，由于原有基础薄弱和差距过大，问题依然非常突出。经济越不发达、交通越落后的地区，越难依靠自身的力量改变现状，从目前的发展趋势看，东部地区和中西部地区之间、城乡之间的经济发展差距在进一步扩大，如何通过交通基础设施的改善，为这些地区的经济社会创造更有力地发展条件和缩小公共服务水平差距，创造比较公平的发展的机会，是全面建设小康社会对交通运输发展的要求。"十一五"应进一步加大政府财政转移力度，支持落后地区和农村地区的交通建设，为推进西部大开发、振兴东北老工业基地、解决"三农"问题和促进农村经济的发展提供有力的交通支撑。

由于幅员广阔，地区间的差异很大，交通运输的区域协调发展强调的是重视地区差距、并积极采取措施缩小这种差距，而并不是要求规模和布局上的完全均衡。"十一五"应根据各地区交通运输的具体状况和系统性的要求加以重点发展，东部地区应重点加强主要通道能力的提高、一般路网的改造和对外港口建设；中部地区应重点加强承东启西干线和区域内干线的建设；西部地区应重点加密路网和对外通道以及支线机场的建设。农村交通除了提高通达度，还应通过提供相应的交通服务使农村居民能够使用这些设施，即要满足"可达性"的要求。

（五）应重点加强大型原油和矿石码头建设，以及港口集疏运系统建设

大型原油码头。随着我国工业化进程加快、重化工业比重的提高，以及小汽车进入家庭的逐步普及，对石油的需求将会快速增长。受限于我国的原油产量，"十一五"期间原油进口依存度将达50%以上，为保障我国能源需求和节约运输成本，应及时布局建造多个20万～30万吨的原油接卸码头；积极利用有利的地缘条件，建设进口原油输送管道，通过陆路进口一部分原油。同时，应结合原油码头的布局，加快落实布局和建设国家石油储备基地，保障国家经济安全。

大型矿石码头。我国经济已彻底摆脱亚洲金融危机影响，进入了新一轮的快速发展期，基础设施的大规模建设、房地产业最为经济支柱产业的兴起以及汽车等制造业规模的不断扩大，对以钢铁为主的大宗材料的需求将大幅增加。根据目前钢铁业的发展趋势，除非国家采取严格控制措施，否则，产能规模可能会增加较快，对进口矿石的需求量将大幅增长，从适应市场需求和经济角度考虑，应合理规划建设大型矿石码头。

集装箱港口。"十五"以来，我国集装箱运输持续高速增长，对港口形成了强大需求，其主要成因有：一是我国对外开放力度加大，已逐渐形成世界重要加工制造业基地、且规模在不断扩大，原材料和产品"大进大出"，对外贸易额和对外货物运输量快速增长；二是随着我国经济结构调整和产业升级的进一步深化以及加入 WTO，对外一般贸易增长迅速，深加工、高附加值产品的比重上升，适箱货比例提高、总量增加；三是集装箱运输技术的推广和运输成本的降低，国内集装箱运输增长迅速。从目前的发展趋势分析，随着经济的快速发展和我国加工制造业竞争能力的提高，"十一五"这一状况还将会继续，对集装箱运输的需求还会继续以较快的速度增长，还需增加相当数量的集装箱泊位和提高单位泊位的吞吐能力。但是，这一趋势到什么时候、发展到什么程度会发生变化，应是一个值得关注和研究的问题，目前，各地都在争着建设集装箱码头，规模很大，都在争着为后方腹地服务，预测的需求有不少是重复计算的；此外，我国集装箱吞吐规模已超过欧美总和，并且继续快速增长，也是一个很值得研究的问题。因此，除了在建的以外，对于新规划的集装箱泊位应有一个合理的控制和预警，重点应放在提高效率和服务质量上。

港口集疏运系统。完善、发达的港口集疏运系统是提高港口效率和运输链整体效率的关键，也是提高港口国际竞争力的重要条件。目前，我国港口集疏运交通条件普遍不理想，集疏运铁路技术标准不高、能力不足、通路不顺畅，疏港公路交通拥挤。"十一五"期间应对主要港口的集疏运铁路进行扩能改造、拓展后方通路和改进运输组织，对部分港口增加公路布局与建设。

（六）应加强与城市交通衔接配合和加大特大城市的轨道建设力度

长期以来，由于城市交通与大交通分属不同的部门管理，规划布局与建设存在着诸多衔接脱节问题，不仅极大地影响了交通效率和一体化运输的实施，而且增加了城市交通拥堵和资源占用。"十一五"应从建设城市交通和城外交通一体化运输系统出发，加强部门间的协调和规划的一致性，增强大交通与城市交通的衔接配合和资源共享。

在城市交通发展中，应着力发展和改善公共交通系统，引导交通需求，改善城市交通日趋拥堵状况；特大以上城市应突出轨道交通在解决大流量旅客出行的重要作用，支持轨道交通发展。在轨道交通发展上，必须克服目前制度和管理体制存在的缺陷，正确认识轨道交通在城市交通和城市空间结构调整中的重要作用，不能搞"一刀切"来防止过热，而要通过建立相应的程序制度和条件要求进行把关；对于特大城市的轨道交通网干线建设规划，应作为解决城市交通问题的重要手段，在审批以及政策上应予以积极的支持，促进加快建设。

（七）应重视运输系统水平的提高，从运输层面上提高能力供给和基础设施的功效

重基础设施建设、轻运输水平提高，是我国交通运输发展中存在的一大问题，由于交通运输技术装备水平和运输组织管理水平相对落后，致使投入大量资金建设起来的基础设施未能充分发挥应有的功效和达到节约运输成本、降低安全事故的目的。

交通运输发展水平和能力增量供给是由基础设施水平、交通运输装备水平、运输组织方式和管理水平共同构成，"以人为本"思想也主要是通过使用交通工具和运输过程来体现，现代化的交通基础设施需要有相应水平的运输装备和运输系统才能发挥较佳的作用。与国外相比，我国许多交通基础设施的水平并不低，但是运输层面的水平相差很大。为此，"十一五"应将提高运输系统水平作为一项重要任务，一方面，要通过各种运输方式技术标准的统一和信息一体化，消除各环节的衔接障碍，为实行一体化运输和无缝连接创造发展条件；另一方面，要制定相应的政策，通过市场手段，鼓励和引导交通运输科技进步和先进技术装备的推广应用，积极提高运输装备的标准化和现代化水平，加快交通运输信息化、智能化建设。在市场建设与管理方面，要建立各种运输方式开放、统一的运输市场，建立健全准入退出机制，鼓励跨行业经营和联合，鼓励公平竞争，促进运输组织方式创新和服务水平的提高；并通过政策和市场手段限制低水平的重复发展，促进运输系统整体水平的不断提升，达到同等资源条件下交通运输整体供给能力的增大和效率的提高以及安全性、经济性的增强。

（主要部分完成于2004年，2008年修改补充）

第三章

我国综合运输体系效率效益水平评价

内容提要:综合运输体系效率效益水平是由众多的因素共同作用的结果,本文从社会经济发展的角度分别对交通基础设施网络效率效益水平和运输组织效率效益水平两部分进行评价,二者不是简单相加,它们中任何一项的改进都会通过系统的作用而放大,最终产生的系统效率效益要大于其本身所产生的效率效益。总体上,我国交通基础设施路网密度低、间距大,在广度和深度上的通达度和畅通性不足以支持全体人们便利出行和货物运输的需要,效率效益水平比较低;受体制、运作机制等方面的障碍,各种运输方式衔接配合的层次低、范围小,系统缺乏有效的配合,"一体化"的运输系统和运输组织方式远未形成,虽然单个运输方式效率不低,但大系统效率效益水平低。2000 年运输业总收入约占 GDP 的 6.8%,我国的物流成本远高于发达国家。

第一节 评价思路与方法

综合运输体系是一个非常复杂的系统,是各种运输方式集合形成的有机整体,既包括基础设施部分也包括客货运输部分。在这个有机的整体中,任何一部分或环节的变化都会对其他部分和环节以及整个系统的效率效益产生影响;而且,综合运输体系具有极强的外部正效益特征,其直接、间接与潜在的效益几乎涵盖国民经济、社会、文化、人们生活以及国防等各个领域。综合运输体系效率效益水平是由众多的因素共同作用的结果,是一个极其复杂的函数关系。在国内外的有关资料中,关于这方面的研究很少,基础非常薄弱,要进行全面系统的研究难度很高、工作量很大,本次研究由于受时间、经费、人力知识等各方面的限制,仅能进行一些初步的探讨性分析与评价,为现代综合运输体系框架的研究提供一些基础性的铺垫和支持。

(一)按基础设施网络和运输组织两个层面的效率效益水平进行评价

为了便于分析,将综合运输体系效率效益水平分为运输组织效率效益水平和交通基础设施网络效率效益水平两部分进行评价,二者不是截然分开的,是相辅相成的。运输组织效率效益需要交通基础设施网络作为支撑平台,好的基础设施网络布局与结构是实现运输组织效率效益提高的基础;同时,交通基础设施网络的效率效益需要通过客货运输的使用才能得以实现,好的运输组织(包括先进技术的使用)才能使交通基础设施网络的效率效益得以较充分的发挥。综合运输体系的效率效益也不是二者的简单相加,它们中任何一项的改进都会通过系统的作用而放大,最终产生的系统效率效益要大于其本身所产生的效率效益。

运输组织效率效益水平是在一定的交通基础设施网络(包括站场设施)配置与结构的前提下,整个运输组织系统在完成完整客货运输产品所达到的效率效益水平。

交通基础设施网络效率效益水平是从社会经济发展对交通运输的需求和满足相应的需求所需的社会经济成本的角度对交通基础设施网络的配置和结构的适应程度进行评判,其不是指交通基础设施网络系统本身的生产效率和效益,而是指以尽可能低的社会支出成本满足社会和国民经济发展要求的程度,即最合理的交通基础设施网络对社会和国民经济发展的可能最大贡献能力的发挥程度,交通基础设施网络越完善、结构越合理,对社会和国民经济发展的可能最大贡献能力的发挥程度就越高,交通基础设施网络效率效益水平也就越高。由于可能最大贡献能力是由满足社会和国民经济发展要求的完善的交通基础设施网络配置与结构所产生的贡献能力,交通基础设施网络效率效益水平也可表示为现实的交通基础设施网络状况与完善的交通基础设施网络之比(或差距)。这里的效率含义不是指生产效率,而是指经济效率、资源配置和使用效率(或有效性)。

(二)从社会经济发展的角度对效率效益水平进行衡量和评价

从社会经济发展的角度衡量的交通基础设施网络效率效益水平与交通基础设施网络系统本身的生产效率和效益是有很大不同的,例如,铁路运输能力紧张,线路能力利用率很高,从铁路设施利用的本身角度来说,生产效率和效益是很高的,但从社会经济发展的角度来说,能力紧张造成拥挤,使得客货运输的时间成本增加、社会经济发展成本较高,抑制了运输需求、制约了经济发展,未能达到理想的社会总效益,交通基础设施网络的效率效益水平是不高的。但是,也不是交通基础设施网络规模和密度越大越好,交通基础设施建设需要大量的建造成本,消耗大量的土地等稀缺资源,其发展规模超过了以较经济的方式满足社会经济发展的需求,将导致资源的使用效率降低和浪费,经济性下降,使得从社会经济发展需求的角度衡量的交通基础设施网络效率效益水平降低,即交通基础设施规模增大的社会经济边际效益小于其建造和消耗社会资源等的总成本。因此,对于一个国家或地区,交通基础设施网络规模是有一定度的,不是无限发展的,客观存在着一个合理的、结构完善的大致规模水平,这一点从发达国家的交通运输发展的历程可以得到较好的证明,一般都是交通基础设施网络规模经过一段时期的大发展,数量规模达到一定的水平,网络结构比较完善后,将进入以维护和局部调整改善的成熟发展阶段,数量规模增长非常有限。

(三)评价方法

1. 比较法

由于国家、地区之间疆域范围、地理特征、经济特征、居民分布、交通资源禀赋以及政府宏观导向政策、产业结构、交通运输费用的承受能力等的不同,各国/地区综合运输体系的结构也是不尽相同的,而且,各种运输方式也不是独立的,它们既具有各自的优势范围也有一定的可替代性,不同的运输需求和经济生产组织方式对形成什么样子的综合运输体系结构有很大的影响,交通运输结构与经济生产组织方式之间也存在着相互适应和相互影响的关系,例如,水网发达地区,经济生产组织方式会更多地向采用水路运输方式调整和适应,只要原材料和产品能够源源不断地、有序地运进运出,就能够保证生产的正常进行和扩展,并不一定要求像水网不发达地区一样完全去依靠公路或铁路,尽管公路或铁路的运送速度比水运快。因此,不能简单地说,以哪种运输方式为主的综合运输体系结构是先进的或落后的,也不能简单地照套国外的交通基础设施网络结构模式,合理的、完善的交通基础设施网络结构及其效率效益应从以下几方面进行评判:①是否结合了资源禀赋的特点充分发挥各种运输方式的优势;②是否能够满足和促进社会经济发展的需求;③是否有利于社会总体经济成本的降低、产品国际竞争力的增强和人们生活质量的提高。但是,由于交通运输系统的复杂性以及不同的需求对时间费用效率的动态变化性等,什么样子的结构是我国合理完善的交通基础设施网络结构至今还没有一个比较明确的定性和定量描绘。因此,也就难以较准确地评价目前的状况与完善的综合运输体系的差距,只能借鉴一些代表性国家的数据来做参考性比较。

2. 增量效益法

尽管各种运输方式之间具有一定的可替代性以及政府的导向性政策对各种运输方式的基础设施数量具有影响,但完善的综合运输体系客观上存在着一个大致的规模水平和各种运输方式的结构关系。因此,判断现实交通基础设施网络的完善程度可以从以下几方面进行判断:①当现实的交通基础设施网络规模和结构等状况与完善情况下的规模水平差距较大时,增加项目、扩大规模带来的社会经济增量效益显著;②随着现实规模的不断扩大,与完善情况下的规模水平差距越来越小,这时增加项目、扩大规模带来的社会经济增量效益也逐渐减弱,只有少数项目社会经济上可行;③当现实的交通基础设施网络规模和结构等状况达到完善情况下的规模水平后,如果再大量增加项目和扩大规模,则规模扩大带来的社会经济增量效益为负值,即项目边际效益小于其建造和消耗社会资源所需的成本。

第一种情况说明现实的交通基础设施网络系统远未达到对社会经济发展的可能最大贡献能力。从社会经济角度看,现实的交通基础设施网络效率效益水平是比较低的,增加项目、扩大规模是有效率有效益的;反过来说,也就是当大量新增项目扩大规模所产生的社会经济效率效益显著时,则说明现实的交通基础设施网络规模水平与完善情况下的规模水平还有很大差距,需要加快发展。

第二种情况说明现实的交通基础设施网络系统接近达到对社会经济发展的可能最大贡献能力。从社会经济角度看,现实的交通基础设施网络效率效益水平是比较高的,只有少量增加项目和适当扩大规模才是有效率有效益的;也就是说,当新增项目扩大规模所产生的社会经济效率效益很小时,则说明现实的交通基础设施网络规模水平与完善情况下的规模水平已经很接近了。

第三种情况说明交通基础设施网络过度使用了社会资源,造成了一部分社会资源的低效益。

第二节　我国交通基础设施网络效率效益水平评价

(一)交通基础设施网络规模水平效率效益评价

1. 比较法评价结果

从20世纪90年代以来,我国交通基础设施进入了快速发展轨道,网络规模迅速扩大,交通运输极度紧张的局面逐步得到了缓解,到2002年底,全国陆路交通里程达到了183.7万公里(其中铁路7.2万公里,公路176.5万公里),内河航道里程12.16万公里,沿海里程1.95万公里(不重复计算,取大陆架海岸线长度作为近似值);民航国内航线1015条、163.77万公里(不计重复里程);输油气管道2.98万公里;共计364万公里,比1990年增加了一倍多(见表3-1)。

2002年各种线路长度(单位:万公里)　　表3-1

年份	铁路	公路	内河	民航航线	管道	沿海岸线	合计
1990年	5.78	102.83	10.92	50.68	1.59	1.95	173.75
2002年	7.19	176.52	12.16	163.77	2.98	1.95	364.57

资料来源:中国统计年鉴

但是,现有交通网络规模与我国的国土幅员、国土开发、社会经济发展、人们生产生存环境改善的要求还很不适应,网络密度低,线路间距过大,覆盖面不够,致使部分地区未能得到有效的运输服务、相当一部分地区未能得到较充分的运输服务,国土资源开发和社会经济发展的成本偏高,未能充分起到交通基础性、先导性的应有作用。与国外有关国家的交通基础设施网络密度相比,我国的交通基础设施网络密度处于低水平行列,存在着较大差距。目前我国各种运输方式的交通运输网络线路密度为21.0公里/百平方公里,仅为美国的26.6%、日本的6.55%、印度的18.5%(见表3-2)。

世界主要国家交通运输线路长度及密度 表 3-2

国家	土地面积	铁路	公路	内河航道	海岸线长	管道	合计	密度
	万平方公里	万公里	万公里	万公里	万公里	万公里	万公里	公里/100 平方公里
美国	936.3	19.91	634.5	4.11	2.27	79.7	740.49	79.1
日本	37.8	2.32	115.2	0.88	3	—	121.4	321.2
印度	297.5	6.13	332	0.08	0.61	—	338.82	113.9
中国	960	7.19	176.52	12.16	3.2	2.98	202.05	21.0

注:根据查找的相关资料计算

公路密度和线路平均间距比较。中国公路密度为 18.4 公里/百平方公里,美国为 67.6 公里/百平方公里,日本为 305 公里/百平方公里,印度为 112 公里/百平方公里。形象地说,如果公路线路以方格形状均衡地布局在一个国家的疆土上,相邻平行两条公路之间的间距,中国为 14.2 公里;即使是 28 个省市区也高达 9.74 公里,美国为 3.85 公里,日本为 0.85 公里,印度为 2.33 公里,分别为为美国的 2.53 倍,日本的 11.46 倍,印度的 4.18 倍;如果公路线路以方格 + 对角线形状均衡地布局在一个国家的疆土上,相邻平行两条公路之间的间距,中国为 34.3 公里,即使是 28 个省市区也高达 23.5 公里,美国为 9.26 公里,日本为 2.06 公里,印度为 5.62 公里(见表 3-3)。

中国与一些国家公路线路间距对比 表 3-3

国家	国土面积	线路里程	线路曲线	相邻两线间距(公里)	
	(万平方公里)	(万公里)	系数	方格布局	方格 + 对角线布局
中国	960	176.5	1.3	14.2	34.3
中国 28 个省市区 *	604	162	1.3	9.74	23.5
美国	937	634.5	1.3	3.85	9.26
日本	37.8	115.2	1.3	0.85	2.06
印度	297.5	332	1.3	2.33	5.62

注:*——新疆、青海、西藏、台湾、香港、澳门以外的其他 28 个省市

铁路密度和线路平均间距比较。中国铁路密度为 75 公里/万平方公里,美国为 212 公里/万平方公里,日本为 613 公里/万平方公里,印度为 206 公里/万平方公里。如果铁路线路以方格形状均衡地布局在一个国家的疆土上,相邻平行两条铁路之间的间距,中国为 341 公里;即使是 28 个省市区也高达 223 公里,美国为 112 公里,日本为 40 公里,印度为 119 公里,分别为美国的 2.08 倍,日本的 5.83 倍,印度的 1.96 倍;如果铁路线路以三角线形状均衡地布局在一个国家的疆土上,相邻平行两条铁路之间的间距,中国为 580 公里,即使是 28 个省市区也高达 380 公里,美国为 191 公里,日本为 68 公里,印度为 204 公里(见表 3-4);我国铁路线路平均间距为美国的 3 倍。

中国与一些国家铁路线路间距对比 表3-4

国家	国土面积	线路里程	铁路密度	线路曲线	相邻两线间距(公里)	
	(万平方公里)	(万公里)	公里/10000平方公里	系数	方格布局	三角形布局
中国	960	7.2	75.00	1.15	341	580
中国28个省市区*	604	6.81	112.75	1.15	223	380
美国	937	19.91	212.49	1.15	112	191
日本	37.8	2.32	613.76	1.15	40	68
印度	297.5	6.13	206.05	1.15	119	204

注:*——新疆、青海、西藏、台湾、香港、澳门以外的其他28个省市

机场。我国民用机场密度为0.161个/万平方公里,仅为美国(取得执照的民用机场566个)的26.6%、日本(可供喷气机起降的机场)的15.7%、印度的22.4%、巴基斯坦的37.5%。

2. 增量效益法评价结果

改革开放后,随着社会经济的全面快速发展,我国交通基础设施不足问题凸显,一直到20世纪90年代中后期交通运输都是国民经济发展一大"瓶颈"制约,每年因运输能力不足至少损失几百亿元到几千亿元的产值,交通基础设施数量和能力供给全面不足,只要按照合理布局的要求增加交通基础设施项目,就是有效率的,就能够使更多的能源和原材料运进和产品运出以及增加旅客出行的运力供给,使得地区经济产值增加以及经济发展环境得到改善。当时的交通发展规划是以围绕优先解决那些急需的项目而进行的,由于资金的制约,只能进行选择性的建设,难以从全面需求的角度进行项目计划和建设;所建设的项目,仅以降低运输成本、旅客时间节约效益和事故费用的计算的国民经济效益内部收益率一般都高达15%~30%,如果计算项目对促进国民经济发展的外部正效益,则内部收益率更高许多。从国民经济的角度,这时交通基础设施新项目的增量效益相当可观,交通基础设施的数量和能力供给的饱和度很低,与最终需求的数量有着很大的差距,交通基础设施网络很不完善。

尽管90年代以来交通基础设施网络有了很大改善,目前的交通运输紧张组状况也不像过去那样全面和明显,但是,网络结构仍然很不完善,仍然处于低层次的水平上,只是基本框架的大体建立,众多结点之间缺少线路连接。其主要表现:一是路网布局稀疏,结点连通度低,以公路的国道里程+省道里程计算的平均县际连通度为1.71,连接形式介于"树状"结构与方格状结构之间,县道及以上公路连接乡镇以及乡道连接行政村基本都是"树状"连接,严重缺少相互之间的连通线路;铁路间距东中部地区一般都为200~300公里,西部地区500~700多公里;2001年通航机场为139个,平均6.9万平方公里才有一个机场;二是路网通道深度不够,到2002年底,全国还有约200个乡镇和5万多个行政村不通公路,这些地区的居民无法享受基本的公共服务,生产生活条件很差;全国还有一部份地州市首府所在地不通铁路;三是港口集装箱、大型矿石和石油码头泊位数量不足,未能适应我国外贸进出口货物运输的需要。目前的交通基础设施建设项目安排,尽管可以不像"六五"——"八五"期间那种应急式的安排,可以有更多的余地从路网的连通、网络的形成、为农村居民提供基本交通

条件、改善地区社会经济发展环境等角度来统筹安排，但是，交通基础设施的需求量依然巨大，需要建设的项目，按照目前的资金供给水平，在未来20多年内仍然难以完成。

由于目前交通网络的完善程度低，建设每一个规划的项目都对交通网络的完善起到作用，对社会经济效益产生贡献，目前在建干线项目的国民经济内部收益率一般达15%以上，如果包括对社会经济发展等方面的促进作用，项目的增量效益普遍上都是非常显著的；尽管部分农村公路项目和一些铁路项目直接经济效益不是很高，但是，提高公路和铁路的通达深度、实现"村村通公路"和经济落后地区通铁路，既是改善农村居民的卫生和教育条件、提供公平的公共服务、履行政府的责任和义务的社会要求，也是加快农村经济发展、全面建设小康社会的需要，项目的作用主要是体现社会效益和政治意义。

总之，现有的交通基础设施数量规模饱和度还很低，还有很大的空间需要靠建设去填补，经过论证列入规划的项目无论是网络干线、机场、港口，还是农村公路，其建成后所产生的社会经济增量效益都是比较显著的，由此也可说明目前我国的交通基础设施规模水平还不高，与比较完善的程度水平相比还有较大差距。

（二）交通基础设施网络结构水平效率效益评价

1. 干线网络结构水平评价

（1）公路

到2002年底，全国高速公路里程达2.52万公里，二级以上公路里程24.97万公里，虽然高速公路里程占公路里程的比重达到了1.4%，与路网完善的国家相近，但是，这一数字是在我国路网规模远未完善、缺口巨大基础上的计算出来的相对数字，不具有完全的可比性；由于交通基础设施的布局是与地域相结合的，具有地理位置的不可移动性，干线网络是一个地区交通基本骨架，其完善与发达程度以单位面积的密度结合交通需求进行对比较为科学和合理。目前，我国高速公路密度仅为26.2公里/万平方公里，即使是28个省市区平均也仅为40.7公里/万平方公里，与美国95公里/万平方公里、日本161公里/万平方公里、英国147公里/万平方公里、德国310公里/万平方公里、意大利243公里/万平方公里存在着较大的差距；规划连接全国50万以上人口城市的"五纵七横"国道主干线还未全部建成和连接成相互贯通的骨架网；担负全国公路网干线作用的（一般）国道网，目前整体等级质量还不高，二级及以上的公路里程至2001年仅为55197公里，占全部里程的55.8%，与干线公路网的大能力、快速顺畅、安全的要求还有很大差距。

尽管近十多年来，我国的公路干线建设取得了巨大成就，但干线公路网还未建成，还不完善，高等级公路的里程比重与干线路网的性质和功能作用的要求相比仍然有较大的差距，其也决定了我国的公路网的整体效率效益水平还处于较低水平上。主要表现为：除了已建成的高速公路和一级公路交通通畅外，其他线路普遍交通拥挤较为严重，车辆行驶速度低，行车成本高；再则，由于受公路等级质量和交通行驶条件的制约，具有较高效率效益的大型运输车辆使用的比例不高，致使运输成本未能有效降低。因此，尽快完成国道主干线的建设和加快国道网的等级质量改造提高，特别是西部地区的干线建设，无论是对路网本身的效率效益提高，还是通过时空距离的缩短、交易成本的降低进一步加大对社会经济发展的贡献，都是非常显著的。

由此也可以得出：目前我国干线公路网整体上很不完善，效率效益水平相对较低，有很大的发展空间。

(2)铁路

我国铁路里程较少，路网稀疏，国家铁路基本上都可以称干线，其中2.26万公里的复线铁路是整个铁路网中运输量大、最为重要的铁路。目前全国铁路能力利用率普遍较高，相当一部分线路的能力利用率达到饱和或接近饱和。2001年山海关、德州、符离集、广元、大龙、疏勒河、威舍、蒲圻等主要分界口都是超图行车，全路54个局间分界口有25个能力利用率达到90%以上，其中陶赖昭、古店、蒲圻、符离集、余家、达县、大龙、天水等8个主要分界口能力利用率超过100%。铁道部规划了“八纵八横”16条通道作为路网主骨架进行强化建设，其营业里程约占全国路网的43%，承担着全路80%左右的客货周转量，这16条通道涵盖了我国大多数最主要的大中型城市、主要旅游点和大宗产品的主要产销地，基本包括了目前我国运输能力最大、运营条件最好、技术装备最强、现代化程度最高的铁路线路，不仅在中长途客运、大宗物资等铁路传统优势运输方面占有重要地位，同时也是未来客运快速网、货运快速网、重载网、集装箱网等现代化铁路运输网络的重要载体。

从路网结构方面的效率效益水平分析，目前我国的铁路干线网还有很大的提升空间，一是干线网稀疏，间距过大，布局还不完善，沿海沿江铁路正在建设之中；二是路网质量不高，行车速度慢，尽管通过提速旅客列车运行速度有了较大提高，2001年全路旅客列车平均旅行速度为61.92公里/小时，其中特快列车为88.01公里/小时，快速列车为63.71公里/小时，普通快车为58.94公里/小时，普通慢车为37.42公里/小时，但是，与人们出行的快速化需求和高速铁路相比还有较大差距，此外，货物列车运行速度亟待提高；三是高速铁路、客运专线还处于起步发展阶段，还未形成客货分开的、大能力的、长距离的铁路大干线。

可以说，目前我国的铁路结构层次单一，主次区分不明显，缺少引领水平和效率效益提升的高技术含量的骨架层，还未形成主干、干线、支线结构层次分明、分工合理的路网网络，也即我国目前的铁路干线网络的效率效益水平还是处在较低的层次上。加快铁路主要干线路网质量的提升和高速铁路的建设，可以较大程度地提高铁路的效率效益水平以及对整体铁路网络的效率带动效应。

(3)内河航道

虽然我国有12万多公里的内河航道，但达到等级标准的航道仅占52.3%，其中达到三级以上标准的航道仅占6.8%，而美国高达61%，欧洲干线航道及其主要支流均已实现千吨级船舶畅通无阻。可以说，我国尚未形成具有较高层次结构的航道网，航道等级偏低，而且船舶吨位小、非标准化、系列化，进一步影响了航道能力的使用，即使是长江、珠江、京杭大运河等干线航道也都未充分发挥应有的作用，效率效益水平不高。

加强内河航道特别是干线航道等级的提高，对于充分利用自然交通资源和发挥水运成本低的优势，更好地为国民经济的发展服务，具有明显的直接增量效益和间接增量效益。

(4)沿海港口

2002 年沿海港口年吞吐能力约 14 亿吨，完成吞吐量 17.2 亿吨，比上年增长 18.1%，港口能力不足问题相对突出。一是集装箱吞吐量持续快速增长，集装箱专用泊位能力明显不足，许多港口的实际吞吐量达到或超过泊位核定能力的 100%；二是缺少铁矿石、原油等大型深水专业化接卸码头；三是港口之间结构性矛盾较大，枢纽港口的枢纽作用未被充分发挥，集约化程度相对不高。因此，加快枢纽港口的建设，特别是集装箱泊位和大型深水矿石、原油专用接卸泊位的建设，效率效益增长空间是很大的，一是可以减缓目前的高度超负荷运行及其造成的各种拥堵状况；二是适应继续增长的需求。

(5)民航机场

2001 年我国在用航班机场中，4E 级机场(能起降 B－747 机型)23 个，4D 级机场(能起降 B－767 机型)35 个，4C 级机场(能起降 B－737 机型)和有条件起降 B－737 的 3C 级机场 51 个，其余的为 3C 以下机场。随着近十几年来大力进行主要干线机场的改扩建，目前相当一部分干线机场的规模和能力已能较宽松地适应运输需求，但还有一部分干线机场的规模和能力不能满足需要，需要扩建；北京、上海、广州机场还未形成功能完善、设施配套的全国航空枢纽机场，北京机场的能力与 2008 年奥运会的需求还有较大差距。有选择地对部分干线机场、枢纽机场进行改扩建，可以产生较好的效率效益，即从满足社会需求的角度看，目前干线机场部分的效率效益水平是比较高的，短缺程度较低，只有部分项目的建设才能产生国民经济效率效益增量。

(6)管道

我国输油气干线管道还未形成资源灵活调配网络，特别是成品油输油管道发展落后。随着我国石油消费量的不断增加，一方面需要对现有输油气干线管道进行改造配套，另一方面需要结合油气资源开发和进口油气的需要以及成品油输送的需要建设一批干线管道。从发展的需要看，干线管道的缺口较大，加强其建设，具有较好的效率效益，也即目前管道规模的效率效益水平不高，还有很大的发展空间。

2. 干支衔接配合的效率效益水平评价

交通运输网络是由干线、次干线、支线构成，网络的效率效益一方面体现在整体网络的畅通和通行速率上，即除了干线需要有足够的通行能力和行驶条件外，与之相连的为干线集疏运的次干线、支线也要有足够的通行能力和行驶条件，才能保持整个网络系统的高效；另一方面体现在网络的结点连接，即通达程度上，即除了需要一定数量的起着动脉作用的干线外，还需要大量的起着毛细血管作用的支线，支线是直接连接需要提供服务的起点或终点，其数量的多少直接影响到网络服务面的覆盖范围和深入度。近十几年来，我国交通网络的建设重点是干线网，干线质量提高较快，支线相对缓慢，大中城市之间的交通网络质量和通行速率都较高，但大中城市至小城市、乡镇和农村的交通网络质量和通行速率普遍不高，即干支有效衔接配合的效率效益水平还相对较低。

(1)公路

目前,构成次干线、支线的省道和县乡公路,二级及以上标准的公路里程仅148814公里,占9.44%,三级公路278971公里,占17.7%,四级和等外公路1148640公里,占72.86%。根据目前的各类公路的等级比例,以各等级公路设计时的计算行驶速度加权平均,国道的平均行驶速度为64.7公里/小时,省道为62.7公里/小时,县道为36.8公里/小时,乡道为30公里/小时(见表3-5)。也即公路等级结构形成的干线(国道)、次干线(省道)、支线(县道、乡道、专用公路)的计算行驶速度之比为1:0.97:0.50,如果考虑次干线、支线因等级低、通行能力小,相当一部分路段的实际车流状况的拥挤度高等因素,实际行驶速度比的差距还要大。大中城市之间的时空距离明显缩短,但其他面上的交通效率仍然较低,制约着整体网络系统的效率效益水平。此外,平均每个乡镇拥有县道和乡道27.5公里,平均每个已通公路的行政村拥有县道和乡道里程2.1公里,道路数量明显不足,以县道及以上公路计算的全国乡镇连通度仅为0.92,基本上为"树状"的两点式连接和单点式连接,除了沿线相邻点以外,大多数点与点之间需要进行绕行。

2001年各类公路平均速度能力计算(单位:公里/小时)　　表3-5

	高速	一级	二级	三级	四级	等外	里程合计	平均速度
设计速度	120	100	80	60	40	20	占60%	
山岭重丘		60	40	30	20	15	占40%	
国道	15068	10544	52327	29655	10755	3238	121587	64.72
省道	4182	9898	77849	67175	39719	142211	213044	62.76
县道	100	2916	37892	117909	232465	72383	463665	36.84
乡道		1612	11808	74250	477418	248611	813699	29.75
专用公路	87	244	2226	19637	40308	23515	86017	32.89

注:以公路工程技术标准的规定值和统计里程计算

(2)铁路

除了构成的铁路网主骨架的"八纵八横"16条通道外,其他的一般线路和支线里程目前约为4万公里。这些线路一般技术等级相对较低,通过能力较小,车速慢,特别是在干线改造提速后,这些一般线路和支线的落后差距更加突显,大城市之间的运行速率相对较高,而主要干线或枢纽至中小城市的运行速率明显满足不了出行的要求。此外,相当一部分地区的铁路间距过大,缺少连接线路,相互之间的连通绕行距离长。总体上分析,铁路网络的干支线接配合还有很大的改善空间,目前的效率效益水平还不高。

(3)内河航道

我国内河航道支线里程虽然不少,但总体上等级低、通行条件差,约有47.7%的航道达不到等级标准,大部分航道未实行标准化建设,干支衔接基本上是出于一种自然的放任状态,效率效益水平不高。

(4)民航机场

我国机场并未完全形成枢纽机场、干线机场、支线机场结构层次分明、功能定位合理的机场布局。由于在运营上并未真正形成干支线互相衔接配合的网络化运营组织结构,支线机场功能定位难以有效落实,经营困难,发展缓慢,这也是我国机场与国外相比数量少的一个重要原因。除少数旅游景区的支线机场外,总体上,我国支线机场为枢纽机场、干线机场集疏运的服务功能发挥的程度很低,相互间的衔接配合不理想。

(5)管道

我国管道发展相对缓慢,主要也是以干线输油气管道建设为重点,而且干线输油气管道的规模较小、尚未形成合理的网络,支线管道的大规模发展缺乏应有的基础,因此,还谈不上干支衔接配合的问题,也即干支衔接和配合的效率效益水平非常低,有着巨大的发展空间。

(三)交通基础设施网络地区布局效率效益水平评价

影响交通基础设施网络布局的因素很多,但最为重要的是交通基础设施网络是一种地域性的空间布局,网络的数量越多、密度越大,空间上的可达性、方便性就越高,居民点分布和国土开发对交通网络存在着一个基本数量上的客观需求,经济的发达程度、产业的规模以及社会发展的总体水平主要是对交通网络的强度和质量提出要求,同时,由于交通基础设施网络对社会和国民经济发展具有基础性、先导性的作用,其发展对对社会和国民经济的发展具有积极的促进作用。

目前,我国交通基础设施的数量和布局地域性差别很大,东部地区的交通网络发展水平相对较高,中部地区次之,西部地区落后。2001 年西部地区的公路密度(10.6 公里/100 平方公里)仅为东部地区(42 公里/100 平方公里)的 25.2%、中部地区(20.3 公里/100 平方公里)的 52.2%,西部地区铁路网密度(0.377 公里/100 平方公里)仅为东部地区(1.772 公里/100 平方公里)的 21.3%、中部地区(1.571 公里/100 平方公里)的 24.9%,西部地区机场密度仅为全国平均的 59%。基础设施的等级质量也差距很大,二级以上公路里程占公路总里程的比重,东部地区、中部地区、西部地区分别为 22.01%、13.25%、7.34%,西部地区的复线铁路里程比重仅为全国平均得 62.5%(见表 3-6)。

交通基础设施发展水平的地区差距 表 3-6

项目名称	单位	全国	东部地区	中部地区	西部地区
公路密度	公里/100 平方公里	17.7	42.0	20.3	10.6
二级以上公路比重	%	13.35	22.01	13.25	7.34
铁路密度	公里/100 平方公里	0.73	1.772	1.517	0.38
铁路复线比重	%	0.38			0.24
内河航道密度	公里/100 平方公里	1.27	5.45	2.23	0.34
机场密度	个/10000 平方公里	0.145			0.09

注:以 2001 年统计数据计算

由于交通基础设施网络发展水平存在着较大的地区差异,对国民经济的支持和促进力度也明显不同,西部地区交通基础设施网络的发展规模和水平在空间布局上与工业化发展的基本需求还存在着较大差距,网络发展还很不完善,整体效率效益水平较低;中部地区的网络规模和结构也不完善,对国民经济贡献的整体效率效益水平比西部地区高一些,但与国民经济发展所要求达到的水平还有相当差距;东部地区交通网络相对发达,对国民经济贡献的整体效率效益水平相对比较高,但与但与较好地支持国民经济发展所要求达到的水平还有相当距离,交通网络还不完善,特别是次干线和支线网络还需要有一个较大的发展。

第三节　各种运输方式的衔接状况和一体化运输组织效率评价

(一)各种运输方式的衔接状况评价

我国的交通运输基本上是以各种运输方式自我为主的方式发展,按各自的运输组织要求进行设施配套,在网络建设、站场建设以及信息化建设中,较少从综合运输体系的角度考虑相互配合和共用以及互联互通等,相互之间衔接配合的效率效益水平很低。这既与运输管理体制有关,各种运输方式分属于不同的部门管理,在投资方式和资金使用管理上存在着很大的差异,在时间安排上存在不一致性,而且更多的是从自身系统生产者的角度来考虑如何符合生产的要求,存在着浓厚的系统封闭性的思想;也与各种运输方式的市场化程度不同有关,铁路(这里指国铁)是“独此一家”的全国性垄断经营,各铁路局、铁路分局只是生产车间,并不真正拥有法人财产权,不能独立地在市场活动中自主决策、独立经营、自负盈亏,除了在管内以外,既不能独立地提供运输服务,也不能独立地从市场上获得收入,而且铁路系统内部是以成本为基础的“大锅饭”财务清算制度,因此,各铁路局、铁路分局及没有决策权,也无积极性与其他运输方式进行建设合作,所有合作必须通过铁道部才能决定,而公路、水运等基本上在地方,由公司负责建设与经营,这种建设合作谈判主体的极端不对称导致了合作的难以实现。

1. 网络衔接

我国交通基础设施短缺较多,各种运输方式基本上是以适应各自的需求进行各自规划与建设,除了煤炭运输通道的铁路与港口进行统筹规划与建设外,其他的相互衔接基本上都是围绕着集疏运的需求进行规划与建设,如疏港铁路、疏港公路、机场公路等。

公路、铁路与港口的衔接。沿海沿江主要港口都有铁路、公路与之相接,少数港口还有管道相连,各地方也重点加强了港口集疏运通路的建设与改造,部分港口的集疏运条件较好，但也有相当一部分港口的集疏运线路的等级不高、能力不足，或是集疏运线路接入的铁路线路能力不足，与港口的吞吐作业能力不相匹配，影响了集疏运效率和港口作业效率的提高。2001 年全国主要沿海港口（大连、天津、秦皇岛、连云港、青岛、烟台、上海、黄埔、下元、湛江、防城）铁路完成的集疏运量为 23168.7 万吨，其中煤炭 8401.4 万吨、进口铁矿石 3670.8 万吨，集装箱 41.36 万 TEU.。由于煤炭和铁矿石的大量增加，部分港口因后方铁路疏运能力与港口发展不配套，铁路运能的发展落后于港口建设和港口装卸效能的提高，造成煤炭进港不及时、不均衡，加上港存量不足，运煤船舶不能及时装上煤炭的现象时有发生；许多港口由于铁路疏运能力趋于饱和，满足不了进口铁矿石大量增长的需要，造成大量铁矿石滞留港口运不出去，2001 年港口铁矿石库存最高时达 1362.5 万吨。

公路与机场的衔接。通过近几年的建设，公路与机场衔接配合较好，绝大部分机场都有高等级公路与之连接，但是，到目前为止我国还没有一个机场有铁路或地铁与之相连。

公路与铁路的衔接。公路是铁路集疏运最基本的运输方式，每个铁路车站都有公路相连接，但是，铁路车站基本上都在城市内，公路基本上都要通过城市道路与之连接，而城市道路大部分都比较拥挤，制约了公路集疏运效率的发挥。

2. 枢纽站场衔接

枢纽站场是各种运输方式相互连接的纽带，是实现综合运输“零距离换乘”、“无缝衔接”最基础的条件之一，但是，由于我国各种运输方式的经营管理体制不同，如铁路枢纽站场是与铁路线路作为一个整体归属铁道部统一建设与经营，而公路枢纽站场则主要是以企业为主或地方政府与企业共同建设，企业运营，在站场建设中，两者在枢纽站场合作建设中处于极不相称的地位，而且由于发展目标和所代表的利益不同，往往难以达成共识，这也就造成了各种运输方式的站场都是按照各自的运输生产要求各自规划、各自分立建设、自成体系，形不成综合运输枢纽，各种运输方式的衔接必须在相互的站场间进行倒转，系统效率低下。如规划建设的全国 45 个公路主枢纽和 100 个二类公路枢纽，没有一个是与铁路枢纽站场进行联合建设的。以北京为例，北京是我国客货流量最大的枢纽城市之一，现拥有铁路货运站 50 多个，货场总面积 167 万平方米，3 个铁路编组站；拥有各类公路货运站场 6000 多个；客运方面，北京拥有 4 个大型的客运站，26 个公路客运站；但是，这些站场都基本上是粗放式的分散布局，没有一个大型的集各种运输方式紧密衔接综合性枢纽，而且是铁路客运站在城内，公路客运站基本在城边，铁路货运站更接近于城市，公路主要枢纽站场基本上在铁路圈之外，站场间的关系不密切，基本上是一种脱节的状态，两者的联合运输也仅是一种简单的分段集成，中间的衔接必须靠汽车再次倒短才能完成。

枢纽站场是城市发展非常重要的组成部分，但在城市发展规划中，往往缺少以建立大型综合运输枢纽的思想对站场进行统一规划，这也是造成各种运输方式站场各自发展、分散建设的一个重要原因。

在城间运输与城市交通站场衔接中同样也存在着明显的低效率，由于我国城间运输和城市交通分属于不同的部门管理，城市交通管理部门的重点是解决城市交通，较少将城间运输纳入一体化考虑，而且是尽量将城间运输的站场规划在城市的外围，致使城间运输的各种运输方式缺乏相互之间的衔接和缺少与城市交通相互衔接的集疏运支持，旅客和货物不能便捷地在多种运输方式间中转，时间和费用增加。

在单一铁路、水运、航空等运输枢纽中，需要其他运输方式进行中转和集疏运，但在建设与运营管理中，往往缺乏对各种运输方式在枢纽中的功能和目标以及空间布局进行统一的合理规划和有效协调，由此造成为其中转和集疏运的其他运输方式被动地适应，并因功能不合理和场地不足等原因，造成拥堵和效率低下。

到目前为止，全国还没有一个城市建成由多种运输方式共同组成的连接城间运输与城市交通的大型集疏运换乘中心。综合运输枢纽站场规划与建设的滞后，严重地制约了我国综合运输体系效率效益水平的提高。

3. 信息衔接

信息技术的发展和各种运输方式信息网络的互联互通、信息共享是促进综合运输体系效率效益提高的重要基础，但是由于信息化建设较晚以及体制、经营思想等各种障碍，目前我国各种运输方式之间的信息化衔接还相当薄弱。其主要表现在：

(1) 各种运输方式的信息化正在建设和应用推广中，整体信息化水平还不高。

(2) 由于尚未建立综合运输经营的体制和机制，各种运输方式都是根据本领域的运输生产特点各自进行信息系统规划和建设，各自为客货运输提供本系统的有关信息服务，信息流只在本系统内流转，各种运输方式之间的信息传输和共享还存在着诸多尚待解决的问题。

(3) 以企业或单个部门难以推动建立统一的综合运输信息系统，需要打破目前的交通运输管理体制进行跨部门的统一规划与协调，而政府在这方面存在着明显的缺位。

(二) 一体化运输组织效率效益水平评价

这里的运输组织效率效益水平不是指单一运输方式的生产效率效益水平，而是指完成完整的运输产品生产过程中各种运输方式优势互补、相互配合的效率效益水平，是一体化运输的效率效益水平。

在我国，由于各种运输方式的市场化进程不一、行业间渗透少，特别是铁路仍然是独家垄断经营，铁路能力总体上仍然比较紧张，"铁老大"、封闭式的经营思想依然比较严重，缺少跨行业的大型综合运输企业，行业间的协调紧密性差，各类运输企业基本上只能围绕着单一的运输方式进行组织生产，难以从提供完整运输产品的角度来统一进行生产经营组织，货物运输的整个链条被分割成独立的几段分别完成；公路运输也在货源组织、运输、站场经营中运输生产要素不能形成有机结合，运输资源分散经营，运输企业按行政区域管理等；这些因素客观上阻碍了运输组织化水平的提高和综合运输服务体系的形成，企业无法在由各种运输方式组成的庞大的运输网络系统中有效地调动和运用这些资源，综合运输效率效益水平不高。

综合运输组织的开展受铁路运输的融通性影响很大，目前我国铁路运输本身的组织效率是很高的，铁路能力仍然相对紧张，加之铁路的垄断性经营，企业缺乏市场的竞争压力，通过改善运输组织为货主提供高效、低成本的服务意识和动力不强，由此，造成了其他运输方式与铁路衔接的低效，被动地适应铁路传统运输组织方式的要求。例如，在集装箱运输上，铁路在运输装备、运输组织、集装箱追踪管理以及运输价格等方面都与集装箱运输发展的要求存在着较大的差距，致使我国内陆集装箱运输发展缓慢，铁路集装箱运输与港口以及公路的衔接效率较低；在驼背运输、滚装运输方面，我国东西、南北的跨距都很大，存在着较大的需求，但也因铁路没有提供相应的运输设备和采用相应的运输组织方式，而未被开展。此外，由于缺乏综合性的运输枢纽站场和信息系统的不统一，也阻碍了联合运输的开展。

在我国各种运输方式相互割裂的运营体制下，运输代理业的发展可以起到桥梁的联系作用和推动多种运输方式联合运输的发展，但是，目前除了国际货代以外，国内客货运户代理业还很不发达，铁路运输仍然比较紧张，一票到底的运输服务还比较有限，尚未产生足够的压力要求各种运输方式加强协作以提高效率、降低运输成本。对应运输需求和与国外有关国家相比，我国联合运输的发展水平还很低，不仅规模小，而且组织层次低，没有充分利用各种运输方式的优势，通过有效的运输组织来较大程度地提高综合运输体系的整体效率效益水平。

总体上，我国跨运输方式的运输生产组织水平低，作业连续性差，联合运输所占比重小，系统效率效益水平未能通过合理有效的运输生产组织得以发挥。

（三）各种运输方式的生产效率和服务水平评价

1. 交通基础设施担负交通运输量的强度

（1）铁路

2002 年全国铁路营业里程 7. 2 万公里，其中复线和电气化里程分别为 2. 5 万公里和 1. 8 万公里，完成铁路货运量 20. 1 亿吨、货物周转量 15254 亿吨公里，客运量 10. 5 亿人次、旅客周转量 4920 亿人公里。全国线路平均负荷密度为 2802 万换算吨公里/公里，为世界第一（1996 年，美国 All Class I Railways 为 1089、加拿大 CN 为 684、CP 为 887 万换算吨公里/公里）。其中，京广、津沪、京哈、陇海线平均负荷密度分别为 9362、11192. 4、11033. 4、7302. 4 万换算吨公里/公里（见表 3-7，2001 年数）。2001 年全路 54 个局间分界口有 25 个能力利用率达到 90% 以上，其中陶赖昭、古店、蒲圻、符离集、余家、达县、大龙、天水 8 个主要分界口能力利用率超过 100%。2001 年 10 月 21 日实行的列车运行图，全路共开行各类旅客列车 1194. 5 对，其中直通 363 对，管内 831. 5 对；开行货物列车 13558. 5 对。从目前铁路承担的实际运输量看，主要干线负荷强度高，能力利用刚性强，可利用的机动能力（或储备能力）少。

部分铁路支线和大部分合资铁路以及地方铁路客货运密度相对较低，能力富余量比例也相对较高。

2001 年主要干线客货运输平均密度[单位:千吨(人)公里/公里]　表 3-7

名　称	旅客密度			货物密度			总换算密度
	上行	下行	合计	上行	下行	合计	
国铁全路平均			7850			24120	31970
津沪铁路	18507.8	19188.0	37695.7	18457.2	55770.6	74227.8	111923.5
京广铁路	17712.6	18268.0	35980.6	19305.4	38333.5	57638.9	93619.5
京哈铁路	14070.2	14353.5	28423.7	45816.2	36094.5	81910.7	110334.4
陇海铁路	9779.5	10050.9	19830.3	34145.4	19048.2	53193.6	73023.9

资料来源:全国铁路统计资料汇编

(2)公路

2002 年底，全国公路总里程达到 176.5 万公里，其中：国道里程 125003 公里、省道 216249 公里、县道 471239 公里、乡道 865635 公里、专用公路 87096 公里，分别占公路总里程的 7.1%、12.2%、26.7%、49.0% 和 5.0%。全社会完成公路客运量 147.5 亿人、旅客周转量 7805.8 亿人公里，全社会完成公路货运量 111.6 亿吨、货物周转量 6782.5 亿吨公里。公路客运量、旅客周转量在各种运输方式旅客运输总量中所占比重分别为 91.8% 和 55.3%；公路货运量、货物周转量在各种运输方式货物运输总量中所占比重分别为 75.3% 和 13.4%。按线路总里程大平均，每公里公路完成的客货运量为 8357 人和 6323 吨，完成的客货运输周转量为 44.2 万人公里和 38.4 万吨公里。由于在公路运输中，国道和省道承担着主要的运输任务，在以往的有关研究中其完成的运输量约占 70% 以上，如果按 70% 计算，则国道和省到每公里完成的客货运量为 3.3 万人和 2.29 万吨，完成的客货运输周转量为 160 万人公里和 139 万吨公里。

2002 年全国国道网年平均日交通量达 4541 辆/日(折合标准中型车，下同)，比上年增长 4.5%。其中东部地区 9071 辆/日，中部地区 4147 辆/日，西部地区 2276 辆/日。全年国道网车流量较大的地区主要集中在广东、上海、江苏、浙江和京津地区，其中广东、上海、江苏、浙江四省市内国道网的年平均日交通量超过 1 万辆，北京、天津也已近 1 万辆。

全国国道主干线年平均日交通量达 6603 辆/日；高速公路年平均日交通量为 15987 辆/日(折合成标准小客车)，比上年增长 11.7%。

随着干线公路大力度的持续建设和改造，国道网交通拥挤状况继续改善，2002 年全国国道网的交通拥挤度为 0.52，比上年下降 11.5%。其中东部地区交通拥挤度为 0.73，中部地区为 0.46，西部地区为 0.35。从各省情况看，广东、上海、北京、江苏、浙江、湖南、云南等省(直辖市)国道相对拥挤，上述部分省市的国道拥挤度已经超过或接近 1。

此外，由于一般路网线路等级较低，尽管绝对交通量没有国道大，但许多线路的能力利用率和交通拥挤度都较高，相当一部分线路的交通拥挤度超过1。

(3)水运

内河。2002年内河运输完成货运量7.6亿吨、货物周转量1508.7亿吨，其中：长江水系完成货运量3.0亿吨，货物周转量795.3亿吨公里，分别占全国内河货运量和货物周转量的39.9%和52.7%；京杭运河完成货运量1.5亿吨，货物周转量279.7亿吨公里，分别占19.7%和18.5%；珠江水系完成货运量0.9亿吨，货物周转量150.5亿吨公里，分别占12.1%和10.0%；黑龙江水系完成货运量0.07亿吨，货物周转量8.6亿吨公里，分别占0.9%和0.6%。按航道总里程大平均，每公里航道完成的货物运量和周转量为6252吨和124万吨公里。由于内河船舶标准化程度低，相当一部分航道船舶密度大，拥挤度高，但航道能力并未被充分利用。

沿海港口。全国沿海港口拥有生产用码头泊位3822个、其中万吨级及以上泊位700个；2002年沿海港口完成货物吞吐量17.2亿吨，比上年增长18.1%，其中货物吞吐量超亿吨的港口有7个，上海港吞吐量连续3年超过2亿吨，2002年达2.64亿吨，比上年增长19.4%。其他6个亿吨港货物吞吐量港口分别为：宁波港1.54亿吨、广州港1.53亿吨、天津港1.29亿吨、青岛港1.22亿吨、秦皇岛港1.12亿吨、大连港1.09亿吨。

2002年全国沿海港口完成集装箱吞吐量3376万标准箱，其中集装箱吞吐量超过100万标准箱的8个港口中，上海港完成861万标准箱，已超过高雄港，居世界第4位；深圳港完成762万标准箱，由2001年的世界第8位上升到2002年的世界第6位，其他超过100万标准箱的港口分别为：青岛港341万标准箱、天津港241万标准箱、广州港217万标准箱、宁波港186万标准箱、厦门港175万标准箱、大连港135万标准箱。

(4)机场

2001年全国民航完成旅客运输量7524万人次(2002年约8400万人次)，机场旅客吞吐量为14873.6万人次，平均每个机场107万人次，其中，排名前五位的分别是：北京2169.1万人次，广州1279.1万人次，上海1213.9万人次，深圳642.3万人次，上海浦东554.4万人次。

(5)管道

2001年管道完成货运量19439万吨、652.8亿吨公里，平均每公里管道完成7043吨、236万吨公里。其中原油管道输送能力为29140.9万吨/年，实际输油量为15821.4万吨，平均能力利用率为27.8%；成品油管道输送能力为5292万吨/年，实际输油量为1468.6万吨，平均能力利用率为54.3%；天然气管道输送能力为3206.6千万立方米/年，实际输气量为2087千万立方米/年，平均能力利用率为65.1%。

2.运输工具载重(客)能力及利用情况

(1)铁路运输

2001年全路共有客车总数37214辆，总定员242万客位；货车449921辆，总标记载重吨数2681.5万吨，其中30吨及以下货车占0.92%，40~50吨货车占4.22%，60吨及以上货车占94.87%，平均每辆车标记载重59.6吨。平均每万吨货运量拥有货车数2.52辆，每百万货物周转量拥有货车数0.32辆。全路日均运用车(货车)为435459车，日均装车数83693辆，日均卸空车86883辆。货车平均静载重58.1吨，载重能力利用率为97.3%。货车周转时间为5.1天，每辆运用货车日产量平均为8965吨公里，年产量327.2万吨公里/车；美国All Class I Railways为379.8万吨公里/车，加拿大CN为244.7万吨公里/车，CP为280.2万吨公里/车。

2001年全路49个编组站日均货车出入总数达467481辆，其中有调中转车319028辆，无调中转车131681辆。中转车平均停留时间5.6小时，一次货物作业停留时间27.2小时。

(2)公路运输

2001年全国拥有汽车保有量1802.04万辆，其中载客汽车993.96万辆、11171万客位，平均10.59客位/辆；载货汽车765.24万辆、3056.67万吨位，平均3.4吨/辆。公路运输车辆764.39万辆，其中载客汽车255.12万辆、2701.68万客位，载货汽车509.27万辆、1733.58万吨位。平均每辆车完成运输量为：客车完成5498.58人、28.25万人公里，货车完成2074.17吨、12.43万吨公里，如表3-8所示。

2001年平均每辆公路运输车辆完成运输量 表3-8

名称	数量	吨(客)位	客货运量	周转量	单车运量	单车周转量
	万辆	万吨(座)	万人(吨)	亿人(吨)公里	吨(人)/车	万吨(人)公里/车
载客汽车	255.12	2701.68	1402798	7207.08	5498.58	28.25
载货汽车	509.27	1733.58	1056312	6330.44	2074.17	12.43

注：根据全国交通统计资料汇编的相关数据计算

由于全国各地公路运输市场的规模、管理方式、开放程度等差异很大，各地区汽车的各项具体使用指标也差别很大，各省市营业性载货汽车的工作率大体在50%～80%左右，里程利用率基本在51%～70%左右，实载率在55%～85%之间；总体上是东部地区车辆的工作率、里程利用率、实载率都较低；里程利用率是华北和东北地区较低，西北地区和华南地区较高；实载率是资源外输量大的省份较高；大部分省市载货汽车的实载率都要高于里程利用率，即超载现象比较普遍。全国载客汽车工作率基本上在80%～90%左右，里程利用率在96%～99%之间，实载率在55%～75%左右，载客汽车各项指标的高低没有明显的地域特征。

其他非营业性的社会车辆，各项具体使用指标一般情况下都要比营业性汽车低许多。

(3)水路运输

2001年全国共有水路运输船舶210786艘、5449.54万吨位、107.68万客位、50.6万集装箱位(TEU)，功率20884813千瓦。其中内河200068艘，内河机动货船平均每艘净载重量为92.8吨位、功率43.4千瓦/艘，机动客船平均每艘载客量为42.4客位、功率40.1千瓦/艘；沿海8073艘，沿海机动货船平均每艘净载重量为1402.3吨位、功率609.6千瓦/艘，机动客船平均每艘载客量为77.5客位、功率324.2千瓦/艘；远洋2645艘，沿海机动货船平均每艘净载重量为9413.2吨位、功率3143.9千瓦/艘，机动客船平均每艘载客量为330.4客位、功率4118.1千瓦/艘。内河、沿海、远洋货船2001年完成的平均吨位运输量见表3-9。

2001年水路运输工具完成货物运输量 表3-9

名称	轮驳船	净载重量	货运量	周转量	吨位运量	吨位周转量
	(货)艘	吨位	万吨	亿吨公里	吨/载重吨	万吨公里/载重吨
内河	183510	21457180	72205	1536.94	33.65	0.72
沿海	7071	9181020	32897	3578.94	35.83	3.90
远洋	2618	23857196	27573	20873.01	11.56	8.75

注：根据全国交通统计资料汇编的相关数据计算

(4)民航运输

2001年底，民航共有运输飞机566架，其中大中型飞机486架，小型飞机80架，全年飞行班次为707272次，飞行小时1639440小时。全行业在册运输飞机平均日利用率为8.3小时，定期航班平均客座利用率为62.0%，其中国内航线60.8%，国际航线66.3%；定期航班平均载运率为58.5%。

3.各种运输方式平均能源消耗水平

各种运输方式具有不同的技术经济特点，服务于不同的运输需求，能耗是影响运输成本的一个重要因素，但在不同的运输方式比较中，并不能简单以能耗多少定优劣，就如飞机与火车对比，两者单位运输量能源消耗差别巨大，但各自有不同的优势和服务对象；还有公共汽车与小汽车等也都如此。而且，能耗高低是在一定运输量条件下实现的，如火车适合于运输量集中、规模大的运输，在运量很小的情况下运行，其单位运量能耗就会大幅度增加。从总的情况看，我国铁路运量大、集中，机车技术水平不断提高，与国外相比，单位运输量能耗处于较好水平；汽车由于车辆技术水平、各类车辆结构不够合理以及里程利用率低等因素影响，吨公里油耗相对较高，但又通过超载而摊低；旅客运输中，由于班车运输量比重较大，单位旅客运输能耗相对较低。2001年各种运输方式的单位能耗见表3-10：

2001年各种运输方式单位能耗 表3-10

名　称	单　位	能　耗　量
铁路		
蒸汽机车耗煤	千克/万吨公里	195.5
内燃机车耗油	千克/万吨公里	25.7
电力机车耗电	千瓦小时/万吨公里	113.1
运输企业换算周转量能耗折算标煤	千克/万吨公里	100.9

续上表

名　称	单　位	能 耗 量
公路		
营业性载货汽车百车公里汽油消耗	公升/百车公里	21~31
百车公里柴油消耗	公升/百车公里	21~35
百吨公里汽油消耗	公升/百吨公里	8
百吨公里柴油消耗	公升/百吨公里	6
营业性载客汽车百车公里汽油消耗	公升/百车公里	16~28
百车公里柴油消耗	公升/百车公里	17~36
百吨公里汽油消耗	公升/百吨公里	12
百吨公里柴油消耗	公升/百吨公里	8
水运		
营业性运输船舶单位功率能耗	公斤/千瓦小时	130
千吨公里能耗	公斤/千吨公里	2
航空		
直属企业每千吨公里耗油	公斤/千吨公里	381
每生产飞行小时耗油	吨/小时	3.29
管道		
综合能耗	1×10^6千焦/10^4吨公里	5.863

注:根据相关资料整理得出

通过对有关资料和研究报告的数据整理,主要代表性国家的不同交通运输方式的单位运输量能耗见表3-11。

主要国家各种交通运输方式能耗对比表(单位:公斤标煤/换算千吨公里)　　表3-11

运输方式	美国	加拿大	英国	法国	德国	意大利	中国
公路	128.5	293.2	106.6	101.2	365.2	65.4	63.68
铁路	13.8	25.5	40.0	10.8	32.6	18.3	9.64
民航	256.5	324.9	108.3	134.9	374.6	154.2	434

注:根据有关资料和研究报告的数据整理得出

4. 各种运输方式的安全性指标

安全性既与各种运输固有的技术特性和使用条件有关,也与各种运输方式运输工具的技术先进性、交通管理手段、专业人员操作与大众使用、安全防范意识、非驾驶员责任等有关,是众多因素影响的结果。从世界范围的角度看,我国的民航安全性指标相对较好,而公路交通事故率高,死伤人数多(见表3-12)。

2001 年各种运输方式交通事故率 表 3-12

名　　称	事故次数(起)	死亡人数(人)	受伤人数(人)	事　故　率
铁路				
行车事故	783			0.375 起/百万机车行走公里
公路				
道路总交通事故	754919	105930	546485	58.8 人死亡/每万辆汽车
其中:机械事故	19252	3974	16606	
驾驶员责任	654416	81846	462251	
道路原因	1082	193	760	
水上交通				
总事故	645	490	45	30.6 起、23.3 人死亡/每万艘船舶
责任事故	618	414	45	
航空				
意外情况引起的航班不正常	190			占全部航班的 0.025%

资料来源:相应的交通统计资料

5. 各种运输方式总体服务水平评价

(1)铁路运输

速度:通过 1997 年、1998 年、2000 年和 2001 年先后四次进行大规模列车提速和调整运行图,提速网络基本覆盖了全国铁路主要干线,提速铁路已达 13000 公里,使我国客运火车运行速度平均提高了 25%,主要干线的旅客列车运行速度达到了每小时 120 ~ 160 公里,旅客列车平均旅行速度达到 61.92 公里/小时,其中,特快列车为 88.01 公里/小时,快速列车 63.71 公里/小时,普通快车 58.94 公里/小时。提速后,已初步建成以北京、上海、广州为中心,连接全国主要城市的全路快速客运网。主要干线城市间旅客列车运程在 500 公里左右实现"朝发夕归",1200 ~ 1500 公里左右的实现"夕发朝至",2000 ~ 2500 公里左右实现"一日到达",从根本上扭转了中国铁路列车速度长期在低水平徘徊的局面。但是,目前的速度还不能满足旅客出行对时间的要求,而且非干线旅客列车速度仍然还很低。

货物列车运行速度仍然较慢,货物列车平均技术速度为 46.7 公里/小时,平均旅行速度为 32.1 公里/小时;由于从受理到装车的时间较长,加上编组中转各环节的时间,总体上,送达速度还远远不能满足市场的需求,特别是对于时效性要求强的货物和时令货物更是如此。

供求关系:紧张状况虽有所缓解,但能力供给仍然不足,干线旅客运输客位实载率依然很高,供给弹性差,特别是节假日期间客位严重不足,部分列车超员达 100% 以上。货物运输,主要干线和部分疏港线路能力供给仍然比较紧张,刚性强,依然是卖方市场。

服务水平:由于垄断市场压力小以及"大锅饭"经营方式,尽管铁路部门也在积极面对其他运输方式的市场竞争提高服务质量,但铁路整体服务水平和服务意识依然不高,主要是以低层次的运输服务为主,高层次的运输服务比例小。在旅客运输方面,尽管全路优质优价列车已增加到471对,所占比例达39.4%,供给的结构层次有了较大提高,但包括软件方面的服务于市场的需求还有很大差距。货物运输方面,主要是提供普通的运输服务,与满足货主时效、安全、方便等较高服务质量的要求差距较大。此外,铁路运输的货损货差事故多,2001年铁路保价货运的事故就达14832件,货运保价赔付率达9.0%。

(2)公路运输

随着高速公路里程的迅速增加和高速客运的逐步开展,城间公路客运服务层次有了较大的提高,主要城市间的高速公路客运旅行速度可达到了80公里/小时左右,舒适性、安全性有了较大提高,东部和中部的一部分省市开展了干线快客运输,旅客运输服务质量有了较明显改善。但是城乡旅客运输和农村旅客运输服务质量和层次较低,与需求有较大的差距。

货运方面,公路市场全面放开,市场竞争激烈,基本上属于买方市场,但是,总体服务层次很低,主要是以设备和人力低成本以及违规超载进行竞争,适合于长途运输的大型车、厢式货车、特种运输车所占比例小,快速货物网络正在形成。

(3)水路运输

水路旅客运输由于受其他运输方式的强力竞争,经营困难,设备陈旧,目前主要是向陆岛、旅游方面发展,服务水平在逐步改善。

水路货物运输由于市场竞争的作用,市场服务意识较强,但运输装备水平相对不高,内河航道断航、碍航时常影响货物运送速度。

(4)民航运输

民航运力储备相对比较充足,可以较好地满足需要,但是航班正常率只有79.2%,飞机晚到和公司计划影响航班飞行不正常率占到了15.12%,服务质量和服务意识虽在不断改进,但仍有较大的改进空间。

第四节　交通运输业投资额及产值与国民经济的关系评价

(一)交通投资与运输业增加值以及与全国经济发展的关系

交通运输业基本建设投资额从1995年的1544.5亿元增加到了2001年的3346.5亿元,年均增长率为13.75%,高于全国基本建设投资额年均10.89%的增长速度。交通运输业基本建设投资额占GDP的比重从1995年的2.60%提高到了2000年的3.93%、2001年的3.49%。交通运输业增加值占全国GDP比重为3.8%左右(见表3-13)。

1995~2001年交通运输业的增加值与基本建设投资额的增长成正比例关系,但比例系数从1995年1.77下降到了2001年的0.97,这也说明交通基础设施建设有了较大发展,基础投资力度加大,基础设施整体状况得到了改善,已从原来最紧张线路的局部改善逐步扩大到全面整体的改善，逐步体现了交通运输设施为国民经济和全民服务的基础性作用，并正在为社会经济的持续发展创造更有力的支持条件。

1995～2002 年交通运输业基本建设投资额与国民经济的关系（单位：亿元）　表 3-13

年　份	1995	1996	1997	1998	1999	2000	2001	2002
基本建设投资额合计	1544.5	1850.2	2136.6	3121.0	3487.0	3511.3	3346.5	3763.0
其中：铁路	525.8	549.3	577.8	709.6	782.1	770.7	689.1	717.8
公路	451.7	596.2	773.1	1230.2	1408.3	1605.8	1453.1	1658.9
水运	86.3	61.3	53.6	47.9	61.2	73.2	90.0	52.3
民航	126.1	156.3	162.2	185.9	259.1	258.5	200.1	196.0
管道	4.1	3.9	5.7	5.5	10.9	25.5	7.1	107.4
交通运输辅助业	339.9	463.8	534.4	914.5	934.9	743.7	766.2	983.7
其他	10.7	19.4	29.9	27.4	30.4	33.8	55.9	46.9
国内生产总值	59478	67885	74463	78345	82068	89442	95933	104791
交通运输和仓储业增加值	2738	2626	2690	2886	3058	3413	3598	—
增加值占全国 GDP 比例	4.60%	3.87%	3.61%	3.68%	3.73%	3.82%	3.70%	—
投资额占全国 GDP 比例	2.60%	2.73%	2.87%	3.98%	4.25%	3.93%	3.49%	3.59%

注：根据相关交通统计资料的数据计算得出

根据全国资本形成额对 GDP 的贡献率以及全社会固定资产投资额的比例关系，计算的交通运输基本建设投资对国民经济增长的贡献约为 0.3 个百分点左右（表 3-14）。当然，由于各行业的产业链不同，其投资的乘数效应有较大差异，交通基础设施建设需要大量的钢材、水泥等建筑材料和设备设施，产业链较长，而且，建成后还将带动交通消费，其投资具有较高的乘数效应，对国民经济增长的实际拉动比按全国总投资平均计算的结果要高，具体贡献率有待于专门的研究。

交通运输业基本建设投资与国民经济增长的关系（单位：亿元）　表 3-14

年　份	1995	1996	1997	1998	1999	2000	2001	2002
全国国内生产总值	59478	67884	74462	78345	82067	89442	95933	104791
增长速度	9.0%	9.8%	8.6%	7.8%	7.2%	8.4%	7.0%	8.5%
全国资本形成总额	23877	26867	28457	29545	30701	32499	37460	42355
投资对 GDP 的贡献率	40.14%	39.58%	38.22%	37.71%	37.41%	36.34%	39.05%	40.4%
全社会固定资产投资	20019	22913	24941	28406	29854	32917	37213	43500
交通运输业基本建设投资额	1544	1850	2136	3121	3487	3511	3346	3763
交通投资对 GDP 的拉动	0.28%	0.31%	0.28%	0.32%	0.31%	0.33%	0.25%	0.30%

注：根据相关统计年鉴和资料汇编的数据计算得出

(二)全国运输总收入占全国 GDP 比重

根据铁路运输、航空运输的收入统计数字和依据周转量及平均运输价格推算的公路运输、水路运输、管道运输全行业运输收入,1998～2001 年全国运输总收入及其占 GDP 的比重见表 3-15。

交通运输业收入占 GDP 比重

表 3-15

序号	运输方式	1997	1998	1999	2000	2001	2002
1	铁路运输收入(亿元)	852.4	932.7	1007.5	1107.2	1358.2	1420.5
2	公路运输收入(亿元)	3695.9	3944.5	4219.2	4650.6	5007.7	
	1. 货运收入(亿元)	2920.1	3070.9	3262.3	3571.6	3781.2	
	全社会货物周转量(亿吨公里)	5271.5	5483.4	5724.3	6129.4	6330.4	6782.9
	平均运输价格(元/吨公里)	0.313	0.329	0.345	0.362	0.380	
	货运量(亿吨)	97.7	97.6	99	103.9	105.6	111.6
	装卸及仓储费率(元/吨)	13	13	13	13	13	
	2. 客运收入(亿元)	775.8	873.6	956.8	1078.9	1226.4	
	全社会旅客周转量(亿人公里)	5541.4	5942.8	6199.2	6657.4	7207.1	7805.8
	平均运输价格(元/人公里)	0.14	0.147	0.154	0.162	0.170	
3	水运收入(亿元)	426.4	430.5	480.6	619.1	582.4	
	1. 货运收入(亿元)	167.5	174.3	178.4	279.8	214.9	
	货物周转量(亿吨公里,不含远洋)	3988	4151	4248.4	6661	5116	5778
	平均运输价格(元/吨公里)	0.042	0.042	0.042	0.042	0.042	
	2. 港口收入(亿元)	246.1	246.3	293.4	331.1	360.2	
	港口吞吐量(亿吨)	16.41	16.42	19.56	22.07	24.01	28.0
	平均费用(元/吨)	15	15	15	15	15	
	3. 客运收入(亿元)	12.8	9.9	8.8	8.2	7.4	
	全社会旅客周转量(亿人公里)	155.7	120.3	107.3	100.5	89.9	81.8
	平均运输价格(元/人公里)	0.082	0.082	0.082	0.082	0.082	
4	民航运输收入(亿元)	609.4	525.5	594.9	662.4	768.8	
5	管道运输收入(亿元)	43.4	45.5	47.1	47.7	49.0	
	货物周转量(亿吨公里)	579	606	628	636	653	683
	平均运输价格(元/吨公里)	0.075	0.075	0.075	0.075	0.075	
6	运输业总收入(万元)	5627.4	5878.7	6349.4	7086.9	7766.1	
7	全国 GDP(亿元)	74463	78345	82067	89442	95933	104791
8	运输业总收入占 GDP 比重	7.56%	7.50%	7.74%	7.92%	8.10%	

注:未包括城市客运;根据相关统计数据和调查的价格数据计算得出

按 1997 年全国投入产出表的有关比例关系推算,交通运输业的总产出及占 GDP 的比重见表 3-16,即运输业收入约占 GDP 的 6.8% 左右。

按 1997 年投入产出比例关系推算的运输业总产出 表 3-16

序号	名　称	1997	1998	1999	2000	2001
1	运输邮电业总产出(亿元)	7025.2	4121.3	4460.3	5408.6	5222.1
2	投入产出消耗系数					
	1. 中间投入合计	0.441515	0.441515	0.441515	0.441515	
	2. 增加值合计	0.558485	0.558485	0.558485	0.558485	
3	运输邮电业增加值(亿元)	3797.2	4121.3	4460.3	5408.6	5968.3
	其中:运输业及仓储增加值(亿元)	2689.6	2886.2	3058.1	3413.3	3597.9
4	运输仓储业总产出推算(亿元)	4976.02	5167.91	5475.71	6111.72	
5	全国 GDP(亿元)	74462.6	78345.2	82067.5	89442.2	95933.3
6	运输及仓储总产出占 GDP 比重	6.68%	6.60%	6.67%	6.83%	

注:按 1997 年的投入产出基本表系数和相关年份的统计数据计算得出

运输总费用的高低,既与运输方式的结构有关系,也与基础设施的发达程度、运输业的发展水平、国家对交通运输的发展政策等有着密切的关系。在运输方式结构和国家政策一定的情况下,交通运输费用的高低取决于交通基础设施的发达程度和运输业的发展水平。在经济全球化的大环境下,有效地降低运输费用,可以更好地提高我国产品的国际竞争力。目前,我国交通基础设施仍然较为落后,按服务质量换算的时效运输成本处于较高的水平上,此外,交通基础设施的收费经营,也增加了产品中的运输成本,这些,最后都转移到产品的最终价格上。为此,既要加快改善交通基础设施状况,也要从提高国际竞争力的角度采取相应的投融资政策。

(三)物流成本

如果一个国家或地区能够以较小的资源完成其国家的各项物流活动,这说明其物流效率处于较高水平。根据 1997 年 I. M. F. 统计数据,我国的物流效率水平与美国、日本、英国、新加坡、中国香港、中国台湾相比都存在着较大的水平差距(表 3-17)。

有关国家或地区物流成本占 GDP 的比重(单位:十亿美元) 表 3-17

国家或地区	GDP	物流成本	占 GDP 比重
中国大陆	4250	718	16.90%
中国台湾	308	40	13.10%
中国香港	175	24	13.70%
新加坡	85	12	13.90%

续上表

国家或地区	GDP	物流成本	占 GDP 比重
日本	3080	351	11.40%
英国	1242	125	10.10%
美国	8083	849	10.50%

资料来源:International Financial Statistics, Washington D. C., I. M. F.

第五节　综合运输体系效率效益评价主要结论

(1)目前我国交通基础设施的规模水平和网络结构水平与国家经济地理的适应程度还比较低,路网密度低、间距大,在广度和深度上的通达度和畅通性不足以支持全体人们便利出行和货物运输的需要,从支持国民经济和社会发展的角度衡量的效率效益水平比较低。

(2)我国交通运输网络布局存在着明显的地区差别,与地区经济发展水平的差别情况基本相对应,交通运输的先导作用、对经济发展的主动作用由于交通基础设施未达到一定的规模和提前建设而没能较好地发挥,地区差距呈现扩大趋势,由此可看出,我国交通基础设施网络地区布局对缩小地区经济发展差别方面的效率效益水平还不高,加强中西部地区的交通基础设施建设有助于这一状况的改善。

(3)我国交通运输由于受体制、运作机制等方面的障碍,各种运输方式衔接配合的层次低、范围小,系统缺乏有效的配合,"一体化"的运输系统和运输组织方式远未形成,虽然单个运输方式效率不低,但大系统效率效益水平低,需要进一步加快管理体制改革和垄断性行业的市场化经营。

(4)我国交通基础设施由于数量不足,既有的设施担负的交通强度相对较高,运输工具的使用率也较高,但运输装备(包括运输工具)的技术水平不高、人员效率也不高、单位动力能源消耗量高、服务质量总体较差,与世界当前的科学技术和管理水平支持下可以达到的发展水平相比,系统总体效率效益水平还有很大差距,需要尽快提升行业的整体技术水平和服务水平。

(5)由于交通基础设施还未达到与我国经济地理基本相适应的基础规模,加大投入、加快建设,为社会经济发展提供更强的物质基础支持是完全必要的,而且交通对经济发展的拉动也非常显著。虽然不能对运输产值(或收入)占 GDP 的比重高低做出是否合适的评价,但有一点是肯定的:我国的物流费用占 GDP 的比重很高,由此也可以看出,我国交通运输系统的效率效益水平不高。大力提高交通运输系统效率,可以有效降低物流成本,提高我国产品在国内外市场的国际竞争力。

(完成于 2003 年)

第四章

我国综合运输体系在构建发展中存在的问题

内容提要:综合运输体系的构建需要有明确统一的思想和框架规划作指导,然而,目前仍然是延续以往解决交通运输供给严重不足时各种运输方式各自发展的模式,结构优化目标不明确,宏观调控、引导的依据不足以及手段乏力。虽然制定了综合交通网中长期规划,但战略性、理论性、系统性不足,对各种运输方式缺乏指导、约束作用。当前交通运输发展问题,一方面是总量发展不足、网络不完善;另一方面主要是结构性问题突出,结构性供给紧张。

第一节　综合运输体系规划方面存在的问题

交通运输发展问题是一个长期性的战略问题,未来的网络结构形态和系统的组合模式在很大程度上形成于当前的总体谋划和布局建设。当前,我国各种运输方式基础设施数量和能力都已达到相对较大规模,基本完成基本网络覆盖和连通布局,交通运输严重短缺的不适应状况也得到根本性改善,较好地具备了以长远目标为指导来构建和发展所期望的综合运输体系的条件和环境,可以更大力度地体现政府意图的结构优化和加快主导型模式的发展;而且,当前和未来一段时期是我国交通运输大建设、大发展的时期,综合运输体系的构架和形态将逐步定型。然而,目前的管理体制和宏观协调机制并未能较好地适应这一发展状况,受其影响,尚未形成一致性明确的发展理念和目标,综合发展、系统一体化建设的具体对策措施难以有效落实。例如,在全国综合交通网中长期发展规划与各种运输方式的中长期发展规划的关系上,综合交通网中长期发展规划并不能对各种运输方式中长期发展规划的项目形成约束和指导,也未解决未来的主导型模式选择与发展等问题。当前,在综合运输体系发展规划中,还存在着以下主要问题。

(一)在发展目标上，是适应“交通”需求还是“运输”需求不够明确

“交通”与“运输”都具有广义和狭义的含义，经常被相互替用或通用，但严格上两者有区别，侧重的对象和内容不同。“交通”的主要含义是通行、往来，关注的重点主要是载运工具的方式和运行过程以及运行的整体状态；“运输”的主要含义是运送、搬运，关注的重点是载运工具载运对象（即人和货物）的位移及实现位移所提供的各项服务，其具有产出产品的性质，是载运工具运行的目的和结果。以“交通”为出发点的发展思想和规划，主要是以交通基础设施的发展适应交通流的需求；以“运输”为出发点的发展思想和规划，是通过相应的供给模式和政策引导使用者对运输方式和载运工具的选择，从而形成不同数量的“交通流”和不同交通流结构，进而影响对交通基础设施的数量规模和能力需求。

交通运输是人们出行、货物交流交换活动的所依托的载体，由于不同运输方式在满足出行和货物位移中都具有一定的可替代性，但对资源消耗和满足的需求层次不同。事实上，使用交通运输是一种交通消费行为，在有多种方式可供选择以及越来越多的人们具有较高交通消费支付能力的情况下，选择不同的交通运输方式实际上是对资源占用和消耗量大小的选择，是人们对物质生活质量的追求与对社会资源消耗的态度、责任的平衡结果，也是一种生活理念的体现；交通运输的主导方式、供给结构、不同运输方式的方便程度是影响选择决定的重要因素。

交通运输的主导方式、各种运输方式组成的供给结构是在一系列发展政策环境下形成的；缺少宏观调控和有力的引导手段，任由市场自行发展，很难会形成合理的结构关系或发展比例，资源必定是更多地流向于更具有现实回报和更符合人们追求物质生活质量的方式，而一旦这种趋势形成规模，需求将会越来越集中于这一方式，并会与人们的生活方式形成“耦合”，即使其他方式更经济、更具有社会效益，也会受到冷落，如果再想进行改变和引导，将会遇到极大的困难和需要付出巨大的代价。

目前，在交通项目规划建设上，在很大程度上仍然是以追随交通需求为主，交通流的拥挤度被作为最重要的衡量指标，还没有真正转向到在加大引导力度的同时实施市场调节，以满足“位移”需要为主要衡量指标进行基础设施布局建设和有引导意图的供给提供；在一些规划中仍然可以看到“满足各种不同层次的交通运输需求以及适应个性化交通发展需要”的表述。在交通消费上没有明确的倡导理念，从交通运输管理部门人员拥有私家车比例和在市区的使用大大高于一般部门人员就可以看到这一点。

此外，由于我国交通运输管理和投资资金筹集是分不同运输方式和部门的，资金是无法跨部门使用的，而且，当前交通运输投资的总量规模仍然不足。对于各级地方政府来说，基本上都是以能够尽快争取到项目和投资资金为首要目标，无论何种运输方式先发展再说，对于结构优化，虽然也非常重视，但是，对于国家规划建设的项目影响力较小，主要取决于国家部委的统筹规划和项目建设安排，能够有所作为的主要是由地方政府规划和投资的项目。而且，结构优化是一项战略性的事业，需要有明确的发展理念和大规模的资金支持，在当前

资金实力不强的情况下，将遇到解决当前交通压力与实施长远战略的措施选择和力度平衡问题。

（二）在规划上，缺少综合运输体系框架的"顶层设计"

建设比较完善的综合运输体系是我国交通运输的发展目标，但是，综合运输体系没有固定的模式，各个国家的地理条件、资源条件、经济条件、人口数量和密度等都差别很大，具体什么样的综合运输体系是符合我国特点的、适应我国社会经济发展要求的综合运输体系，这一问题需要从长远发展的角度进行研究，并给出比较明确的、政府和各界比较认同的回答。然而，目前这一问题仍然比较含糊、不明确，主要是一些口号性的定性描述。要使各种运输方式的发展真正纳入综合运输体系的发展轨道，不仅需要有明确的发展理念和贯彻这种理念的具体措施，还必须要通过战略目标、战略规划等对综合运输体系的框架和结构进行"顶层设计"，并以此指导和约束各种运输方式发展规划的编制和实施，才有可能朝着统一的目标发展，实现结构优化和系统一体化。

目前，我国各层级的交通运输发展规划仍然是以各种运输方式的自规划为主，综合运输规划也基本上是各种运输方式基础设施规划内容的汇总合并，是一种从下而上的关系，缺少自上而下的指导和约束作用。一方面，在目前的体制和规划体系上，综合规划项目只能比各运输方式规划的多，而不能少，否则很难被各运输方式的主管部门所接受和征求意见通过；另一方面，对综合运输体系的认识和研究深度还不够，比较统一的广泛共识尚未真正形成，在理念、战略等不很明确的情况下，也比较难编制出大家比较认可的真正意义上的综合运输体系规划。

（三）在资源使用分配上，对需要优先发展的运输方式支持不足

资源节约型、环境友好型的交通运输发展模式是我国所期望、所倡导的，是未来发展的方向。然而，在很多情况下，交通资源的使用分配并未真正或有力度地体现这一方向。

如：在各城市对外交通运输通道发展中，一方面，各种运输方式都在以自身尽可能大地满足通道全运输需求进行线路项目布局规划；另一方面，在主要通道的建设上，各种运输方式存在着争先机、抢占线位资源的倾向。由于对通道主导型运输方式和设施总规模的研究不足，宏观调控部门对此往往缺少调控依据，调控力度不足，一般都迁就于各种运输方式的主管部门；而对于地方政府来说，重要的是争取项目和项目的尽快建设，结构不是其所考虑的主要问题。因此，土地、线位等资源基本上是谁先建、谁先占用，并未在规划和使用中向主导型、节约型的运输方式倾斜和提供优先保障，更没有形成通过资源的使用分配促进节约型运输方式的优先发展和对通道设施规模合理约束的机制。

又如：在市区道路资源使用分配中，道路资源并未向体现大众利益的公共交通倾斜，私人机动化的快速发展占用的道路资源比重越来越大，公交专用道系统薄弱，致使公共交通的发展和吸引力受到制约。以北京市为例，至2005年全市公交专用道仅110多公里，因召开奥

运会,公交专用道才有了较快增长,目前的公交专用道里程也才250公里左右,其他城市公交专用道里程更少。与此同时,道路资源不断倾向于机动化交通以及静态停车,自行车和步行系统的空间不断被挤压。

(四)在交通网络布局中,求多求全求大

交通运输是国民经济和社会众多行业的一个部门,占用的资源有一定限度,要与其他部门和人们生活环境相协调。而当前各级政府对到底多少土地空间资源可供交通运输使用、交通网络规模多大比较合理,没有明确的概念。对地方政府,尤其是城市政府,基本上是不结合城市的功能定位,主要是强调自身的交通运输枢纽地位和横向攀比,求多求全求大,争取更多的交通线路引入和追求规模最大。

在通道布局上,主要是追求交通本身可见的正效益,而较少从全社会资源、环境的可承担能力等方面进行全面平衡和考量交通的负效益,片面追求通道大规模、大通行能力,以吸引更多物流汇集的发展意图和倾向非常普遍。事实上,交通条件的过分发展,不仅需要付出更多的通道资源代价,而且还要增加其他相配套的网络和设施所占资源的代价与建造成本,同时大量增加的过境交通产生的压力和环境污染等负效益有可能远远超过其可能带来的正效益,而且,还会制约本区域其他地区的通道布局和交通条件的改善。如北京西北方向通道能力如果不进行规模限制,追随交通量发展的话,将会有越来越多的运煤等过境车辆从该通道至北京以东地区,给本已非常紧张的北京六环路、五环路增加更大压力以及造成更多的交通污染,而这些过境车辆除了交收费公路的通行费以外,对北京市来说并不能产生其他的什么正效益,而且还会影响河北省相关通道的布局建设。

在港口建设上,许多地方政府部门也并没有从全社会资源的合理利用角度来思考港口定位、合理发展规模以及社会经济效益等问题,而更像是交通经营者,相互攀比,追求规模,追求市场占有份额等,只看港口收益,而不计港口所需增加配套的集疏运通路等的投资和资源占用以及大量的疏港交通所带来的负面影响。如,深圳面积小、人口密集,港口发展到一定的规模,对其经济发展、外贸进出口以及城市地位的提升具有重要的保障和促进作用,但是将港口物流作为经济支柱产业,与珠江三角洲其他港口争货源、超规模的发展,将会使本身极有限的土地空间资源和通道交通运输超强度负荷,从宜居城市定位和全社会经济效益角度并不见得是有利、有效的,可能是负面影响更大。

(五)综合运输规划的约束力、指导性不足

综合运输体系是一个庞大复杂的系统工程,在综合运输体系发展战略、框架规划等“顶层设计”不很明确,以及管理体制改革尚未到位的情况下,虽然大家都在讲要发展综合运输体系,但是,由于对各部门所制定的规划以及各部门间的建设投资资金难以进行协调平衡,而且也没有协调平衡比较科学的依据和手段,各部门出于业绩、利益、在体系中的地位等方面的目的,更加以自身系统完善的规划和投资进行发展。

在这种状况下，综合运输发展规划实际上对合理规模、结构优化在具体执行中没有明确的约束力，协调措施也难以具体落实。尤其是在当前增加建设基础设施被作为解决交通运输问题的主要手段，以及社会资金和资源更倾向流向于解决当前问题见效快、地方政府有更大影响力的运输方式和建设项目，综合协调的难度非常大。如北京至天津通道中，规划布局了3条高速公路（京津塘高速公路现双向4车道、远期规划8车道，京津第二通道8车道，还规划建设第三通道）、2条一级公路（国道103一级公路，国道104/105规划改扩建至一级公路）、2条高速铁路（京沪高速铁路、时速350公里的京津城际铁路）、1条4线的普通铁路（京山铁路现3线、规划4线），在如此狭小的地带布局了这么多的线路，应该说是世界超一流水平。在没有系统性战略规划的约束下，这种现象普遍存在于各都市主要的对外通道规划中。

同时，在现有的规划中，基本上是重基础设施建设、轻运输系统构建和服务。对于一体化综合运输系统的构建更是没有系统性研究和规划，各种运输方式整体性的市场体系构架、运行规则、法律法规保障没有进行有效指导和推进，关键环节衔接薄弱，一体化运输服务未能有效开展和推广。

（六）规划的连续性、稳定性不够，项目建设时序调整变化大

由于我国交通运输尚未完成网络布局和系统构建，交通运输适应经济发展和交通运输需求的能力相对比较薄弱、刚性强，而工业化、城镇化的快速发展对交通运输的需求和发展要求影响很大，基础设施能力不足、交通拥挤问题不断产生。同时，各地政府也把交通基础设施建设当做拉动经济、提高经济发展能力的重要手段进行投资。这些都是影响规划变动、调整的重要因素。此外，由于对综合运输理论的研究、认识不足，没有非常明确的长期发展目标和框架作指导，发展措施和责任落实不到位，影响了以什么样的认识态度和价值观来看待和应对不断增长的交通运输需求，一是对规划编制的科学性、完整性缺乏相应的标准进行评判，二是受政绩观、地方利益所推动，各地对建设项目的数量有着很强的横向对比心态和追求冲动。

总体上，国家层面的交通基础设施网络中长期发展规划相对比较稳定，修编调整幅度较小，基本上能够被连续实施、完成建设，如已实施完毕的国道主干线规划；但由于对经济发展形势、国家各时期的投资政策不好把握，规划完成时间往往比预期提前，项目的建设时序一般调整变化较大。由于各运输方式的部门资金实力和投资市场化程度的不同，由此也容易造成一些应该优先建设发展的运输方式项目未能优先建设，进而削弱了引导需求、优化结构的力度。

相对而言，地方政府的交通网规划连续性、稳定性相对较差，缺少权威性和约束力。主要是规划水平相对不高，缺少明确的长期发展主线，长远性、战略性不足，重当前、轻长远，随不同领导的观点和偏好波动较大，每次更换主管领导，都会产生较大的规划调整变动，尤其是政绩观的影响下，往往要求增加规划项目、提前建设时序、提高项目建设标准和规模等。

第二节　基础数据与需求预测方法问题

运输需求预测是一项非常复杂和高端的工作，需要对交通运输的全面现状、运输量的生成机理、需求结构与政策的关系、流向与网络布局的关系、未来经济社会以及城市的发展趋势、交通运输发展战略及政策等方面的情况有相当程度的了解和把握，在对众多的因素进行深入分析的基础上进而才能对相关的参数和影响因素进行较准确的判断，而不是仅仅懂得数学方法、未对交通问题深入理解就草率预测，但在现实中许多情况却恰恰相反。

(一)基础数据问题

目前在交通运输需求预测中，一是现有统计数据的如何采用和准确程度问题，公路运输量的统计数据是采用抽样调查按一定的计算方法得出的，与按照实际交通量推算出来的数据存在着很大的差别，而且反映的是发送量的数据，对于某一个省市或地区来说，其不是基础设施承担的所有运输量，因为还有外部到达本区的运输量和通过本区的运输量。

1. 统计的运输量≠区域交通基础设施实际承载的运输量

运输量(包括运量和周转量)是铁路、公路、水路、航空和管道等五种运输方式作为衡量运输工作量的统计指标。由于目前交通统计的口径是从全国角度设计的，是从运输工具完成的全部运输量的角度进行统计的，即各省市或地区客货运输量相加可以得出全国的总数，但是许多运输工具是跨区域流动和运营的，其承担运输量的范围与注册或统计的行政区域范围不完全相一致，同时，各省统计年鉴反映的基本上是各省市各种运输方式的客货发送量，并不包括到达量及通过量，因此对于一个省市或某一区域来说，统计上的运输量与该区域交通基础设施承担的实际运输量不是同一个概念，即不是该区域交通基础设施承担完成的全部运输量，也不是该区域全社会实际的客货运输总量。

2. 不同运输方式运输量统计范围口径不一致

在目前的统计年鉴中，某一省市或某一区域的铁路运量是指本地区各铁路车站的客货发送量，对于区域铁路承担的全部运输量而言，缺少了通过该区域的通过量和区外发送到达本区域的到达量。铁路周转量反映的是从接入口至交出口区域内的全部周转量，包括在区域内通过的货物周转量，是区域内交通网承担的完整的周转量。

航空运量有全国运量总指标，由于航线两端的地区各按发送统计，暗含了发送和到达量的对等，因此各地区的航空运量通常按本地区机场的客货吞吐量中的发送量统计，周转量是包括发送点至到达点航线全程的周转量，并不是某一个区域的空域内的周转量。

公路周转量也是按发送点至到达点的全程周转量，主要是以本区域的注册车辆完成的运输量为基础，通过抽样调查推算其包括跨区运输在区域外的周转量，但区域外车辆在本区域完成的运量和周转量不统计在本区域内,其前提是基于区内外车辆在对方区域完成的运输量基本对等的假定。公路运输量主要是以本区域注册车辆完成的运输量作为基础进行抽样推算得出,对某一区域来说,大量的过境交通和区外注册的车辆在本区域内完成的运量并没有被计算在本区域交通量内,而区内注册车辆在区外完成的运量又被计算在了本区域内,没有真实地反映出本区域公路网的运输承载强度。

3. 统计数据所反映的与实际情况差别很大

由于以上原因,造成统计的公路客货运输量与本区域的公路实际运输情况差别很大,不能真实反映公路承载的实际情况,尤其是像北京这样过境运输量的区域。如"九五"以来,北京市的公路条数和里程数量不断增多,各条主要线路的货车交通量和路网整体货车交通量都呈一定幅度增长趋势,即路网车辆行驶的总车公里数逐年增加,但统计的公路完成的货物运输量基本没增长,反而略有下降。2001~2004 年国道和国道主干线、市道的货车交通量总体上以年均 9.5% 的速度增长,但是统计的这几年公路货运量一直在 2.80 亿~2.92 亿吨,货物周转量从 82.6 亿吨公里下降到了 82.0 亿吨公里。

4. OD 调查数据的代表性问题

目前进行整个大区域的全交通方式的 OD 调查很少,主要是为了某一线路项目的建设而进行的非全交通方式、具有一定选择性的 OD 调查,这种调查结果的准确性受调查的严肃性、调查方法、组织水平、数据的加工处理等影响很大,一般情况下,数据的人为刻意调整较多。而且,一般仅是某一天的调查,即使通过相关的数据处理,能否比较准确地代表全年也是一个问题,尤其是货类比例和流向。

(二)预测方法问题

目前采用的大多数预测模型和"四阶段法"基本上都是根据以往交通运输量与 GDP、人口、人均 GDP 的关系,并基于原有的发展趋势进行因果关系外推或延伸预测,西方国家成熟于 20 世纪 60 年代的"四阶段法"传统交通规划预测模型主要是为当时的高速公路建设服务,从现在看来,存在着多方面的不足:一是未能将各种运输方式作为一个整体来研究和预测,未能反映价格因素对各种运输方式之间需求量变化的影响,模型方法对交通政策的反映僵化和缺乏敏感性;二是对经济结构的变化、人们的出行行为、交通运输供给结构对交通需求的引导、土地使用与交通的动态相互作用等未能反映在模型预测中,80 年代后,西方国家对交通预测模型进行了较大改进和新的开发,如伦敦交通战略模型研究(1996)和美国的 32 个大都市区规划(MPO)的多数研究都考虑了土地开发使用与交通之间的关系;三是模型最初建立时期的社会信息化水平相对较低,而现代社会信息化水平的不断提高,人们的出行行为、出行特征、交通流的引导方面与以往相比发生了较大的变化;四是模型主要是从反映交通流的角度出发,但并不能很好地解释交通流形成的机理和原因。

我国正处于工业化、城镇化快速发展时期,经济结构、产业和人口分布、区域经济发展能力、管理体制、政府政策、人们的生活理念等都处于较激烈的变革中,纯数学预测模型很难反映这些变化,预测的结果往往与实际发展的结果存在很大差距。而且,预测的结果往往不是通过模型客观得出的数值,经常是按照目标需要,先有目标结果,然后人为进行系数调整,实际上成了预测结果与预测模型计算两张皮,预测模型在很多情况下仅是一种摆设。

第三节 《综合交通网中长期发展规划》的意义和问题

《综合交通网中长期发展规划》获国务院原则通过,是交通运输业的一件大事,对于我国综合运输体系的建设、交通规划关系的理顺、政府交通发展战略意图的贯彻具有里程碑的意义。当然,由于首次编制以及现行分运输方式的管理体制,还有不少方面需要进一步完善和深化。

(一)《规划》颁布的意义

获准通过的《规划》是我国综合运输发展方面的首个具有法律约束力的政府规划文件,为引导和协调各种运输方式发展以及进行交通基础设施项目决策提供了依据,标志着综合运输体系建设过程中对结构优化、资源配置宏观调控能力的加强,真正开始进入了以综合运输大框架和强化系统整体目标为指导的完成各种运输方式大发展、构建完善的综合运输体系的新发展阶段。

发展综合运输是节约资源、节约成本、满足多样化需求、适应我国国情的客观要求。从20世纪50年代以来,我国的许多研究机构和专家学者对综合运输理论和政策进行了大量研究,在交通运输发展的具体实践中应用不断加强,建设综合运输体系也已列入国家经济发展战略,作为综合运输体系基础设施的综合交通网规划的编制凝聚了广大交通工作者的长期努力和智慧。《规划》不仅描绘了交通基础设施总的发展蓝图,更重要的是体现政府意志对各种运输方式基础设施布局和协调发展的引导。以往由于短缺太多,基本网络尚未形成,覆盖面低,各种运输方式主要是按自系统形态进行网络布局规划和建设,综合运输的任务主要是加快各种运输方式的发展;现在各种运输方式发展都已达到了相当规模,基本骨架和网络布局已基本形成,综合运输发展的具体化和加大实施力度,发挥各自优势、综合协调发展不仅有了更好的基础条件,而且面临着越来越强的资源和环境约束,必要性和紧迫性更为突出,《规划》的颁布具有重要的现实意义和指导作用。

(二)《规划》的主要特点

(1)专项交通网规划为综合交通网规划提供了重要基础和思路启示。国家高速路网、铁路网、港口以及正在上报的民航机场等专项交通规划的编制理论、方法以及发展目标等为《规划》奠定了重要基础和编制参考,国道主干线的"五纵七横"、铁路网的"四纵四横"铁路快速客运通道和“八纵八横”铁路主骨架以及公路、铁路枢纽的规划方案等，为综合运输大通道和综合交通枢纽规划提供了基础原形和思路借鉴。综合运输大通道和综合交通枢纽是《规划》的重点和核心。

(2)《规划》较好地贯彻和体现综合运输发展的思想。在《规划》的编制前期和编制过程中，积极吸纳现代化综合运输体系理论既有研究成果，并结合我国国情和交通运输发展的实际，开展了包括交通发展战略、综合交通网规划理论方法以及相关问题的专题研究。《规划》的具体方案较好地体现了“以衔接、优化和协调发展为主线”、“扩大规模、完善网络、整合资源、优化结构”的发展思想，首次确定了综合交通网布局连接要达到的水平和2020年网络总规模达到338万公里以上(未含农村公路里程)以及相应的结构目标；在综合运输大通道规划中采取了多种运输方式共同构筑、统筹建设规模、发挥优势和互补的发展方式。

(3)《规划》体现了优先发展铁路和水运的发展战略。在进一步完善各种运输方式基本网络和扩大交通网覆盖面的同时，根据资源节约型、环境友好型的发展要求，优化运输结构，增加资源占用少的运输方式发展。《规划》确定的2020年铁路网总规模达到12万公里以上，比《中长期铁路网规划》全国铁路营业里程达到10万公里增加了2万公里；在“五纵五横”十条大通道的发展重点中，南北沿海和沿江两条大通道优先发展水上运输，其余八条大通道优先发展铁路运输。

(4)《规划》较充分地考虑了国际运输以及与国际运输网络衔接的需要。除了规划以北京、上海、广州枢纽机场以及昆明机场等与国际航线网络衔接和以沿海主要港口连接国际海上运输以外，规划了四条国际区域运输大通道，与“五纵五横”大通道形成便捷连接。

(5)《规划》在一些项目上采取了前瞻性布局。如：兰成原油管道、昆明——重庆原油管道，中缅油气管道等。

(6)《规划》在为西部、中部、东部地区之间和省际间的沟通提供多条走廊，满足国土开发和国防功能需要，对综合运输大通道进步布局的同时，首次明确地提出了综合交通网按照自然地理、人口分布和经济发达程度，在满足通达度的前提下，东中西三大区采取不同的网络密度。

(7)《规划》对综合交通枢纽进行了层次划分，规划了全国性综合交通枢纽42个，涵盖了现有和规划发展的所有重要枢纽港口、枢纽机场，铁路及公路枢纽。

(三)需要进一步研究和深化的方面

(1)《规划》具体实施中与专项交通规划关系的处理。《综合交通网中长期发展规划》定位为国家综合交通网络的总体空间布局规划，是指导和协调各种运输方式发展规划的依据，由于颁布滞后于《中长期铁路网规划》、《国家高速公路网规划》以及《长江三角洲、珠江三角洲、渤海湾区域沿海港口建设规划》，尽管《规划》以现有专项交通网规划为基础和兼顾了现有交通专项规划，专项交通网络规划在编制的过程也在各自的角度考虑了综合运输发展以及与其他运输方式的衔接要求，在布局大方向上与《规划》不一致和需要调整的地方不多，但在具体执行中仍然有一个关系和处理依据问题，尤其是在有关通道建设规模确定以及综合运输枢纽布局建设中，在未来的修编中也有一个在互动基础上的先后问题，否则，《规划》的指导作用将会大为减弱。此外，《规划》本身也有个别地方需要根据实际情况进行调整修正，如包头至广州运输大通道，从柳州分支，一支到广州，另一支至湛江，实际情况是正在和计划建设的贵广高速公路、贵广铁路经桂林至广州，不经过柳州，因此，分支点应规划在贵阳更为合适。

(2)综合运输体系方面的概念需要进一步系统化、规范化。在国民经济和社会发展纲要等党中央和国家的主要文件，对交通运输发展的要求是建设便捷、畅通、高效、安全的综合运输体系，本《规划》的指导思想也是加快发展综合运输体系，但在《规划》中又多次用到"综合交通体系"。笔者在近几年的研究中肤浅地认为，在大多数规划研究报告以及文章中提到的"综合交通体系"，其包含的主要是交通基础设施布局及其与交通运输载运工具流的适应性等层面的内容，而综合运输体系在此基础上还包括了运输组织、客货运输服务、运输市场、需求引导、管理以及政策等，是个大的、完整体系的概念。但是，如果在大体系中又套用体系，容易造成概念和边界混乱，影响目标内容等，因此，有必要通过进一步深入的研究，系统化、规范化明确相关的概念和范畴。

(3)综合交通枢纽有关问题。规划的42个全国性综合交通枢纽，笔者认为，其主要是宏观性枢纽的概念，即枢纽城市，而非实体的综合运输枢纽。运输枢纽最基本的功能是进行运输组织、换乘/换装、提供相应的运输和信息服务，布局在客货源生成地和汇集地，其服务最主要的对象是本城市(城市与外部间客货流的集散和换乘/换装)，其次是本区域服务范围内的客货流，再次是大区域和国际性客货流的中转；而交通枢纽主要是从交通运载工具流基于网络在节点汇集和通过的层面而言，包括载运工具流的拆解、再编组、转向等作业功能，并不一定代表着本节点有多少本地客货流的集散，当然，由于主要节点城市本身有着大量的客货源产生，因此，不少平常表述中往往用交通枢纽的概念取代进行运输组织的实体运输枢纽的概念。

对于实体综合运输枢纽的具体布局，由于各个城市的规模大小、客货流运输量不同，存在着一个到多个的差别。旅客运输与货物运输的特点和组织方式也有很大的差别，旅客本人可以从某一方式承运人的服务站点走到另一方式承运人的服务站点进行换乘/中转，多种运输方式的站点集中/立体布局可以提供更好的衔接和提高服务效率、节约土地等资源。而货物运输最核心的关系是承运人与货主之间的关系，即货物是交给承运人，而不是交给货运站的经营管理人；货运枢纽站场是承运人进行运输生产组织和受理业务的场所，其主要是为承运人和货主提供服务，不是承运人的雇主，也不是运输生产的运营组织者；除了某种运输方式承运人委托另一方式直接接送以外，在不同运输方式承运人的站场之间转换都必须搬运倒转，只是搬运的距离长短不同而已，不同运输方式的货运站场集中布局并不一定能减少这种搬运和提高效率，而还可能存在用地等制约及造成交通拥堵问题。因此，对于综合运输枢纽的理论以及实体枢纽的布局建设还需要进一步深入研究，拿出具体的指导性意见，综合运输枢纽建设才能落到实处。

(4)需要尽快颁布国家交通运输发展战略。综合运输体系没有具体固定的系统结构模式,其取决于所贯彻的发展理念以及与这种理念相配合的发展战略和政策。综合运输体系的建设和完善是一个较长期的过程,需要有明确的国家交通运输发展战略作指导,才能更完整、系统地体现国家意志,平衡满足需求与资源占用,逐步实现中长期发展目标。综合运输体系的评价标准以及交通建设项目的比选平台也取决于发展战略,不同的发展战略对各种要素和指标的计算衡量尺度不同,其将直接影响发展模式和结构的选择以及评价。

(5)需要进一步理顺规划项目的建设时序安排。《规划》在以2010年为发展目标的近期发展重点中,将规划的主要项目基本都列入了,笔者认为,有必要根据实际情况和可能进行统筹安排,并充实中远期的规划建设内容。

总之,《综合交通网中长期发展规划》的颁布,是综合运输发展规划具体化的开始,建立了各规划的层次关系,随着理论研究的深化和广大交通工作者努力,未来的修订将会更加完善,综合运输发展的理论将会得到更全面、系统的贯彻。

第四节　当前交通运输发展中的结构问题

我国交通运输紧张状况在20世纪末得到初步缓解。但“十五”中后期由于运输需求总量持续大幅度增加,再度出现了较为严重的局部紧张状况。其内在原因,一是交通运输总量规模仍然偏小,与我国城市和人口分布、资源流向、社会经济发展水平相适应的基本规模要求和布局还有较大差距,原来的缓解是在需求相对不太旺盛、较低质量水平下的、非全面性的供给与需求的暂时的脆弱平衡,缺乏适应需求发展变化的应变能力;二是各种运输方式发展不平衡,总量增长掩盖了结构性问题,形成了水桶短板,运输量较大幅度增长使得结构性能力不足问题凸显,并造成系统紧张。主要通道能力不足,特别是铁路发展滞后是造成当前交通运输紧张的主要根源,如果没有公路近十几年的快速发展提供有力的支持,将可能引发整个运输系统的全面紧张。此外,大型原油和矿石接卸码头数量不足、城市轨道等公共交通发展缓慢、农村交通基础薄弱等也是当前交通运输发展中存在的结构性问题。

(一)交通设施总量不足是交通运输紧张的最主要原因

20世纪90年代以来,在国家相关政策的大力支持下,交通运输获得了巨大发展,各种运输方式的基础设施总量规模显著增加。1990~2003年,铁路里程从5.78万公里发展到7.30万公里,增长26.3%,其中铁路复线里程从1.30万公里发展到2.46万公里,增长89.3%;公路通车里程从102.83万公里发展到了180.98万公里,增长76.0%,其中高速公路里程从522公里发展到了29745万公里,增长56倍;沿海港口通过能力从4.45亿吨发展到了16.8

亿吨,增长 2.78 倍,万吨级以上泊位从 284 个发展到了 748 个,增长 1.63 倍;民航机场从 98 个发展到了 148 个,其中 4D 以上机场从 32 个发展到了 59 个,增长 84%;油气管道里程从 1.59 万公里发展到了 3.26 万公里,增长 105.0%。交通设施的增加,改变了我国交通运输非常落后的局面,高速公路里程居世界第二位,铁路里程居世界第三位,对国民经济和社会发展起到了重要保障和支持作用。但是,目前我国交通运输的总量水平仍然较低,还不能基本适应国土开发和国民经济发展的要求,与国外发达交通基础网络密度相比存在着很大的差距。我国交通运输网络平均密度仅为美国的 27%、日本的 7% 左右,其中铁路和高速公路里程只有美国的 1/3 左右,民用机场数量不及美国(拥有民航执照机场)的 30%。

由于各种运输方式的基础设施规模还远未达到合理布局的水平,密度小,通道承载能力不足,技术装备水平低,不仅没有富余能力改善运输质量,而且能够承受需求波动的弹性很小,尤其是铁路线路能力利用强度过高,运输负荷为世界第一,基本上是以低时效和低服务质量为代价来换取更大的运输能力。因此,只要需求量稍有较大增幅,运输能力供给紧张状况的矛盾就表现得比较突出。2003 年以来随着我国重化工业快速发展,电力、钢铁、水泥等行业投资和产量的大幅增长,煤炭、矿石、建材等运输需求高速增长,使基本处于紧张临界点附近运行的交通运输变得非常紧张。2004 年上半年铁路完成货物发送量同比增长 8.7%,货物周转量增长 10.9%;6 月份铁路日均装车超过 10 万车,创历史新高;公路和水路运输量、港口吞吐量也都大幅度增长。为了保证电煤等重点物资运输,铁路被迫挤占其他货物运输,同时公路也不得不加入了突击抢运煤炭的行列,形成了以消耗优质能源来换取低级能源的被动局面。

(二)铁路发展严重滞后,形成运输瓶颈制约

我国区域广阔、经济发展和人们收入水平相对较低、资源和产业分布不平衡等特有国情,决定了铁路的重要作用和大量的运输需求。

我国不同的运输方式分属不同的部门管理,各种运输方式的发展速度既取决于国家的支持政策,更主要取决各部门的筹资能力和投融资机制。由于铁路体制改革滞后,独家垄断经营,缺乏像公路、水路那样能够有效吸引社会资金进入的投融资机制,投资资金来源渠道狭窄,只能主要依靠铁路建设基金和国家有限的投入,铁路发展速度明显落后于公路、水路和民航。1990~2003 年,铁路里程总共增长了 1.52 万公里,平均每年只有 1169 公里,复线里程总共增加了 11626 公里;而同期公路增长了 78.15 万公路,平均每年增长 6.0 万公里,其中高速公路增长了 29223 公里,平均每年增长 2248 公里。在投资上,“八五”期间,公路基本建设投资 1762.6 亿元,铁路 1607.7 亿元,公路和铁路投资之比为 1.1:1;“九五”期间,公路基本建设投资 8223.9 亿元,铁路 3094.7 亿元,公路和铁路投资之比扩大到 2.7:1;“十五”前三年,国家加大了对铁路投资的支持力度,铁路投资额达到 2160.5 亿元,但铁路的投资额仍仅为公路的 22%。

由于铁路发展滞后,规模和能力没有相应较大幅度增长,使得铁路运输始终处于相对比

较紧张的状态，不仅本身运输能力供给与需求矛盾比较突出，特别是春运、“五一”和“十一”黄金周期间，运输处于极度紧张状态；而且由于铁路运输能力的不足，造成了压港、压船以及其他运输方式的紧张，如：今年夏天为了抢运电煤，加快车辆回空，造成了3000多万吨矿石压在港口运不出，部分集装箱以及其他货物不得不改由公路运输。以往铁路紧张问题之所以没有显现得非常突出，主要是公路和民航等其他运输的快速发展和服务水平的大幅提高，吸引和转移了相当一部分适应铁路运输的旅客运量和价值相对较高的产品运量，使得铁路能力紧绷的弦得以稍微放松，即交通运输供给总量的增长在各种运输方式可替代的范围内在一定程度上掩盖了铁路能力供给不足的结构性矛盾，延缓了铁路运输紧张问题的显现。如：1990～2003年，全社会旅客运量增长了1倍，年均增长5.7%，而铁路旅客运量仅增长1.6%，年均增长率为0.1%，大量的旅客转移到公路和民航，而每到春节、暑期、黄金周，铁路不可被转移的基本运量上升，铁路运输就极度紧张。货运也是如此。

铁路是综合运输网络的骨干，担负着主动脉的作用，大宗的、跨区域的长途货物运输几乎都需要依靠铁路作为全程运输中间最重要的一个环节实现长距离的大位移，其他运输主要起接卸和集疏运任务。虽然其他运输方式的状况改善和高速公路的快速发展，可以在一定程度上减轻对铁路的旅客运输压力，但无法替代铁路对煤炭等大宗、低值货物中长以上距离运输的根本性作用，2003年铁路承担的煤炭运量占煤炭生产总量的52.7%，铁矿石占生产和进口总实物量的44%。近十几年来，在其他运输方式取得巨大发展成就的同时，铁路能力供给增长相对缓慢，已成为整个系统的运输瓶颈，使得货主请车困难和满足率的降低，被迫改用其他运输方式和造成货物积压，经济成本上升。2003年以来的运输需求高速增长，使得这一瓶颈制约更为突出，许多重要物资无法顺利完成全程运输中最关键的一环，导致整个运输系统紧张状况升级。

（三）主要运输通道能力严重不足，成为网络结构的突出矛盾

主要运输通道能力缺少应有的储备是交通运输的软肋。我国地域广阔，能源等矿产资源分布与经济生产分布极不平衡，而且资源和经济以及人口的地域集中度高，形成了“三西”煤炭外运通道，京沪、京广、京哈、陇海以及西南出海通道等几大主要运输通道，以及主要港口构成的集疏运通道。这些通道承担着全国主要的交通运输量。以铁路为例，主要繁忙干线能力十分紧张，京沪、京广、京哈、京九、陇海、浙赣六大铁路干线平均运输密度已达8100万换算吨公里/公里，是全路平均值的3倍，能力处于饱和状态，许多区段能力利用率达到100%；西北、西南地区对外通道不畅，西部地区路网骨架尚未形成，点线能力不协调；除已投产的秦沈客运专线外，均为客货混跑模式，客运快速和货运重载难以兼顾，无法满足客货运输的巨大需求。目前的运输紧张也主要体现在这些通道的能力供给严重不足，特别是国民经济持续快速增长以及高资源消耗产业对能源、原材料需求的突增，使得原本紧绷的弦更加拉紧，造成“三西”、西南等地煤炭铁路外运极度紧张。为了保证煤炭抢运，又不得不卸车后空车返回，进一步加剧了铁路运力紧张矛盾。

1. 主要通道运输需求大，运力原本已较为紧张

"三西"煤炭外运主要通道大秦、丰沙大、石太、陇海以及国家运输重要通道京沪、京广、京哈、京九南段及西南、西北地区等铁路干线能力利用率基本都接近100%，没有可弹性使用的储备能力。目前全国110条铁路干线中大部分线路能力利用率已基本或接近饱和，只要运输需求进一步增大，就形成无法满足的局面。2003年以来煤炭运输需要从往年占铁路运量的40%左右上升到45%，就形成几大通道和港口集疏运的全面紧张。

2. 主要通道建设投入不足，尚未形成保证畅通的运输大通道

虽然几大通道有铁路复线、高速公路组成，但其载运能力大只是相对其他线路而言，而未真正形成与客货运输需求量大、流向集中，以及作为能源与原材料主要运输通道相匹配的运输能力供给。尤其是近几年，贯彻国家实施西部大开发战略，重点加强西部地区铁路建设后，对增加既有通道能力的投入(增加新线建设或复线等)不足。1998～2003年，西部地区铁路线路里程、复线里程、电气化里程分别增加了2888公里，中部地区和东部地区分别增加了3841公里和264公里。同时，铁道部从自身的经营效率和效益考虑，更注重以既有线路技术改造的手段来提高能力，对建设新线、较大幅度增加通道能力重视不足。

3. 铁路运行车辆数量不足

长期以来，铁路将车辆周转天数作为一个重要的内部考核指标，过分追求车辆周转效率，而未根据合理的装卸车需求增加更多数量的铁路运行车辆，致使紧急调运空车频繁，不能被充分利用，同时，增加了本已非常紧张铁路能力的无效占用。尽管铁路部门在提高运输组织水平方面作了很多努力，但是运行车辆过少，使得努力的效果在很大程度上被冲抵。从2004年的铁矿石压港现象就可以看出，如果铁路有足够的运行车辆可供货主装车，在煤炭运输下港的同时，利用相同的铁路线路能力就可以将港口的铁矿石等货物运出。

(四)大型原油和矿石码头不足，造成交通能力结构不协调

随着海运集装箱运输量的大幅增加和集装箱运输较好的效益，各地对建设集装箱码头泊位积极性很高，国家在港口码头的建设审批中，也给予了重点支持，集装箱码头发展很快，改变了以往严重不足的局面，基本上与集装箱运输需求同步发展。但是，由于审批的严格控制和近几年原油和矿石进口量的持续大幅增长，港口大型原油码头和矿石码头等专业化泊位不足问题比较突出，不能适应大型船舶的运输要求。目前，全国20万吨级以上的原油泊位有大连、青岛、宁波、舟山和茂名等港口的6个泊位，接卸能力约为8300万吨，而2003年我国原油进口量已达9200万吨，2004年将突破1亿吨；全国20万吨级以上的矿石泊位有大连、青岛、舟山、宁波等港口的4个泊位，接卸能力约为6300万吨，2003年我国进口矿石已达1.48亿吨，2004年将达1.7亿～1.8亿吨。由于缺少相应足够的大型接卸码头，相当一部分原油和矿石进口被迫采用非经济吨级的船舶运输，造成运输成本上升，采用25万吨级的船舶从中东进口原油比采用10吨级的船舶每吨可节省运费达50%，采用20万吨级的船舶从巴西进口铁矿石比采用8万～10万吨级的船舶每吨可节省运费约35%。此外，煤炭下水港和接

卸港泊位配套方面也存在一些问题。

(五)农村交通投资不足,引起城乡交通结构不平衡

农村公路长期以来主要是依靠农民民工建勤和地方政府筹资建设,尽管1998年以后,国家加大农村公路建设的投资力度,但是,原有基础薄弱,缺路少桥的农村地区较多,农村交通总体状况依然较差,尤其是贫困地区,与高速公路快速发展、城市及城市周边地区较发达的现代交通形成鲜明的反差。到2003年底,全国还有56693个行政村不通公路,不通公路的自然村所占比例更高。此外,农村公路养护资金缺乏也是一个非常突出的问题。实现全面建设小康社会的目标,需要国家和各级政府进一步加大农村公路建设与养护资金的投入。

(六)综合交通运输枢纽严重缺乏,加剧了运输紧张状况

统一规划和建设综合交通运输枢纽是实现交通运输一体化和"零距离换乘"、"无缝衔接"最基本的条件,但由于体制障碍和铁路行业的垄断经营,造成了枢纽统一规划与建设困难、各种运输方式自成体系、城间交通与城市交通衔接配合差的局面,各种运输方式之间倒转次数增加,一体化的运输组织方式无法有效开展,最终导致整体运输效率低下、交易成本上升以及交通不便捷,在一定程度上加剧了运输紧张状况和资源的更多占用和低效。

(七)城市轨道交通发展滞后,加剧了大城市运输结构的不合理

在大城市交通中,大容量的轨道交通发展薄弱,地面公共交通服务水平低,致使城市小汽车交通发展过快,城市交通拥堵和环境污染严重。由于20世纪末为防止过热而对城市轨道线网建设规划采取了严格控制的审批措施,至目前为止,仅北京、上海、广州等少数城市有地铁,而且数量规模小,干线网络远未形成;轨道交通未能被作为解决城市交通问题的重要手段而对待,缺乏前瞻性,致使未能在私人机动化快速发展到来之时,有效地建立保障性强的公共交通系统,引导出行交通选择,减缓城市交通拥挤的加剧。同时,地方政府对地面公交的定位不准确,投入不足,造成了吸引力下降,分担率不高。

(八)主要解决对策

1.加快铁路体制改革,突出铁路发展

当前铁路是总体能力供给不足,局部问题突出。其中铁路体制障碍是造成铁路发展滞后和影响综合运输体系建设与完善的根本原因,在目前的投资体制下,仅靠国家投资,难以从根本上改变铁路供给严重不足和服务质量差的状况,只有打破铁路独家垄断、建立符合市场原则的准入与退出机制,才有可能较大限度地吸引社会资金进入,加快铁路的发展和促进服务质量的提高。铁路投融资体制改革要取得成效,也必须要有相应的体制作保障。

解决当前铁路紧张的根本措施,就是要加大铁路投入、加快铁路发展。一方面,要制订积极的投融资政策和形成吸引外部资金投资铁路基础设施的有效机制;另一方面,针对铁路

目前建设资金来源渠道狭窄、数量严重不足的局面以及短期内还难以吸引大量的外部资金进入的实际情况，要进一步加大国家对铁路的投资力度和银行对铁路贷款的支持。

2. 在完善网络区域布局的同时，重点突出主要通道的骨架作用和重点投资建设

在兼顾区域协调发展和完善网络布局的同时，一要加快客运专线的建设，实现主要通道客货运输分离，较大幅度地提高客货运输能力和服务质量；二要建设煤炭外运新线，以满足国民经济快速发展不断增加的对煤炭需求。从我国的能源结构和国际能源的供应形势分析，今后相当长的时期，煤炭仍然是我国最主要的、也是最有保证的能源。增加煤炭的铁路和港口运输能力，并使其拥有一定的能力储备，是应对可能的国际能源供应危机和保障国民经济持续稳定增长的战略根本。

3. 加快综合运输体系管理体制的建立，促进各种运输方式协调发展

建设和完善符合我国国情的综合运输体系，充分发挥各种运输方式的优势，合理有效地配置资源和提高交通运输系统整体效率，是我国资源供给条件、实现运输一体化和降低运输成本的客观要求，也是交通运输合理布局和克服结构不合理的重要手段。长期以来我国交通运输基本上是以各种运输方式自我发展的模式发展，综合运输体系建设进展缓慢，各种运输方式发展不平衡，结构问题比较突出。然而，交通运输是一个非常复杂的庞大系统，综合运输体系的形成必须要有统一的战略目标和强有约束力的统一规划以及体制保障，目前的管理体制由于受部门体制和利益的驱动，综合部门统一综合的宏观调控和协调能力薄弱，不利于综合运输体系的建设和完善。为此，必须在加快铁路体制改革的基础上，建立符合交通运输发展规律要求的综合运输体系管理体制。

4. 加快已经批准的规划项目的实施，尽快形成运输能力

从根本上解决运力供给与需求的矛盾，必须加快交通基础设施建设，同时提高基础设施和运输装备的技术现代化水平。当前，一是要加快对已经批准的和正在建设的主要铁路通道项目、港口大型码头以及城市和人口密集带高速公路改扩建项目的建设，尽快形成运输能力，缓解紧张状况；二是要继续抓紧《中长期铁路网规划》的实施，加快论证和制订《全国综合交通网中长期发展规划》、《国家高速公路网规划》以及《全国沿海港口布局规划》，完善规划布局和各种运输方式的衔接配合。

（前三节完成于 2007 年，第四节完成于 2004 年）

第五章

铁路在我国综合运输体系中的地位与作用

内容提要：我国的资源禀赋、城市和人口的数量及其分布广度、经济发展水平决定了铁路在我国交通运输中的重要作用和效率效益性，这一点与中小面积的国家相比有着根本性的差别。铁路运输紧张的表象原因是铁路能力供应不足、服务质量不高，实质原因是铁路体制僵化、投入不足、国家在交通运输发展中加快铁路发展的措施力度不够。要建设符合我国国情的综合运输体系，必须对铁路在社会经济发展和交通运输中的地位和作用有较充分客观地认识，才能科学正确地把握综合运输体系的构建方向及制订相应的发展政策。

第一节　铁路在承担全社会客货运输量方面的作用

(一)铁路承担全社会客货运输量的比重及其类别的重要性

1. 铁路承担的运输量随经济发展不断增长

铁路是我国综合运输体系的骨干，是长距离运输的大动脉，中长途客货输的主力运输方式，承担着大量的货物和旅客运输，而且一直是随着我国经济和社会的发展而不断增长。1980 ~ 2002 年，铁路货物运输从 111279 万吨和 5716. 9 亿吨公里增长到了 204246 万吨和 15515. 6 亿吨公里，分别增长了 84% 和 171%；旅客运输从 92204 万人和 1383. 2 亿人公里增长到了 105606 万人和 4969. 4 亿人公里，分别增长了 15% 和 259%。在公路和航空等其他运输方式快速发展的竞争下，2000 ~ 2002 年，铁路的客货运输周转量仍然保持了 4. 7% 和 5. 6% 的年均增长速度(表 5-1)。

1980、2002 年铁路完成运输量及增长率　　　表 5-1

名　称	单　位	1980 年	2000 年	2002 年	2002 年比 1980 年增长倍数	2000～2002 年均增长
客运量	万人	92204	105073	105606	1.15	0.3%
旅客周转量	亿人公里	1383.2	4533	4969.4	3.59	4.7%
货运量	万吨	111279	178023	204246	1.84	7.1%
货物周转量	亿吨公里	5716.9	13902	15515.6	2.71	5.6%

资料来源：中国统计年鉴

2. 铁路客货运输量所占比重

2002 年，铁路承担的客货运输周转量占全社会国内总量（不包括远洋，下同）的 47.7%，为各种运输方式之首，其中货物周转量占全社会的 53.9%，旅客周转量占 35.2%；铁路承担的货运量占全社会国内总货运量的 14.1%，承担的客运量占 6.6%（表 5-2）。

2002 年铁路完成运输量占全社会比重　　　表 5-2

名　称	单　位	全 社 会	铁　路	铁路所占比重
客运量	万人	1608150	105606	6.6%
旅客周转量	亿人公里	14125.7	4969.4	35.2%
货运量	万吨	1453550	204246	14.1%
货物周转量	亿吨公里	28953	15515.6	53.9%

资料来源：中国统计年鉴。货物运输量不包括远洋

3. 铁路承担的客货运输类别的重要性

铁路承担的客货运量所占比重相对于其周转量所占比重来说不是很高，这是由铁路的干线长途作用所决定的，铁路承担的运量大部分是其他运输方式在经济上难以分担的中长途运量，这些运量是关系到我国资源配置范围、人们活动区域大小的重要性运量。铁路运输的货物一般都是运费对生产成本和销售成本影响较大的货物，特别是基础原材料、能源等货物；铁路运输的旅客大部分是个人作为重要活动出行的旅客，而非日常性/生活性出行的旅客。2002 年铁路货物平均运距为 759.7 公里，分别为全社会货物平均运距 198.7 公里的 3.8 倍和公路 61 公里的 12.5 倍；铁路旅客平均运距为 470.6 公里，分别为全社会旅客平均运距 88.2 公里的 5.3 倍和公路 53 公里的 8.9 倍（表 5-3）。

2002 年铁路客货运输平均运距（单位：公里）　　　表 5-3

名　称	全 社 会	公　路	铁　路	铁路/公路
旅客运输	88.2	53	470.6	8.9 倍
货物运输	198.7	61	759.7	12.5 倍

资料来源：根据中国统计年鉴数据计算。货物运输不包括远洋

(二)目前的铁路运输量并未完全反映铁路运输需求

1. 铁路仍处于大发展过程中,运输量所占比重降低是我国综合运输体系发展的正常结果

现代各种运输方式都具有各自的优势,相互之间具有一定的替代性,在运输市场上既存在相互配合又相互竞争,一种运输方式的市场份额大小既取决于该种运输方式为社会所能提供的服务能力和广义的服务价格,也取决于其他运输方式替代的广义成本的高低。自从20世纪80年代后随着公路和航空运输的快速发展,我国铁路运输的市场份额呈下降趋势,铁路货物周转量占全社会总运输量(不包含远洋,下同)的比重下降了7个百分点,铁路旅客周转量占全社会的比重下降了25.3个百分点(表5-4),但这并不是说铁路的重要性降低了,铁路的需求不足。其原因,一方面既是综合运输体系建设发展的结果;另一方面也是铁路发展和铁路能力不能满足运输需求的所致。

各种运输方式运输量占国内全社会总运输量比重变化　　表5-4

名称 \ 年份		1980	1990	1995	2000	2002
客运量	合计	100.0%	100.0%	100.0%	100.0%	100.0%
	铁路	27.0%	12.4%	8.7%	7.1%	6.6%
	公路	65.2%	83.9%	88.8%	91.2%	91.7%
	水运	7.7%	3.5%	2.0%	1.3%	1.2%
	民航	0.1%	0.2%	0.4%	0.5%	0.5%
旅客周转量	合计	100.0%	100.0%	100.0%	100.0%	100.0%
	铁路	60.5%	46.4%	38.8%	37.0%	35.2%
	公路	32.0%	46.6%	51.7%	54.3%	55.3%
	水运	5.7%	2.9%	2.0%	0.8%	0.6%
	民航	1.8%	4.1%	7.5%	7.9%	9.0%
货运量(不含远洋)	合计	100.0%	100.0%	100.0%	100.0%	100.0%
	铁路	17.7%	15.9%	13.6%	13.3%	14.1%
	公路	72.8%	75.1%	77.1%	77.8%	76.8%
	水运	7.7%	7.4%	8.0%	7.4%	7.7%
	民航				0.0%	0.0%
	管道	1.9%	1.6%	1.2%	1.4%	1.4%
货物周转量(不含远洋)	合计	100.0%	100.0%	100.0%	100.0%	100.0%
	铁路	60.9%	58.8%	53.7%	50.8%	53.9%
	公路	14.2%	18.6%	20.5%	22.4%	23.5%
	水运	20.2%	19.1%	23.4%	24.3%	20.1%
	民航				0.2%	0.2%
	管道	4.7%	3.5%	2.4%	2.3%	2.4%

资料来源:根据中国统计年鉴的数据计算

发达国家的铁路经历了迅速兴起—衰退—复苏三个阶段,其是在交通运输获得较充足的发展、拥有较雄厚的基础、可以与各时期的工业化发展和社会经济发展相适应的背景下的铁路发展演进过程。而我国的情况大为不同,尽管改革开放以来我国包括铁路在内的交通基础设施获得了巨大发展,交通运输全面紧张状况得到基本缓解,但是,铁路运输能力依然比较紧张,仍然处于供给不足的状况,还不能有效地满足我国工业化和城市化发展的需要,不能对社会经济发展提供足够的基础支持,与适应我国经济地理的格局和发展还存在着较大差距,从铁路发展的过程和对铁路的运输需求分析,我国铁路还处于大发展的过程中。

铁路运输量所占比重的降低是由运输结构不合理逐步向合理发展的具体体现,而不是铁路衰退的反映。20 世纪 80 年代以前我国的交通运输基础过于薄弱,各种运输方式规模过小,而且经济实力有限、交通投资资金严重不足,为了适应我国幅员辽阔的生产力和产业布局的需要,作为主干运输方式的铁路受到了相对于其他运输方式更为重点的支持和发展,因此,在交通运输整体规模很小、远未能适应国民经济发展需要的情况下,形成了以铁路运输为绝对主导、各种运输发展很不平衡的运输格局,铁路完成的运输量所占很高。这一格局并不是需求的真实反映,而是受经济发展水平低、各种运输方式力供给严重不足所致,各种运输方式完成的运输量完全取决于其所能提供的能力大小。改革开放后,随着我国经济实力的逐步提高和投融资体制的改革,公路、航空等其他运输通过多渠道的融资方式获得了较快的发展,总体规模迅速扩大,能力供给量大幅提高,交通运输结构逐步朝着各种运输方式合理分工、优势互补、协调发展的方向发展和调整,其具体特征就是铁路运输量所占比重的降低,其他运输方式的运输量比重提高。

当然,这种调整和变化是在一定限度范围内的,随着各种运输方式的规模从极度不满足发展到一定的水平后,各种运输方式发展的不平衡程度将会逐渐缩小,交通运输结构逐步趋于合理,各种运输方式的发展逐步趋于平衡,铁路承担的全社会运输量的比重将趋于基本稳定。如:美国铁路承担的货物周转量比例从 20 世纪 40 年代的 68% 左右下降到 80 年代初的 37% 左右后就基本保持相对的稳定;日本铁路完成的旅客周转量从 20 世纪 80 年代以来也基本保持在接近 30% 的水平上。目前,我国铁路的承担的运输量比重下降的趋势也已明显趋于平缓。1995 ~2002 年,铁路完成的旅客周转量比重在 38% ~35. 2% 之间,铁路货物周转量比重基本保持在 53% 左右。

2. 铁路能力供给不足制约了铁路运输需求量转化为铁路运输量

目前,我国各种运输方式的发展水平差距已明显缩小,交通运输全面紧张状况得到基木缓解,但是,在市场供需平衡方面,铁路运输能力不足问题比其他运输方式突出许多;公路、航空通过近十几年的大量投入和飞速发展,除了结构性和层次性矛盾以外,运力总量基本上可以满足市场需要,而且运输市场竞争较为激烈;而铁路主要干线能力普遍紧张,相当一部分繁忙干线能力利用率达到 100% 仍然不能满足需要,由此,不仅影响了铁路运输服务水平的提高,而且致使一部分铁路运输需求(现实的和潜在的)被迫转移到其他运输方式或被抑制。因此,铁路目前完成的运输量在很大程度上受制于其所能提供的能力,并不是社会对铁路需求的全部反映。

3. 现有的铁路需求并不是各种运输方式外部成本内部化情况下的真实需求

目前各种运输方式的运输价格或使用价格并不能反映社会全成本，交通运输的外部成本并未通过制订相应的税收补偿政策实现内部化。由于各种运输方式的外部成本存在着很大的差别，在外部成本未内部化的状况下，各种运输方式之间的竞争存在着很大的不公平性，同时也影响了使用者对运输方式的选择。虽然目前对交通运输外部成本的评价方法和结果上存在诸多差异，还难以按传统意义上的"庇古税收和补贴"——边际社会成本和边际私人成本之间的差额来课税实现外部成本内部化。但各种运输方式的外部成本差异很大是大多数人所公认的，根据 Gunter Ellwanger 1997 年的文章 *The External Effects of Transport. Rail International*，以 IWW/INFRAS 的研究为例，1991 年欧洲 17 国的运输总外部成本为 2720 亿 ECU（欧洲货币单位），占 GDP 的 4.6%，其中 92% 是由公路运输产生，铁路运输产生的外部成本约占 1.7%（表 5-5）。如果通过税收等政策将各种运输方式的外部成本内部化，则对铁路的运输需求将会较大幅度地增加。

1991 年西欧国家不同运输方式产生的外部成本比较（10 亿 ECU）　　表 5-5

外部影响类型	公路				铁路		航空		水运	总计	
	小汽车	公共汽车	摩托车	货运	客运	货运	客运	货运	货运	客运	货运
事故	106	4.2	16.0	21	0.5	0.2	—	—	—	126	22
噪声	15	1.9	4.4	12	0.9	1.2	2.1	0.7	—	24	14
空气污染	2	1.8	0.6	13	0.6	0.2	3.5	1.1	0.5	28	14
气候	22	1.2	0.3	10	0.8	0.3	6.8	2.2	0.2	31	13
总计	164	9.1	21.0	56	2.8	1.8	12.0	4.0	0.7	209	63

资料来源：Gunter Ellwanger, The External Effects of Transport. Rail International, 1997

4. 铁路垄断经营和体制改革的滞后，削弱了铁路服务质量提高的内在动力，影响了铁路运输需求和市场份额

我国的铁路基本上是独家垄断经营，新的潜在经营者难以进入，管理体制仍然是在计划经济模式下形成的高度集中统一的管理体制，虽然分铁路局、铁路分局，但都不是按照现代企业制度建立起来的独立经营、自负盈亏的运输企业。面对公路、航空、水运等替代运输方式的较强竞争，尽管铁路行业也在积极调整市场营销策略和提高服务质量等，但是由于体制等原因，行业整体利益与企业利益、个人利益关系度不强，企业和个人缺乏市场竞争压力，加上约束、激励机制不健全，对提高服务质量的动因明显不足，致使铁路缺少创新机制、服务质量提高缓慢，从而削弱了铁路的市场竞争能力，在能力供给不足与服务质量不高的双重影响下，使得铁路失去了一部分本应属于铁路或是可以争取的市场份额。

（三）我国铁路未来的运输量及其所占比重预测

1. 影响铁路未来运输量的主要因素

根据国务院审议通过的《中长期铁路网规划》，我国铁路的发展目标是：到 2020 年，全国

铁路营业里程达到10万公里，主要繁忙干线实现客货分线，复线率和电气化均达到50%，运输能力满足国民经济和社会发展需要。据此结合我国工业化和城市化发展的特点分析，铁路未来客货运输需求将继续呈较快的增长趋势，长途客货运输量增长的同时，随着城际快速客运系统的建设短途旅客运输量增加比重较大，铁路完成的客货运输量占全社会总运输量的比重基本保持目前的水平或略有下降。铁路运输量的增长的幅度既与国民经济发展和综合运输体系的大环境有关，也与铁路本身的发展有关，主要影响因素有：

(1)国民经济发展速度、产业结构以及人口增长；

(2)城市化进程的发展速度和人均收入水平；

(3)国内、国际资源的开发和利用战略，能源结构及输送方式；

(4)综合运输体系发展战略，铁路基础设施的发展速度及政策倾向；

(5)铁路体制改革及经营战略适应市场需求的能力；

(6)各种运输方式的价格及税收政策等。

2.2010 年、2020 年铁路运输量预测结果

《中长期铁路网规划》对铁路运输量的预测结果是：2010 年铁路货运量 28 亿吨、货物周转量21000 亿吨公里，铁路旅客运量20 亿人次、旅客周转量8840 亿人公里；2020 年铁路货运量40 亿吨、货物周转量 31000 亿吨公里，铁路旅客运量 40 亿人次、旅客周转量 16000 亿人公里(见表 5-6)。

《中国铁路网规划布局》课题预测的铁路运输量 表 5-6

名　称	单　位	2000 年	2010 年	年增长率	2020 年	年增长率
客运量	亿人	10.5	20	6.6%	40	7.2%
旅客周转量	亿人公里	4533	8840	6.9%	16000	6.1%
货运量	亿吨	17.8	28	4.6%	40	3.6%
货物周转量	亿吨公里	13902	21000	4.2%	31000	4.0%

国家发改委综合运输研究所完成的《铁路运输市场分析与客货运输量预测》课题组预测的结果为：2010 年，铁路货运量 26.6 亿吨、货物周转量 23360 亿吨公里，铁路旅客运量 17.5 亿人次、旅客周转量 7788 亿人公里；2020 年铁路货运量 37.7 亿吨、货物周转量 38610 亿吨公里，铁路旅客运量 29.6 亿人次、旅客周转量 12780 亿人公里(表 5-7)。

《铁路运输市场分析与客货运输量预测》课题组预测的铁路运输量 表 5-7

名　称	单　位	2000 年	2010 年	年增长率	2020 年	年增长率
客运量	亿人	10.5	17.5	5.2%	29.6	5.4%
旅客周转量	亿人公里	4533	7788	5.6%	12780	5.1%
货运量	亿吨	17.8	26.6	4.1%	37.7	3.5%
货物周转量	亿吨公里	13902	23360	5.3%	38610	5.2%

第二节　铁路在全国综合运输网络中的担纲作用

(一)综合运输网络骨干运输方式的衡量标准

综合运输网络由多种运输方式共同组成,合理分工、协调发展。由于各种运输方式不同的技术经济特征,决定了它们在整体运输网络中所能担负的作用——骨干作用、基础作用、辅助和补充作用。在不同的国家中,由于幅员广度、地理位置和自然条件、人口分布、资源分布、产业布局、经济发展水平的不同,各种运输方式所起的作用和所承担的运输量比重存在着很大的差别,有以铁路为主的、有以公路为主的、也有以水运为主的,大国的交通运输网络构成和各种运输方式的作用远比小国复杂,但其根本点就是要与本国的自然地理和经济条件相适应。因此,在研究分析我国综合交通运输网络时,应该选择国土面较大的国家或资源分布和人口分布特征较为相近的大区域地带作为借鉴和比较。

就综合运输网络结构划分,可分为区域骨干网络、地区骨干网络和基础网络三个层次。判别一种运输方式在综合运输网络中的基础网络作用和骨干网络作用的衡量指标有着很大差别,基础网络作用重在面上以及日常生产生活中的使用,骨干网络作用重在大点(或区域)之间的联系和所担负的作用。一种运输方式的基础网络作用可以用该种运输方式承担的运输量占全社会总运输量的比重以及高于其他运输方式的多少来衡量,以表明其使用的广泛性和普遍性,比重越高表明其基础网络作用越强,与人们的生活和生活方式的密切程度越高,但并不能完全表明其在骨干网络中的作用。一种运输方式的骨干网络作用应该用其所直接连接的点(两点或多点)的社会经济重要性、客货运输流量强度以及该种运输方式在其中担负的作用来衡量,其承担的运输量占全社会总运输量的比重不一定要最高,但必须是在通道交通运输起主要作用,所完成的运输量占通道总运输量的比重较高,如果该种运输在绝大多数或大多数运输通道都起着主要作用,那么,该种运输方式在综合运输网络中的骨干作用就越突出,也是骨干网络的主要运输方式。由于区域骨干网络和地区骨干网络服务的范围和担负的作用不同,其可以是不同的运输方式,但区域骨干网络的运输方式必须是适合于长距离、大运量的运输方式,而地区骨干网络既可以是大运量、高密度的运输方式,也可以是大交通流量的运输方式。

国土面积越大、人口中心分布越广、资源分布越不均衡、产业区域分工越明确,骨干网络的核心作用就越强。骨干网络的发达程度不仅影响着资源合理开发利用、产业布局、区域间社会经济的公平发展,而且也决定着综合运输网络的整体层次水平,并且影响和引导着地区网络和基础网络的发展与合理布局。

(二)我国铁路在综合运输网络中的骨干作用

我国幅员广阔,东西和南北跨度分别达5400公里和5200公里,各省会城市之间平均距离达1500公里;人口数量众多、分布广;区域经济发展不平衡,产业布局与资源分布极为不对称等特点形成了高强度的区域间客货流量,决定了区域干线交通运输网络在综合运输网络中的重要性,而且其重要程度明显高于一般的中小国家。干线交通运输网络的布局与主要运输方式的选择不仅直接关系到全国的机动性水平,而且直接关系到运输效率和运输的经济性以及总体运输费用占国民经济的比重,进而影响到人员或货物空间位移能力的强弱、资源配置的效率、市场范围的广度和商品经济的发达程度、区域间的公平发展以及产品的国际竞争力等。由此,在我国综合运输体系建设中,必须根据各种运输方式的技术经济特征,发挥各自的优势,合理分工,协调发展;在干线运输中要突出运输的经济性,同时满足实效性的要求。

我国是一个典型的大陆性国家,经济联系和相互交往跨度大,需要有一种强有力的运输方式将整个国家和国民经济联系起来,同时引导和促进其他运输方式的发展。铁路最显著的特点是载运质量大、运行成本低、能源消耗少,既在大宗、大流量的中长以上距离的客货运输方面具有绝对优势,而且在大流量、高密度的城际中短途旅客运输业具有很强的竞争优势,是最适合我国经济地理特征和人们收入水平的区域骨干运输方式。这一点可以从领土辽阔的美国、俄罗斯、加拿大都有强大的铁路网作为国家经济的支柱得以印证。尽管从20世纪90年代以来,我国的高速公路和民航获得了巨大发展,对铁路运输形成了越来越明显的竞争,但是,铁路在国民经济中的支柱作用和在我国综合运输网络中的担纲作用是其他运输方式难以替代的。

1.铁路在能源、原材料运输中的作用其他运输方式无法代替

我国资源分布不平衡与产业分布不对称,资源主要在分布在华北西部、西北、西南地区,产业和经济主要在分布在东部地区,由此,形成了强大的能源与原材料的由西向东、由北向南的大宗的、长距离货物流,陆路运距一般都达800~1000公里以上,甚至2000公里以上,至沿海港口的运距一般也都在500~700公里以上。这些货物是国民经济发展的重要物资,其稳定和及时经济的供应直接关系到国民经济的增长,是区域运输保障的重点;实际上,我国综合运输的货物运输网络在很大程度上就是围绕这些物资的运输展开的,无论是“七五”——“九五”时期的交通运输“瓶颈”制约,还是2003年的煤炭运输紧张,最突出的体现就是受铁路能力不足的制约使得这些物资无法及时足量地运送到消费地满足生产的需求。同时,这些货物的价值相对较低,运输费用占货物价值的比重很大,对运输的经济性要求较高。因此,这些物资必须主要依靠大运输能力、低运输成本的铁路运输或铁海联运才能满足需要,公路运输的可分担的程度有限,主要是为这些货物的短途集疏运以及部分中短途距离的运输补充。2002年全国煤炭产量13.80亿吨,铁路煤炭运量就达8.19亿吨,占煤炭产量的59.35%,占一次总外运量的比重则可能高达80%;铁路钢材占产量和进口量的65%(表5-8)。

2002 年铁路完成的主要货类运量所占比重 表 5-8

商品名称	全国产量（亿吨）	进口量（亿吨）	铁路运输量（亿吨）	铁路运量占产量和进口量(%)	铁路平均运距（公里）
煤炭	13.80	0.1	8.19	59.3	586
铁矿石	2.3	1.1	1.68	49.4	549
钢材	1.93	0.24	1.41	65.0	1041
水泥	7.25	—	0.36	5.0	415
矿建材料	—	—	0.98	—	498
石油	2.87	0.9	1.03	35.9	945
粮食	4.57	0.14	0.83	17.6	1383

资料来源:中国统计年鉴,全国铁路统计资料汇编

从未来的发展看,我国正处于工业化的加速发展期,基础工业还将会有一个较大发展,对能源、矿石、原材料等仍将会保持较大的增长需求。以能源需求为例,根据国家发改委能源局的有关能源发展的讲话材料,到 2020 年,国内生产总值比 2000 年翻两番,在提高能源利用效率和大力节能的情况下,能源需求需要增长一倍,即达到 30 亿吨标准煤,才能支撑国民经济翻两番的目标。由此可以推断,未来铁路承担的大宗能源、原材料等货物运输量还会继续以一定的速度增长。由于铁路运输不仅运输能力大,而且长距离的运输成本与公路运输相比具有较大的优势,即使是随着高速公路的发展公路的运输能力大幅增强,公路长距离运输这些物资仍然缺乏经济性。因此,无论是现在还是将来,铁路在我国能源、原材料陆路运输中的地位和作用是其他运输方式不可替代的。

2. 铁路在我国中长途旅客运输的主力作用其他方式也难以替代

我国疆域广阔,人口众多,区域间、城市间的人员流动基数大,而且出行距离长,交通费用支出较大。目前,我国人们生活水平虽然总体达到小康,但收入水平还是相对很低,且贫富不均,交通费用对人们的出行和交通方式的选择影响很大。特别是在现有的客流群体中,外出打工求职者、学生、中低收入人员探亲和旅游、个体小型商贸经营者所占比例很大,它们对交通费用的承受能力都相对较有限。铁路旅客运输不仅价格较低,而且相对于其他运输方式更安全,在时间速度方面,通过五次大提速,提速线路的运行速度已达到了 120 ~ 160 公里/小时,在途时间显著缩短,主要城市间基本实现了"夕发朝至"、"一日到达",在中长途旅客运输以及在大流量的城际旅客运输中担负着主干运输任务。根据《中长期铁路网规划》材料,2001 年,在各种运输方式承担的旅客运输量中,超过 1000 公里的长途客流,铁路承担的份额约占 67%,其余主要是民航承担,公路所占的比例很小;100 ~ 1000 公里的中程客流,铁路承担的比例超过 90%;短途客流,铁路承担的比例约为 2.5%。根据国家发改委综合运输研究《全国主要城市间未来客运市场分析》的调查结果,在全国主要城市直达客流中,铁路所

占份额为63.56%,航空为19.26%,公路为17.18%。其中,运距在400~1200公里范围内,铁路所占市场份额最大,约为72.6%;大于2400公里的铁路市场份额为50.2%,1200~2400公里的为59.2%;小于400公里的为61.4%(表5-9)。

32个主要城市间不同运距铁路旅客量所占比重 表5-9

运距范围(公里)	城市对数		铁路客运量		
	(对)	比重%	万人	占铁路总量	占各方式总量
合计	496	100.0	12834	100.0%	63.6%
≤400	22	4.4	3453	26.9%	61.4%
400~1200	111	22.4	4880	38.05	72.6%
1200~2400	224	45.2	3706	28.95	59.2%
≥2400	139	28.0	795	6.25	50.2%

资料来源:《全国主要城市间未来客运市场分析》的调查结果

从未来的发展分析可以看出,虽然随着经济的发展和人们收入水平的提高,对交通运输费用的支付能力增强,长距离出行选择航空的旅客会逐渐增加,但铁路仍然是中长及以上距离旅客出行的主导方式。

一是虽然人们的收入增加、生活水平提高,但总体收入水平还是不高,即使是人均收入随GDP翻两番也翻两番,按2000年的基数推算,到2020年,城镇居民人均收入约为25120元/年,农村人均纯收入约为9020元/年;在收入增加的同时,住房、教育、医疗等消费预期支出也随之增大,相当大的一部分农村和县镇居民还要承担城镇化的巨额安置费用等。因此,出行的经济性对大多数人们来说依然很重要。

二是我国区域间、城市间出行的距离长,每次出行的交通总费用较高,根据国家发改委综合运输研究所对全国32个主要城市客流调查,32个主要城市的节点矩阵,最短的铁路距离为137公里(北京—天津),最长的距离为5172公里(厦门—乌鲁木齐),平均距离为1893公里;在496个城市对中,小于400公里的为22对,占4.4%,400~2400公里的为335对,占67.6%,大于2400公里的为139对,占28.0%。因此,选择适当的交通方式对出行者来说非常重要,尽管未来拥有私家车的人会越来越多,但其主要是对短距离出行会有较大影响,对于中长距离的出行影响很小。从我国主要城市间的距离看,铁路是功能/价格比最高的一种运输方式。

三是铁路的服务质量和运行速度在不断提高,在中长距离旅客运输方面,铁路与高速公路的竞争具有较强的优势,特别是随着客运专线的发展,优势更加明显。在长距离旅客运输方面,虽然航空对铁路的竞争激烈,但铁路仍然有相当一部分客流,是中高以下收入者的主要运输方式,特别是对于距离机场较远的居民更是如此。

四是在大流量的城际旅客运输中,即使是运距不长,铁路也有很强的竞争力。

总之,我国目前和今后相当一段时间所处的发展阶段和收入水平决定了铁路在跨市、跨地区、跨区域旅客出行中的重要作用，是人们中长途出行需求的最重要载体，铁路客运所提供的不同档次、不同价位的运输服务将是会逐步满足不同收入和消费层次旅客的旅出行要求。

3. 铁路运输松紧程度是判断全国运输紧张与否的主要衡量指标

铁路在综合运输网络中的骨干作用，不仅反映在其本身，也反映其对其他运输方式的影响。一是铁路运输紧张，将造成其他运输也相对紧张，如铁路不能及时疏港，将造成港口积压，公路疏港任务加重；铁路旅客运输紧张，航空运输也随之紧张，如春节、“五一”、“十一”等假日客运。我国交通运输紧张与否，首先所指的就是铁路，只有铁路运输紧张状况缓解了，全国交通运输的紧张局面才有可能真正缓解。其他运输方式的发展，虽然可以减轻对铁路的需求压力，但无法替代铁路在我国中长及以上距离客货运输的根本性作用。

第三节　铁路在主要综合运输大通道中的作用

我国的城市分布、资源分布以及经济发展格局，形成了全国性的几大运输通道。在煤炭外运通道中，铁路是绝对的主力运输方式，对煤炭的供应起着决定性的作用。在其他综合运输大通道中，铁路也是起着最主要运输方式的作用，承担着主要的客货运输任务。

(一)铁路在主要通道中承担的客货运输量份额

在京沪、京广、京哈、陇海四大综合运输通道中，铁路承担的货运比重基本都达到了80%以上，客运比重基本在50%左右(表5-10)。

主要通道各种运输平均客货流密度分担比例　　表5-10

通道名称	货运平均密度			客运平均密度		
	铁路	公路	航空	铁路	公路	航空
京沪通道	82.9%	16.9%	0.2%	51.5%	42.8%	5.8%
京广通道	77.0%	22.9%	0.1%	48.5%	47.8%	3.6%
京哈通道	86.6%	13.3%	0.0%	50.5%	46.3%	3.3%
陇海通道	82.6%	17.4%	0.0%	48.7%	51.3%	0.0%

注：公路客货流密度根据统计的高速公路和辅路交通量推算(包括私人交通)

航空客流密度仅就沿线机场间客流断面密度，而非空中走廊客流密度

在距离较短的城际通道中，铁路也承担着较大份额的公共旅客运输，表5-11为国家发改委综合运输研究《全国主要城市间未来客运市场分析》课题组调查的部分结果。在公共旅客运量中，除了部分铁路里程比公路长较多的线路外，铁路的市场份额普遍达到了60%～80%。

部分主要城市之间铁路与公路直达客运量及份额比较表(单位:万人)　表5-11

线路名称	铁路			公路		
	距离(公里)	客运量	份额(%)	距离(公里)	客运量	份额(%)
北京—天津	137	663.8	61.44	118	416.5	38.56
北京—石家庄	277	277.1	81.40	264	63.3	18.60
重庆—成都	504	58.7	22.41	340	203.2	77.59
上海—南京	303	308.4	70.34	274	130.0	29.66
上海—杭州	201	530.7	80.02	166	132.5	19.98
杭州—宁波	171	20.5	10.10	145	182.5	89.90
广州—深圳	147	637.0	58.18	123	457.8	41.82
济南—青岛	393	97.0	38.74	330	153.4	61.26
沈阳—大连	397	207.8	77.19	358	61.4	22.81
小计		2801.0	60.87		1800.6	39.13

资料来源:《全国主要城市间未来客运市场分析》调查结果

(二)综合运输大通道运输特点和铁路担负的重要作用

综合运输大通道(交通轴)是综合运输网络和国家经济发展的命脉,是跨区域间最重要的连接,其连接的是区域间最大的城市和城市群,沿途经过的也都是省会城市和重要城市,一般都是人口密集、经济较为发达、产业聚集的地区,是国家经济地理的重要组成部分,其沿线的人口和GDP在全国占有重要比重。通道的这些特点决定了通道交通运输需求的规模性、集中性以及多样性。

大通道除了两端以及中间重要结点之间的直达运输需求量很大以外,由于沿线产业的密布和城市带的形成,大结点与沿途由中小城市组成的众多中小结点之间以及各中小结点之间的运输需求也很大,此外,还有大量从其他区域转入的运输量。在货物运输需求方面,既有大量大宗长途的能源、原材料等资源性产品运输,也有时效性和运送质量要求高的高新技术产品、一般工业品和农副产品运输;在区域内部还有大量的原材料和建筑材料运输以及大量的产成品、半成品运输。在旅客运输方面,既有大量的主要城市间直达运输,也有大量的地区性运输;旅客中既有对运送速度、舒适性、服务质量层次要求较高以及追求个性化的交通费用支付能力较强的群体,也有大量交通费用支付能力一般和较弱的群体。这些特点为各种运输方式的共存与发展提供了需求基础,在通道中单一的运输方式是难以满足需要的,各种运输方式虽然存在着较强的竞争关系,但是,它们并不是排斥的,而是共同组成一个系统,是一种互补和相互促进的关系;一种运输方式的发展和运输量的增多,会给与之相配合的运输方式产生更多的需求;同时,由各种运输方式组成的交通运输系统越发达,系统整体效率提高,就会进一步促进产业在通道沿线的集聚和经济的更快发展,进而增大通道的客货运输总需求量。

大通道是国家社会经济的主要集中带和发展带，是各种运输方式骨干线路必经地区，同时也是各种运输方式承担运输量最大、在综合运输体系中作用最明显的线路。通道经济和运输需求的特点，要求各种运输方式充分发挥各自的优势，高效、低成本地服务于经济和社会发展的需要。通道中交通的组合决定着可以在多大的范围、以什么样经济成本、运用多少资源来实现人与物在空间和时间上的变换。铁路运能大、低成本、安全稳定的特点是最适合通道大客货流量的运输方式，其在通道运输中的主要作用是其他运输所无法替代的。

一是通道沿线经济发达，所需要的大量能源、原材料等大宗物资需要有大输送能力和低成本的运输方式进行运输，同时，生产的大量产品需要依靠长距离的运输方式运往全国各地的消费市场和口岸，虽然在中长距离中，公路运输可以分担一部分小批量的运量，但所占比例相对较小。

二是通道旅客流量大，铁路是保证通道旅客运输安全、准时以及经济输送的主要运输方式，特别是铁路经过多次大提速后，旅行速度已大幅提高，超过了高速公路的旅行速度，而且安全性、舒适性方面优于高速公路，在平行的中长途旅客运输方面具有较大的优势，如果建成铁路客运专线，又是更为明显。如北京—上海，目前火车旅行时间为12小时左右，高速公路旅行时间一般需要15～16小时，且行驶途中车内活动困难，铁路提速后北京—上海的新国线高速公路豪华客运班车的乘客人数已下降到每班只有几个人。通道内的航空旅客运输主要是适合于1000公里以上距离的旅客运输，并且也只是收入水平较高的部分旅客，如2000年北京—济南的航空旅客为16.38万人，而铁路直达旅客达到了151.7万人；北京—南京的航空旅客为52.09万人，铁路直达旅客为184.4万人。在通道内城市之间，铁路直达旅客运量也高于公路旅客直达运量，如上海—南京，2000年铁路旅客量占70.34%，公路（客运车旅客量，下同）占29.66%；北京—天津，铁路占61.44%，公路占38.56%。

总之，在综合运输大通道中，铁路不仅担负着通道沿线及跨区域的能源、原材料供应的重要运输任务，而且还承担着大量的产品运输任务以及通道城市各城市间的大部分公共旅客运输任务，其完成客货运输量所占比重一般都为各种运输方式之首（水运为主的大通道例外）。通道铁路能力的供给和满足程度，直接影响着通道整体客货运输的保障程度和顺畅程度，对通道沿线经济的发展和人员的交往以及商贸活动的影响大大高于其他运输方式。

第四节　铁路在提高交通运输可持续发展方面的作用

（一）交通运输可持续发展的重要性及发展的战略思想

可持续发展既是一种思想，也是一种方向。交通运输可持续发展在于必须用可持续发展的理念来重新审视交通发展的历史、现状，对交通运输给环境、社会带来的诸多影响和压力给予足够的关注,尤其要完善新的发展观;构建基于可持续发展概念的交通运输规划、建设和管理体系;从战略的角度做到交通运输发展与社会经济发展、人们生活质量提高、土地资源利用、环境保护等之间确立一种协调发展的辩证比例关系;实现在有限的土地资源和环境资源制约下,使交通运输系统满足不断增长的交通需求。

世界各国的国情不同,发展交通的战略模式也不相同。我国人口众多,人均占有资源水平低,合理地规划和发展与我国国情和资源禀赋相适应的综合运输体系,是节约资源、实现交通运输可持续发展的前提。世界发达国家铁路的复苏和私人小汽车的极度发展所带来的交通拥堵、交通事故、环境污染等负面问题应该值得我们深刻反省。从我国资源有限、客货运输强度大的具体国情出发,更多地发展铁路、创造条件和引导人们更多地选择铁路运输方式是减少资源占用的有效方略。当然,追求生活质量的提高是每一个人的愿望,小汽车进入家庭改变着人们生活方式,提高了人们出行的方便性,也是生活质量提高的一个重要方面,但是我国的国情容量不允许我们完全按照西方发达国家的模式发展我国的交通运输,一味地以适应需求的发展思想将会导致交通设施始终供应不足,资源被无限占用,且交通拥堵问题也无法解决。因此,我国交通可持续发展战略,首先要确定在资源、环境的限制因素下,适应我国经济和社会发展需要,我国交通运输需要和可能达到的目标或服务水平,并在我国各项交通基础设施还不能满足社会经济发展需要、还处于大发展的时期,及时制定方向非常明确的发展战略,将各种运输方式的发展纳入统一规划,从规划和政策上对战略支持发展的运输方式实施倾斜,通过交通需求管理的有效措施引导人们调整消费观念和消费方式,促使人们从人类长远发展的角度对追求生活享乐保持一定的节制,更多地选择铁路等公共交通方式,减少单位出行对交通基础设施的需求。

(二)更多地发展铁路可以更有效地节约土地资源

土地资源是一种稀缺的、不可替代的自然资源,是农业的基本生产资料,我国人口多,人均耕地少,农业生产与建设用地的矛盾非常突出,如何更加合理地使用有限的土地资源和提高土地资源的利用效率,是可持续发展的重要内容之一。虽然公路与铁路的功能与作用有着很大的不同、各有侧重,对应着不同的运输需求,但在二者之间存在着一定的替代性,替代的程度,一方面取决于两种运输方式用户使用成本的高低,另一方面也取决于两种运输方式所提供的服务能力大小及便捷程度。如果铁路网络系统比较发达、服务水平提高,就可吸引和分担更多的客货运输量,从而相应地减少对公路基础实施的需求。铁路干线与公路相比,在节省土地占用方面具有一定的优势,特别是在大流量的通道中较为明显,国家Ⅰ级双线铁路与四车道和六车道的高速公路的工程总体占地比约为1:1.24~1:1.37,单位货运能力占地比约为1:1.87~1:2.80。具体为:以铁路路基与公路路基相比,单线常规Ⅰ级铁路与Ⅱ级公路的占地比为1:1.21~1:1.88,复线200公里客货混跑快速铁路与四车道高速公路占地比例为1:1.83~1:1.99,复线高速铁路与六车道高速公路占地比例为1:1.88。如果考虑公路交通的停车占地，尤其是小汽车大量发展后的停车占地，则公路的总用地比还要增多。

（三）更多地利用铁路运输可以更有效地减少交通能源消耗

能源是国民经济发展与社会文明进步的基石，能源的可持续发展是人类社会可持续发展的重要保障之一。交通运输是能源消耗大户，全世界交通运输消耗的能源约占全部能耗的三分之一，全世界一半以上的石油用于运输，而其中汽车是化石燃料最大的消耗大户。根据有关资料，2002 年我国汽车消耗的汽油和柴油分别为 3811 万吨和 1709 万吨，分别占国内汽油和柴油总产量（不包括进口量）的 87.9% 和 22.1%，根据油源渠道的复杂情况以及汽车和其他机动车的保有量推算，公路交通消耗的汽油和柴油数量比以上数据要高。根据国务院发展研究中心产业部预测，以目前汽车的发展速度，到 2010 年和 2020 年，我国机动车的燃油需求分别为 1.38 亿吨和 2.56 亿吨，为当年全国石油总需求的 43% 和 57%，即到那时汽车消耗的石油将占到国内生产和进口石油总和的一半左右。

我国是缺油、少气、多煤炭国家，新增的石油需求将越来越多地依赖进口，石油对外依存度从 1995 年的 7.6% 增加到 2000 年的 33.8%。2003 年我国进口原油 9112 万吨，进口成品油 2824 万吨，扣除当年出口的 813 万吨原油和 1382 万吨成品油，实际进口原油和成品油折合已经超过 1 亿吨。到 2020 年，中国石油消费量预计要达到 4.5 亿吨左右，那个时候的石油对外依存度将达到 60%。由于世界石油分布不均，对石油资源的争夺和控制非常激烈，对石油过快的增长需求和过高的对外依存度，将会对我国的社会经济发展带来诸多的不确定因素和增大风险。因此，建立更加符合我国国情的综合运输体系，对于节约能源和降低发展的风险具有非常重要的意义。

铁路与其他运输方式相比，在能源消耗方面具有以下优势：

一是铁路运输能源消耗低。2002 年国家铁路内燃机车平均每百吨公里耗柴油 0.259 公斤，电力机车平均每百吨公里耗电 1.108 千瓦小时；而根据湖南省全省营业性车辆统计资料，2003 年货车百吨公里油耗，汽油车为 6.89 公升，柴油车为 6.08 公升，客运车分别为 15.60 公升/千人公里和 12.10 公升/千人公里。以铁路内燃机车消耗进行对比（电力机车涉及煤电转换及输送效率等问题），铁路与公路的能耗比，货运为 1∶19.25～1∶26.86，客运为 1∶3.83～1∶6.08；铁路与内河水运相比为 1∶0.87～1∶4.52，能源节约明显（表 5-12）。

二是电气化铁路所需要的电能可以通过煤炭转换，提高电气化铁路的运输比重，可以利用我国煤炭资源丰富的优势，从而减轻对石油需求的压力。同时，还可以减轻污染。

铁路与其他运输方式能耗对比 表 5-12

运输方式	单　位	能源消耗量			
		汽油货车	柴油货车	汽油客车	柴油客车
公路	公升/百吨（人）公里	6.89	6.08	1.56	1.21
	千焦耳	296.75	212.69	67.19	42.33

续上表

运输方式	单　位	能源消耗量	
铁路		内燃机车	电力机车
	柴油,千克/百吨公里	0.259	
	电力,千瓦小时/百吨公里		1.108
	千焦耳	11.05	3.98
内河水运		小型机动船	大型船舶
	柴油,千克/百吨公里	1.17	0.226
	千焦耳	49.91	9.64
铁路:公路		内燃机车	电力机车
	货运	1:19.25~1:26.86	1:53.44~1:74.56
	客运	1:3.83~1:6.08	1:10.63~1:16.88
铁路:内河		1:0.87~1:4.52	1:2.42~1:12.54

注:公路和内河水运能源消耗指标来自湖南省交通统计资料2003年

铁路能源消耗指标来自《全国铁路统计资料汇编》2002年

(四)更多地发展铁路可以更好地减轻交通环境污染

经济的高速发展离不开现代化的交通网络,随着可持续发展的思想越来越被人们所认识和在实际中贯彻,一度被视为夕阳产业的铁路开始走向全面复苏,其固然与铁路重载和高速铁路技术的发展有着直接的关系,同时也与铁路所占用资源少、污染轻的优势重新被人们所认识和重视有着很大关系。

目前人们最为关注的交通污染问题就是汽车排放问题,特别是大中城市环境污染中汽车排放已成为主要的污染源。汽车排放是指从废气中排出的CO(一氧化碳)、HC + NO_X(碳氢化合物和氮氧化物)、PM(微粒,碳烟)等有害气体。全世界由交通运输散入空气的有害气体已占大气污染的一半以上,对人类生存构成严重威胁,其中大部分是由汽车排放的。在各种运输方式中,铁路是污染排放较小的一种运输方式。在货物运输中:卡车的排放与常规铁路相比,一氧化碳(CO)为3.5倍,二氧化碳(CO_2)为4.6倍,碳氢化合物(C_XH_Y)为46倍;水运除一氧化碳(CO)和粉尘排放量低于铁路外,二氧化碳(CO_2)和碳氢化合物(C_XH_Y)排放量均高于铁路。在旅客运输中:飞机和轿车污染排放量最为严重,一氧化碳(CO)分别是常规铁路158倍和130倍,二氧化碳(CO_2)分别为4.3倍和2.6倍,氮氧化合物(NO_X)分别为4.9倍和11.4倍,碳氢化合物(C_XH_Y)分别为的66倍和56倍。此外,有关资料还表明,高速铁路的排放量比常规铁路均低70%左右。为此,世界发达国家重新开始重视铁路的发展,希望通过增加铁路的使用,而减少污染。例如,日本制定了新的促进铁路发展的政策,其中包括修建和改造城市间、城市内的客运铁路线路,使城市间和城市内的旅客运输向铁路转移的政策。以铁路货运为主的美国近些年也开始支持修建高速铁路,计划在东北走廊开行电气化高速列车，并在沿东、西海岸北部11个州的大城市修建5条高速铁路客运走廊。欧盟鼓励各国政府修建高速铁路和城市轨道运输系统，并颁布了《振兴欧共体铁路战略白皮书》。

我国目前虽然汽车保有量比发达国家少得多，但单车排放的污染物却比国外同类车高出许多，总排放量并不低，不少城市汽车排放的分担率已达60%～70%以上，并且已有多个城市已进入世界主要污染城市名单，环境污染已对经济社会发展带来的巨大压力。更为严峻的是，我国私人汽车还刚刚开始进入快速增长时期，未来汽车保有量会迅速大幅增长，尽管采取更加严格的排放标准和措施，单位排放会降低，但总排放量还会继续增长，环境压力会越来越大。因此，要使交通运输既能满足国民经济和社会发展的需要，有效地降低交通运输的污染程度，就应该更坚定地发展和鼓励使用污染少的铁路运输方式，特别是城际铁路和城市轨道交通，尽可能地减轻交通运输给城市和全社会所带来的环境压力。铁路运输除了单位能源消耗量少、污染程度轻以外，还可以通过建设电气化铁路，采用电能做动力减少排放（当然，煤电转换也有污染，但可以通过相关措施控制和降低）。

（五）发展铁路可以促进社会可持续发展

可持续发展包含经济可持续性、社会可持续性和环境可持续性，交通运输的社会可持续性是指交通必须能够满足社会所有人的基本交通需求，保证在工作、购物、教育、医疗等方面的可达性。交通运输系统的机动性代表了资源配置的效率，而可达性则更多地代表了社会公平，这也是可持续发展的思想更强调的方面。

虽然我国人们生活已总体上达到小康水平，但是我国经济发展很不平衡，东西部差距很大，西部地区的人均GDP只及全国平均水平的40%～50%左右，目前全国农村还有8517万贫困人口（2003年人均纯收入为882元），占农村总人口的9.1%，绝大多数分布在中西部的山区、少数民族地区和边疆地区。西部地区经济发展落后、人们生活水平低的一个重要原因就是深处内陆，交通基础设施落后。

目前，我国交通基础设施的数量和布局地域性差别很大，东部地区的交通网络发展水平相对较高，中部地区次之，西部地区落后。2001年，西部地区铁路网密度（0.377公里/百公里）仅为东部地区（1.772公里/百公里）的21.3%、中部地区（1.571公里/百公里）的24.9%；西部地区的公路密度（10.6公里/百公里）仅为东部地（42公里/百公里）的25.2%、中部地区（20.3公里/百公里）的52.2%；西部地区机场密度仅为全国平均的59%。基础设施的等级质量也差距很大，西部地区的复线铁路里程比重仅为全国平均得62.5%，二级以上公路里程占公路总里程的比重，东部地区、中部地区、西部地区分别为22.01%、13.25%、7.34%（表5-13）。由于交通基础网络发展水平存在着较大的地区差异，对国民经济的支持和促进力度也明显不同，西部地区交通基础网络的发展还很不完善，规模和水平在空间布局上与工业化发展的基本需求还存在着较大差距，明显地制约着国民经济和社会的发展。

交通基础设施发展水平的地区差距　　表 5-13

项目名称	单位	全国	东部地区	中部地区	西部地区
公路密度	公里/百公里	17.7	42.0	20.3	10.6
二级以上公路比重	%	13.35	22.01	13.25	7.34
铁路密度	公里/百公里	0.73	1.772	1.517	0.38
铁路复线比重	%	0.38			0.24
内河航道密度	公里/百公里	1.27	5.45	2.23	0.34
机场密度	个/万公里	0.145			0.09

资料来源:根据相关的交通统计资料计算

交通运输对地区经济的发展具有很强的基础性、先导性作用,是经济发展和经济起飞必须投入的社会先行资本,加快落后地区的铁路发展可以从根本上改善落后地区的对外交通条件,缩短与中心城市和全国市场的距离,增强对外部的资金和技术进入的吸引力和力度;同时,降低当地产品的运输成本,提高市场竞争力,为地区经济发展创造更为公平的发展机会,增强落后地区人们的福利水平,实现"十六大"提出的全面建设小康社会的目标。铁路与其他运输方式相比,区域的纽带作用更强,对弥合地区间社会经济发展的非均衡性作用更大,铁路的发展更有利于区域之间的客货交流和交易成本的降低,可以更大程度地提高可达性和市场范围,促进地区间的交流和缓解地区矛盾;经济落后地区一旦被铁路运输所覆盖或辐射,就会使其在更大空间范围上融入国民经济发展的整体中去,在与外部经济的联系中加快自身经济发展的进程,才更有可能减缓区域经济发展差距的拉大,增强社会稳定和民族团结,实现社会可持续发展。

此外,铁路的发展可以更大程度地降低生产要素流动成本,促进资金、技术、人才的合理流动以及落后地区的资源开发利用,促进地区分工与协作,有利于发挥地区比较优势,形成合理的区域分工布局。

(六)更多地发展铁路可以减少交通事故,更加体现以人为本的思想

公路交通已成为和平时期的最大杀手,全国每年公路发生的交通事故达60多万次,死亡10万多人、伤50万人左右,对人们的生命安全构成了极大威胁。铁路运输具有很高的安全性,事故率低、死伤人数少,2002年,全国铁路交通事故死亡人数为200多人、伤400多人,而且主要是道口交通事故。发展铁路,可以相应地减少公路交通的需求,从而降低交通事故的发生次数和死伤人数,是尊重生命、珍惜生命和以人为本的思想体现。

(七)铁路技术进步进一步增强了铁路可持续发展的能力

铁路的技术进步对提高铁路的发展潜力、增强铁路在综合运输体系的地位和作用具有非常重要的贡献,如重载技术和快速客运网络的发展使铁路在货物运输和旅客运输都获得了更多的市场空间。通过五次铁路大提速,使铁路干线旅客运输运行速度提高到了140~

160 公里/小时,超过了高速公路的行驶速度,并通过开行不同档次的列车和增强服务意识,较大程度地改变了铁路速度慢、服务水平低的形象,提高了铁路市场竞争力,重新获得了部分原来失去的市场。随着高速铁路、客运专线、城际铁路的发展以及其他相关配套技术的应用,尤其是以客运专线、高速铁路为骨架的快速客运网络的建成,铁路在速度、安全、舒适性以及服务质量等方面的指标将会产生巨大水平的提高,可持续发展的能力进一步增强。此外,铁路还将在城际旅客运输中的作用大幅增强,将极大地促进区域一体化和发挥中心城市对周边城市"同城效应"的辐射带动作用。

第五节　铁路在降低物流成本,提高经济竞争力方面的作用

(一)我国的物流成本水平和运输费用占 GDP 的比重

如果一个国家或地区能够以较小的资源完成其国家的各项物流活动,这说明其物流效率处于较高水平。根据 1997 年 I. M. F. 统计数据,我国的物流效率水平与美国、日本、英国、新加坡、中国香港、中国台湾相比都存在着较大的水平差距(表 5-14)。虽然近几年我国对物流理念和物流技术有了一定程度的推广,但总体组织和管理水平仍然较低,改善程度有限,物流成本占 GDP 比重依然较高。

有关国家或地区物流成本占 GDP 的比重(单位:十亿美元)　　表 5-14

国家或地区	GDP	物流成本	占 GDP 比重
中国大陆	4250	718	16.90%
中国台湾	308	40	13.10%
中国香港	175	24	13.70%
新加坡	85	12	13.90%
日本	3080	351	11.40%
英国	1242	125	10.10%
美国	8083	849	10.50%

资料来源:International Financial Statistics, Washington D. C., I. M. F.

物流成本的高低与交通运输的发展水平和交通运输的结构有着极其密切的关系,运输费用占物流总成本的比重很高。由于各种运输方式运输成本存在着较大差距,改善交通运输结构是降低物流成本有效措施之一。根据交通运输的有关统计资料推算,2001 年,我国交通运输行业的总收入约占全国 GDP 的 8.1%,其中铁路 1.42%,公路 5.22%,水运(不含远洋)0.61%,航空 0.8%,管道 0.05%(表 5-15)。

2000～2001 年各种运输方式的收入占 GDP 的比重 表 5-15

运输方式	2000 年	2001 年
运输业总收入	7.92%	8.10%
其中:铁路	1.24%	1.42%
公路	5.20%	5.22%
水运(不含远洋)	0.69%	0.61%
航空	0.74%	0.80%
管道	0.05%	0.05%

资料来源:罗仁坚等《我国现代综合运输体系框架研究》,2003

(二)降低交通运输成本对经济发展和提高产品国际竞争力的重要性

交通运输为国民经济服务,主要是体现在“最终实现便利产品流通,增加生产者的经济价值”。也就是说,一国的经济最终要体现在 GDP 的增长上和一国的整体竞争力。为达到这一目标,各国都在积极提高运输效率,降低流通环节的各种费用,使生产者创造最大的经济价值,都不希望在运输环节上占用很高的成本比重,许多国家政府都将提供公共产品服务作为其义不容辞的责任。鉴于交通运输在经济社会发展中的重要作用,许多国家尤其是发达国家,对交通运输行业实行倾斜政策作为发展经济的基础国策。如美国在 20 世纪 30 年代以来,国家对经济实行的强有力干预政策,国家大规模对铁路、港口、机场特别是高速公路等交通基础设施进行投入,不仅促使美国经济走出了经济危机,而且为美国经济的持续发展奠定了良好的基础。在美国运输部 2000～2005 年战略规划中,将交通运输支持经济持续增长作为重要战略目标,“一场 21 世纪的开拓国际国内市场的革命即将到来,运输业对美国在全球经济竞争中的重要性与日俱增,运输能够提高国家的竞争地位”;为此,运输部一方面调整国际行动计划,支持政府在全球范围内建立高效、安全的运输体系的构想;一方面保证运输服务价格指数的增长低于全国生产价格指数(PPI)增长率。将交通基础设施作为公共产品来处理。

产品的国内、国际竞争在很大程度上在于产品的最终销售成本的竞争,其包括生产成本和流通成本,而往往流通成本的弹性大于生产成本的弹性,即流通过程中的可能性节约往往要大于生产过程。因此,在经济全球化进程加快、国际市场竞争越来越激烈以及加入 WTO 后国内市场的逐步开放、国外产品不断抢占国内市场的今天,如何从我国经济发展大战略的角度,根据我国的资源禀赋特征来发展和优化我国的综合运输体系,在不断提高对运输需求适应度的同时,增强我国产品的在国际市场和国内市场的国际竞争力,将直接影响到交通运输发展国民经济增长的贡献问题。

(三)铁路运输在提高产品国际竞争力方面的作用

1. 直接降低能源、原材料和内陆省市出口产品的运输成本

铁路与公路相比具有较大的成本优势,能够以较低的运输费用将能源、原材料运往生产

地，降低产品的生产成本，并以较低的运输费用将产品运送至口岸及市场，节省产品流通过程中的运输费用。在货物运输中，公路的运价（包括过路费）一般要达到0.40～0.50元/吨公里，而铁路包括铁路建设基金、返空费、电气化费、新线均摊运价等各项费用后的平均单位运输价格大体为0.11～0.13元/吨公里，约公路运价的22%～32%。如果运距达到1000公里，每吨货物的运输费用差就要达到300多元；以煤炭为例，煤炭的出厂价为135～140元左右，以公路正常运输，运输费用是出厂价格的300%以上，到大用户的最终价格将达500多元以上，大大高于当地的煤炭销售价格，这也是公路运输不得不好几倍超载的原因。再如，处于内陆深处省市的外贸进出口货物，如果采用国际集装箱以公路运输，每箱的运费将可能高达万元以上，大大增加了进出口货物的成本，不仅是出口货物的市场竞争能力降低，而且也使可出口的货物种类大为减少，这也是内陆省份外向型企业少、外贸进出口额低的一个重要原因。如果发挥铁路成本低的优势，积极开展集装箱运输服务，就可较大程度地提高内陆省市产品的出口竞争力。

2.为更大范围地使用资源创造条件，提高资源的使用效率

我国产业分布和资源分布都很不均衡，铁路相对较低的运输成本，可以使经济主体在更广的范围采购所需的能源和原材料，使一些原来受运输成本过高制约不能开采的资源得以开采，增加资源的总供应量，为扩大生产创造条件。同时，运输条件改善后，通过更大市场范围的资源配置，可以促使资源的使用效率提高，进而降低产品的生产成本。

3.为劳动力的跨区域配置、降低产品生产的劳动力成本创造条件

我国区域经济发展的不平衡，使劳动力与土地一样形成了很大的区域级差。铁路可以将低价劳动力源源不断地从不发达地区输往产业密集地区，实现劳动力的跨区域配置，从而降低产品中的劳动力成本，巩固我国沿海加工制造业和产品的国际竞争优势。同时，这种跨地域、大范围的转移也加快了我国农业剩余劳动力向工业和其他产业的转移，加快了工业化和城市化进程。

4.促进产业分工和生产效率的提高

市场经济的主要特征就是分工经济，分工的专业化与协作性则导致了资源更高效率的配置。根据斯密定理和杨格定理定义的经济发展："经济发展是一个以交易费用下降为核心，劳动分工和制度变迁循环累积，互为因果的过程。"以及"市场范围的扩张是分工深化的必要条件，市场范围扩张的关键因素是交易费用"。交通运输的改进是实现降低交易费用和促进市场扩张极其重要的手段，市场范围的扩张又促使专业化分工的进一步深化、生产效率的提高，进而完成递增报酬的实现。由此，要实现经济增长，就必须尽可能地改善交通运输条件，消除空间阻碍和降低交易费用。

分工既有产业部门的分工，也有区域间的分工，而区域间的分工使得资源位移突破了狭窄地域的限制，实现了在一国范围内的空间配置最大化。铁路在中长距离且呈规模性的运输为资源在更广阔的空间范围的优化配置提供了最为有效的载体。同时，由于是在更大范围的市场竞争，使得企业必须更加积极地改进技术和提高生产效率。

第六节 评价总结

总结以上分析，铁路是我国综合运输体系的骨干，具有运输能力大、成本低、能源消耗少、环境污染轻、占用土地少等优势，加快其发展符合我国资源要素禀赋的具体特点和工业化、城市化加快发展对交通运输的要求，是贯彻科学发展观和可持续发展思想在综合运输体系发展过程中的具体落实。

以往十几年发展的实际情况是铁路发展明显滞后于其他运输方式的发展，是造成目前铁路运输比其他运输方式更紧张、改革风险和改革成本高、改革难度大的一个重要原因。从建设符合我国国情的综合运输体系的总体目标出发，今后20年应进一步加快铁路的发展速度，才能实现各种运输方式的协调发展，才能更有效地提高综合运输系统的整体效率和效益。

本世纪初，孙中山先生曾就疾呼："吾国今日之困难，莫不知为实业不振"，振兴实业，交通先行，"交通为实业之母，铁道又为交通之母，国家之贫富，可以铁道之多寡定之，地方之苦乐，可以铁道之远近计之"。当前和今后一段时期，随着对构建"资源节约型，环境友好型"综合运输体系认识的进一步加深和统一，以及相关发展战略和政策的逐步落实到位，在铁路体制改革等措施的保障下，我国铁路将会很快进入跨越式大发展的新阶段。

（完成于2004年）

第六章

公路在综合运输体系中的地位和未来发展问题

内容提要:公路是现代交通的基本方式,承担的客货运输量比重很大;随着高速公路网络的逐步形成,公路在干线交通运输中的地位作用进一步提升,汽车的普及,对公路交通的消费趋势不断加强;我国公路基础设施网络还很不完善,与国民经济和城镇化发展的要求还有较大差距,需要继续较快发展,对于公路占用土地问题应根据科学发展观的要求辩证看待;在未来发展中,要科学合理地规划确定高速公路的发展规模,解决收费公路规模过大以及公路建设后续资金来源等问题。

第一节　发达国家公路的发展历程和地位作用

(一)世界发达国家公路交通发展的主要历程

国外发达国家公路的发展大致都已经历了三个发展阶段,现正处于第四个发展阶段(注:引自华夏交通在线)。

第一阶段从19世纪末到20世纪30年代,是各国公路的普及阶段。这期间随着汽车的大量使用,大多是在原有乡村大道的基础上,按照汽车行驶的要求进行改建与加铺路面,构成基本的道路网,达到大部分城市都能通行汽车的要求。

第二阶段从20世纪30年代到50年代,是各国公路的改善阶段。这期间由于汽车保有量的迅速增加,公路交通需求增长很快,各国除进一步改善公路条件外,开始考虑城市间、地区间公路的有效连接,着手高速公路和干线公路的规划,英、美、德、法等国都相继提出了以高速公路为主的干线公路发展规划,并通过立法,从法律和资金来源等方面给予保障。

第三阶段从20世纪50年代到80年代,是各国高速公路和干线公路高速发展阶段。这期间各国大力推进高速公路和干线公路规划的实施与建设,并基本形成以道路使用者税费体系作为公路建设资金来源的筹资模式,日本等国为解决建设资金不足等问题,还通过组建“建设公团”修建收费道路来促进高等级公路的发展。各国经过几十年的发展,已基本形成了以高速公路为骨架的干线公路网,为公路运输的发展奠定了基础。

第四阶段为20世纪80年代末90年代初以来,是各国公路综合发展阶段。这期间各国在已经建成发达的公路网络的的基础上,维护改造已有的路、桥设施和进一步完善公路网络系统,重点解决车流合理导向、车辆运行安全以及环境保护等问题,以提高公路网综合通行能力和服务水平。此外各国还特别重视公路环保设施的建设,在公路建设和运营过程中对环境和生态进行保护,如通过居民区的路段建设防噪墙等以减小汽车行驶噪声影响,又如设置动物等专用通道,保证公路沿线动物的生活不受大的影响。

目前世界各国的公路总长度约2000万公里,约80个国家和地区修建了高速公路,建成通车的高速公路已达20多万公里。其中美国、英国、德国、法国、意大利、日本、加拿大和澳大利亚这些主要经济发达国家公路里程约占世界公路总里程的55%、高速公路里程约占世界高速公路里程的80%以上。

美国现有公路总里程和高速公路里程最长,分别约占世界公路总里程和高速公路总里程的30%以上和近50%,已经形成了约6.9万公里的洲际高速公路网,公路已成为美国人日常生活必不可少的一部分。西欧各国和日本,由于国土面积小,公路网基础好,高速公路也逐步成网,公路运输一直为内陆运输的主力。相比之下,前苏联和印度、巴西等发展中大国公路里程较少,道路质量差,公路铺面率低,汽车运输在整个交通运输体系中的地位和作用远低于美、日以及西欧诸国。

从20世纪50年代起,欧美等国家开始认识高速公路的巨大作用,并大力兴建高速公路。1960年世界各国有高速公路3万公里,1970年为7万公里,1980年为11万公里,目前已达20多万公里。

目前,许多国家的高速公路已不再是互不连接的分散的线路,而是向高速公路网的方向发展,欧州正将各国主要高速公路连接起来,逐步形成国际高速公路网。总之,当今世界公路基础设施的发展趋势是发达国家以完善、维护和提高现有路网和通行能力为主,发展中国家则是普及和提高相结合,在增加公路通车里程的同时,大力提高干线公路的技术水平。

(二)世界发达国家公路交通在综合运输体系中的地位作用

1. 美国公路运输在综合运输体系中的地位作用

美国是世界上经济最发达的国家,也是交通运输最发达的国家,经济和交通,双向互动,相互促进。美国在19世纪20~30年代主要发展和利用水运,改造内河,修建运河,沟通形成运河—密西西比河—五大湖连通的水运网,水运成为运输的主力。19世纪60年代以后,美国出现铁路建设高潮,到1890年铁路线长度达到26.8万公里,1916年达到最高顶点41万公里,铁路运输成为运输系统的主角。之后,随着经济的进一步发展,汽车工业和公路建设突飞猛进,公路运输的优越性日益显示出来,而铁路营业里程却逐年减少。到1996年,公路里程增加到650万公里,铁路营业里程减少到20多万公里,公路运输的地位不断提高。

旅客运输方面。美国各种运输方式完成的旅客周转量所占份额,从20世纪40年代以来发生巨大变化,见表6-1所示。铁路客运市场占有率迅速下降,从1944年占31.5%下降到1950年占6.4%,1970年又进一步下降到0.9%,此后30年间大致保持在0.6%~0.7%的微小比例。相反,公路和航空在客运市场的占有率大幅度提高,1944年公路客运占有率为67.1%,1950年即高达91.4%(6年平均年增长4个百分点),其中公共汽车为5.2%,私人小汽车为86.2%;1960年客运占有率又提高到92.6%,其中公共汽车为2.5%,私人小汽车上升到90.1%。此后,公路客运占有率略有变动。公路运输特别是私人小汽车在客运市场上已占具主导地位。

美国各种运输方式国内客、货周转量构成(单位:%) 表6-1

分类	1944年	1950年	1960年	1970年	1980年	1990年	1996年
旅客周转量构成	100.0	100.0	100.0	100.0	100.0	100.0	100.0
公路运输	67.1	91.4	92.6	88.8	85.2	89.6	90.3
铁路运输	31.5	6.4	2.8	0.9	0.7	0.7	0.6
航空运输	0.7	2.0	4.3	10.0	14.1	9.8	9.1
水路运输	0.7	0.2	0.3	0.3			
货物周转量构成	100.0	100.0	100.0	100.0	100.0	100.0	100.0
公路运输	5.4	16.3	21.7	21.3	22.3	23.0	24.4
铁路运输	68.6	56.2	44.1	39.8	37.5	32.4	35.8
水路运输	13.8	15.4	16.8	16.4	16.4	26.1	22.7
管道运输	12.2	12.1	17.4	22.3	23.6	18.3	16.8
航空运输				0.2	0.2	0.3	0.4

资料来源:综合运输研究所《我国综合运输体系建设与发展研究》,2000

货运方面。美国铁路经营者放弃了客运而集中力量经营货运。几十年来,铁路货物运输总量呈增长趋势,1950~1996年铁路货物周转量年均增长1.45%,但在综合运输中所占比重呈下降趋势,从1950年的56.2%下降到1996年的35.8%,但在货运市场上仍占主导地位。与此同时,公路运输的货运市场占有率却不断提高,保持着增长态势,1996年达到了24.4%。

总体上是:美国公路运输在综合运输体系中居于主导地位,是客运的主力,货运的骨干。在公路客运中,不是公共交通优先,而是私人小汽车唱主角,这是美国客运结构的特点。同时,公路运输也是货物运输的重要力量。美国铁路运输在20世纪40~50年代之前还处于综合运输体系骨干的地位,但以后地位有所下降,基本上退出客运市场,但仍保持货运主力的地位。美国内河和大湖水运是货物运输的重要力量,航空是客运的生力军。

2. *前苏联及俄罗斯运输结构及公路运输方式的作用*

前苏联国土辽阔,地跨欧亚大陆。早在沙俄时代就曾掀起修建铁路高潮,推动了国家工业化发展。“十月革命”后，前苏联继续加强铁路建设，到1944年铁路网长度已达10万多公里，解体前达到14万公里。苏联解体后，俄罗斯铁路网长度为8.75万公里。前苏联和俄罗斯公路运输发展相对较为缓慢，1996年俄罗斯公路里程96万多公里。内河水运和航空运输比较发达。由于油气资源大规模开采，管道运输发展快，规模大。

从表6-2中可以看出，前苏联及俄罗斯铁路和水运客运市场占有率逐年下降，但铁路下降的速度较缓慢；公路和航空客运市场占有率不断提高，其提高的速度表现为渐进式。目前，俄罗斯铁路和公路客运市场占有率大致处于同一水平，均在40%以上，航空客运占有率为12.4%。

前苏联及俄罗斯各种运输方式客、货周转量构成（单位：%）　　表6-2

分　类	1940年	1960年	1970年	1980年	1987年	1994年	1996年
旅客周转量构成	100.0	100.0	100.0	100.0	100.0	100.0	100.0
公路运输	3.1	23.9	36.1	43.4	43.4	37.9	42.7
铁路运输	92.4	69.1	48.7	38.7	37.1	51.1	44.9
航空运输	0.2	4.8	13.9	17.8	18.8	10.9	12.4
水路运输	4.3	2.2	1.3	1.0	0.7		
货物周转量构成	100.0	100.0	100.0	100.0	100.0	100.0	100.0
公路运输	1.8	5.2	5.6	6.4	5.9	1.9	
铁路运输	85.1	79.2	63.0	50.7	45.9	59.8	
水路运输	12.3	12.1	21.0	16.1	14.7	14.4	
管道运输	0.8	3.4	10.4	26.7	33.5	33.9	

资料来源：综合运输研究所《我国综合运输体系建设与发展研究》，2000

在货运方面，铁路所占份额由1960年的79.2%下降到苏联解体前的45.9%，但目前俄罗斯铁路货运市场占有率为59.8%，铁路处于货运市场的主导地位。水路货运市场份额虽略为下降，但仍处于较高水平；管道的货运比重则快速攀升，目前占据货运市场的三分之一。公路货物发展现对缓慢，市场份额较低。

总体上是：前苏联和俄罗斯的铁路运输是综合运输体系的骨干，所占客、货周转量比重虽有下降，但一直处于客货运输市场的主导地位。公路运输是综合运输体系的重要组成部分，正在成长为旅客运输的主力之一。水运是货物运输的重要力量，管道成为油气运输的主力。

3. 日本公路运输在综合运输体系中的地位作用

日本是个岛国，国土面积较小。第二次世界大战后，为了发展经济，曾把落后的交通运输与钢铁、煤炭并列为经济发展的“超重点”。在60年代前期，日本继续把交通作为“最重点课题之一”，日本前首相田中角荣还倡导把日本建成“一日交通国”，为此大量增加交通运输建设投资。在1964年一举建成东海道新干线（东京—大阪）高速铁路成功之后，又相继建成几条高速铁路。此后日本铁路几乎放弃了货物运输经营而转向专营客运，使铁路客运量和旅客周转量稳定增长，而货运则从1970年的1.99亿吨减少到1995年的0.52亿吨，铁路在货运市场的份额大为降低。与此同时，日本更重视公路建设，1964年日本建成第一条高速公路——名神高速公路之后，又继续建设多条高速公路，到1997年共建成5677公里，使公路客、货运输均有较大发展。另外，日本根据其狭长岛国的地势，积极发展远洋和沿海运输，加强港口建设。日本也十分重视机场建设，航空运输发展较快。

从表6-3可以看出，日本公路运输无论在客运还是在货运市场，其所占份额不断提高。1960年公路客、货运输市场占有率分别为22.8%和15.1%，而到1990年分别提高到65.6%和50.2%，此后基本保持在这一水平。日本铁路运输在客运市场占有率大体在30%左右，是客运的主力之一，但日本的铁路货运市场占有率却只有5%左右。航空运输在客运市场中的份额约为4.8%。

日本各种运输方式客、货周转量构成(单位:%)　　表6-3

分类	1960年	1970年	1980年	1990年	1995年	1996年
旅客周转量构成	100.0	100.0	100.0	100.0	100.0	100.0
公路运输	22.8	48.4	55.2	65.6	66.2	65.3
铁路运输	75.8	49.1	10.2	29.8	28.9	29.5
航空运输	0.4	1.6	3.8	4.0	4.7	4.8
水路运输	1.1	0.8	0.8	0.5	0.4	0.4
货物周转量构成	100.0	100.0	100.0	100.0	100.0	100.0
公路运输	15.1	38.5	40.7	50.2	52.5	52.6
铁路运输	40.3	18.2	8.6	5.0	4.8	4.7
水路运输	44.6	43.2	50.6	44.7	42.5	42.5
航空运输		0.1	0.1	0.1	0.2	0.2

资料来源：综合运输研究所《我国综合运输体系建设与发展研究》,2000

总体上是：在日本的综合运输体系中，公路运输已占主导地位，是客货运输的主力。铁路运输仍占有客运主力的地位，但货运所占比重很小。沿海运输也是货物运输主力。

4. 德国与英国运输公路运输在综合运输体系中的地位作用

德国和英国是欧洲经济发展水平较高的国家，也是交通发达的国家。德国公路里程69万公里，其中高速公路1.13万公里；铁路营业里程4.17万公里，其中高速铁路432公里；英国公路里程37.2万公里，其中高速公路3300公里；铁路营业里程1.7万公里。这两个国家运输结构发展变化比较接近(见表6-4)。

德国、英国各种运输方式客、货周转量构成(单位:%)　　表6-4

分类	德国				英国			
	1960年	1980年	1990年	1996年	1960年	1980年	1990年	1996年
旅客周转量构成	100.0	100.0	100.0	100.0	100.0	100.0	100.0	100.0
公路运输	83.3	91.4	88.2	86.5	84.1		93.5	94.5

续上表

分类	德国				英国			
	1960年	1980年	1990年	1996年	1960年	1980年	1990年	1996年
铁路运输	16.1	6.8	6.1	6.9	15.6		5.8	4.6
航空运输	0.6	1.8	5.7	6.6	0.3		0.7	0.9
货物周转量构成	100.0	100.0	100.0	100.0	100.0	100.0	100.0	100.0
公路运输	29.4	49.3	53.8	56.9	49.2	57.1	61.2	67.1
铁路运输	42.0	25.4	23.9	19.9	30.6	10.9	7.1	4.6
水路运输	26.6	20.2	17.4	17.5	19.8	25.8	25.0	20.5
管道运输	2.0	5.1	3.7	4.0	0.3	6.2	4.9	5.0
航空运输			1.3	1.7			1.8	2.8

资料来源:综合运输研究所《我国综合运输体系建设与发展研究》,2000

德国和英国运输结构发展变化的趋势是公路运输提升,铁路运输下降,水运保持较稳定的水平。德国和英国铁路在20世纪50年代初客货运输还比较发达,以后逐年下降,到20世纪90年代德国铁路仅占客运市场份额的6%~7%,货运市场份额的20%左右;英国铁路的客运市场和货运市场占有率均为5%左右。这两个国家水运利用较好,在货运市场占有率长期保持20%左右。

◆德国公路运输在客运市场占有率长期保持85%~90%左右;在货运市场占有率逐年提高,近来已占到56.9%。

◆英国公路运输在客运市场占有率高达94.5%,货运市场占有率逐步提高到67.1%。

总体上是:德、英两国综合运输体系中,公路运输已占主导地位,是客运和货运的主力。德国开通高速铁路,为客运注入活力,占客运市场一定份额,而铁路货运还保持较高水平。水路运输一直是货物运输的重要力量。

(三)小结

世界发达国家当前的交通运输结构是在交通运输技术进步、产业结构升级、人们生活水平提高和追求便利、个性化等诸方面因素影响下,经过相对较长的各种运输方式相互竞争的发展期逐步形成的,并且已基本趋于稳定,基本上代表了与当今世界文明发展相适应的交通运输发展方向。在旅客交通方面,公路交通在各国普遍占有很大比重,其中国土面积与我国相近的美国和加拿大的公路旅客周转量比重占到了90%左右,英国、法国以及德国也基本如此;在货物运输方面,运输结构因国土面积和资源开发利用以及产业和港口分布的情况差异较大而又很大的不同,美国、俄罗斯、加拿大等国土面积大的国家铁路货物运输周转量占有较大比重,但美国的公路货物周转量所占比重与铁路的差距不是很大;而日本、德国、英国则主要是依靠快速灵活的公路运输方式,公路完成的货物运输量占有绝对高的比重,完成的货物周转量也都超过50%,起着主导作用。

第二节　公路交通的技术经济特征

(一)公路交通投资少,通达性好,机动灵活,门到门运输服务

与其他运输方式相比,公路网络覆盖面广、通达度深、服务面广,是现代社会人们生活必须依靠的基础交通运输方式。其他运输方式受自然条件和线路条件的限制,只能在一定的通道和具体的点上提供服务,而公路受地形条件制约相对较小,投资少,建设快,为分散用户服务的经营成本相对较低,可以深入到大多数的居民点,为分布在全国各地的居民提供出行和货物运输服务。通达性、便捷性是交通运输发展的重要战略目标,是评价的重要指标,其直接关系到地区经济发展和社会"公平尺度"问题。在美国运输部 2000~2005 年战略规划中,就把畅通战略目标列为排在安全目标后的第二大战略目标,其认为,畅通性一般决定着国家范围内的地区经济地理,畅通的战略目标在于机动性和通达性目标,要为所有的人、货物和地区营造畅通、可靠的运输体系。

目前,我国拥有 176.5 万公里的公路和 117 万公里未列入统计的农村道路,其路网不仅连接着全国的每个城市和城市内部无数站场和居民点,而且覆盖了全国 4.6 万多个乡镇和近 70 万个行政村以及沿线众多的居民点,是通达性最好的一种运输方式,为人们日常生活、出行和货物运输提供着最基本的交通运输服务。公路的交通运输工具——汽车具有机动灵活的特点,可以利用遍布全国的公路网络,及时将旅客和货物直接送到公路网覆盖范围内的任何地点,实现其他运输方式无法实现的门到门运输,而且,随着人们收入水平的提高和汽车相对价格的下降,购买汽车的家庭将越来越多,公路交通通达性和便利性的优势将越来越突出。尽管目前我国的公路数量和质量还难以满足需要,但其发展促进了经济增长、给所在地区的居民提供了便捷也开阔了视野,随着家庭汽车化时代的逐步到来,其还将给人们的生活方式带来了更大的变革。

相对而言,铁路的通达性、便捷性与公路相比要差很多,服务的面也要小得多,目前我国拥有铁路 7 万多公里,大小铁路车站约 5700 多个(国铁),其中特等站 48 个,一等站 202,二等站 309 个,三等站 791 个,无论是旅客出行还是货物运输都必须集中到车站,而无法直接从原点到达目的地,需要靠公路或水运进行集疏运。在面上线路建设与运营方面,不仅铁路投资高于公路,因运量小,经营成本也比公路高很多,铁路支线建设一般每公里建造成本约需 1000 万元左右,而一条三级标准的公路每公里建造成本大约在 300 万元左右,二级标准的公路每公里建造成本大约在 500 万元左右;此外,即使建造了铁路,也还需要相应的公路短途和区域内部的交通运输任务;在运营上,如果缺少足够的运量支持,单位运输量分担的铁路运营成本比目前全路平均要高很多,甚至是好几倍,而且,发车频率低,难以满足时间等方面的要求。因此,比较时,不应笼统地进行比较,应将铁路支线和干线分开进行分别比较。

（二）公路交通送达速度快、货损货差率低，最适合于高附加值的货物运输

公路交通可以采取直达的组织形式完成货物的“全程运输”，由于不需要编组、倒装以及减少了中转环节，使得运送大为加快、货损货差率降低。特别是随着我国高速公路里程的不断增多、公路网络等级质量的不断改善，汽车行驶速度也在不断提高，干线公路的客车行驶速度可达90～100公里/小时，货车行驶速度可达60～80公里/小时，运距在1000公里左右的货物和旅客运输可当天到达。公路交通最适合于时效性要求强、价值和附加值高货物运输。随着我国逐步进入后工业化和信息化发展阶段，适合于公路运输的各类货物将越来越多，并且伴随着现代物流的发展，公路在运输领域中的作用越来越重要。

（三）公路交通经济载重起点低，适合于各种批量的货物运输

公路车辆种类较多，既有普通的运输车辆，也由集装箱、危险品、冷藏等专用车辆；既有小型运输车辆，也有重型运输车辆；不同批量的货物可以选择相应的车辆。对于小批量的货物运输公路交通最具优势，可以利用汽车运输单元荷载起点低的优点做到即时发送。同时，随着高速公路的发展，公路的运输能力也在大幅提高，干线公路的货运密度可高达2.3千万吨/公里以上；特别是随着我国公路大型厢式拖车、大型重在车辆的不断增加，公路交通承担大批量货物运输的能力在进一步增强。

（四）公路交通具有可靠性、准时性和高密度发车的特点，等待时间最少

良好的交通运输是人们工作和出行的必要条件，并且许多工作是以广泛的出行为基础的。出行时交通的不可靠性，不仅增加了出行时间，而且也增加了商业成本，例如，铁路运输的紧张，必将使人们对采用这种运输方式的可靠性产生疑虑，使得人们必须事先为购得火车票而花费较多的时间和周折，甚至因为购买不到相应的车票或担心难以购得回程票而放弃出行。公路交通基本不存在这类问题，可以及时根据市场需求投放和调整运力安排以满足需要，能力供给的可靠性强，人们出行用不着为购票而花费许多时间；而且，汽车单元载客人数较少，汽车班车可以做到高密度滚动发车，可以做到随时到随时上车，等待时间比铁路等其他运输方式少许多。随着公路路网状况的不断改善和车辆技术性能的提高，以及GPS、GIS等技术的逐渐推广应用和智能化水平的提高，汽车在路上行驶过程中的可靠性、准时性以及舒适性也大幅提高，人们可以较好地把握出行的途中和制订较准确的出行计划。作为私人交通，则更可根据自己的意愿安排最合适的时间随时出行和直接到达最终目的地，可以节约更多的等待时间和中转时间。

（五）公路交通可以是个体自主参与的交通，适合于人们对出行方便性和自主驾驶的追求

相对于其他运输方式，公路交通工具购买费用较低、驾驶技术容易掌握、容许参与者众，相当多的社会个体可以将其作为个体交通工具使用，从而使出行更加方便、更加自由化，适合于人们对提高生活质量、出行私密性和自主驾驭的追求。随着社会经济的发展和人们生

活水平的提高，对这种追求的愿望和实现的比例将越来越高。

（六）公路短途运输经济优势明显，中长途运输竞争能力不断增强

与水运和铁路相比，公路交通在运输量较大的长途运输上运行成本相对较高，在短途运输和批量较小中长途运输中具有较明显的综合成本优势和时间优势。铁路和水运（主要指沿海运输）每次运输需要的起点运量大，否则将造成运力的浪费和成本大幅升高，而且两端一般都需要进行倒装由公路进行集疏运，中途时间较长，装卸次数和装卸费用较多；铁路和水运的成本特点是：单列/单船起运费用较高，运行费用低，较高的起运费用可以通过较长运距的周转量进行分摊。公路由于运输工具的特点和网络的遍布，不仅起运的经济运量要求低，而且可以直接门到门运输，综合起运费用较低，但是，运行费用相对较高，单位成本随运距的延长而下降的速率相对较小。与同一区间的铁路相比，公路交通的成本优势随着运距的增长逐渐递减并由正值变成负值，其临界点的距离与公路状况密切相关。随着高速公路网的逐步形成和整体路网质量状况的改善以及先进车辆的采用，公路的经济运距（临界点的距离）在不断增长，长途运输的竞争能力大幅提高，已逐渐成为中长途运输和干线运输的重要运输方式，承担中长距离的客货运输量比重正在并还将继续在上升。如果与独立核算的新建铁路相比，区间年货物运输量越小（例如：在200万~300万吨以下），公路的成本竞争优势越大，经济运距越长。同样，在缺少铁路的地区和铁路需要较长距离绕行的区间，公路交通在中长途干线运输中的作用也愈加突出。

（七）公路交通占用土地资源多，能源消耗量大、污染排放多

土地占用。公路是现代文明的物质基础之一，是现代社会生活方式所离不开的基本交通方式，公路线路需要遍布全国并需要深入到每个居民点和村庄为全国国民提供普遍的、基本的现代交通服务。与其他运输方式相比，担负提供普遍交通服务的公路，结点多，里程总量需求大，往往是铁路里程和内河航道里程的数十倍，总占用的土地规模比较庞大。公路网络越发达、密度越高的地区，其所占用土地资源比例越高。如果单纯从承担的运输量角度，而不考虑功能作用不同、地域条件、运输需求规模等因素，单位运输量的公路占地用量要大于水运、管道、航空、铁路运输方式；尤其是随着人们生活质量的提高，私人小汽车的拥有量越来越大，平均每车的乘坐人数减少，不仅单位运输量的土地占用上升，而且静态停车的土地占用大幅增加。当然，这些与人们的现代生活方式、生活质量密切相关，不能仅用土地占用一个指标来衡量，需要综合各种因素和以相应的价值观，根据交通运输的发展规律来综合评价。

能源消耗。按目前公路、铁路、水运的经营范围统计，公路的单位能源消耗最高，当然，其潜在的前提是各种方式每次的运量能够使其载运能力利用率达到一定的水平，这一结论是正确的。总体上，由公路机动灵活的交通特性（轮胎与地面摩擦的行驶阻力系数大、单元荷载相对较小、单车驱动或牵引以及分散服务等）决定的公路单位运输量能耗要高于铁路和水运，而且，公路交通的污染排放也大于铁路和水运，汽车已成为全球大气的主要污染源之一。此外，以汽油和柴油为主要燃料的汽车还面临着全世界有限的石油资源等问题。当然，

能源消耗的高低并不能说明运输方式的优劣,因为它们满足着人们不同的需要,而且,有效用的能源的消耗量往往与社会的发达程度和人们的生活质量成正比。因此,公路交通虽然是更符合现代社会人们生活方式的交通方式,但面临着能源与环境方面的较大压力和可持续发展问题,需要在技术上和替代能源上取得更大的突破和支持。

第三节 公路发展的占地问题

公路在促进社会发展和给人们带来极大方便的同时,同时也带来了占用土地资源、环境污染、能源消耗等重大问题,由此也产生了大量发展公路、尤其是高速公路是否适合于我国国情,以及我国应该建立哪一种综合运输体系等的争论。这些争论和不同的观点在一定程度上影响着我国交通运输的发展决策。

(一)交通运输的发展观

交通运输是现代社会经济赖以运行和发展的基础,交通运输的发达程度直接构成对经济发展的支持力度、人们生活质量的体现以及产品国际竞争力的高低等。经济发展的根本目的是提高人们的生活质量,交通运输也是如此。

交通运输的发展观应是:在可承担得起的资源和成本消耗的情况下,建立能够较有效地满足人们出行和货物运输需要、创造更好生活和工作环境的交通运输系统,而不是占用自然资源最低的交通运输系统。这也是世界文明发展的规律,社会越发达、生活水平越高,所占用和消耗的资源就越多,美国人均能源消耗高出我国好几倍就是一个例子。步行以及骑自行车是最节省资源的方式,这也是经济和交通非常落后的地区常用的一种方式,但是,现代社会谁也不希望依靠这种方式,而是希望能最大方便地使用汽车、火车、飞机等现代运输工具。人们追求的是方便性和机动性,更高层次一些的还要考虑舒适性、个性化、自主掌控、以及出行隐私的保护等。

满足社会经济发展和人们生活水平提高需要的交通运输系统不是资源最低的系统,而是更符合现代生产、生活方式的交通运输系统。在安全性的前提下,无论是现在还是将来,方便性、机动性以及舒适性、个性化等是人们交通出行追求的目标。

(二)公路是现代社会经济发展必需的基础设施,需要有相应的土地支持

公路是现代文明的物质基础之一,是现代社会生活方式所离不开的基本交通方式,公路网络是现代交通运输的基础网络,公路线路需要遍布全国并需要深入到每个居民点和村庄为全国国民提供普遍的、基本的现代交通服务。与其他运输方式相比,担负提供普遍交通服务的公路,结点多,里程总量需求大,往往是铁路里程和内河航道里程的数十倍,总占用的土

地也较多。公路越发达、密度越高的地区,其所占用土地资源比例也就越高。土地资源是一种稀缺的、不可替代的自然资源,是农业的基本生产资料,我国人口多,人均耕地少,农业生产与建设用地矛盾非常突出,如何更加合理地使用有限的土地资源和提高土地资源利用效率,是可持续发展的重要内容之一。但是,可持续发展并不是不能利用和开发资源,而是强调合理和有效利用资源,可持续发展的概念是指“既满足当代人的需要,又不损害后代人满足需要的能力的发展”,其包含经济可持续性、社会可持续性和环境可持续性。交通运输的经济可持续性是交通运输可持续发展的核心,是指交通运输必须以一定的组合方式、较高的效率满足社会经济发展和人们生活质量提高的需要,交通运输的规模与活动水平必须与经济发展的规模和资源合理开发与配置的需求相适应,因此,交通运输必须具备一定的发展规模。

公路是现代社会必需的基础设施,是各种社会经济活动联络的纽带,是出行方便性和机动性的最佳交通方式,从社会资源的分配角度,理应占据一定比例的土地等相关资源。就如与我们的居住一样,扩大住房面积、改善居住环境,需要占用更多的土地等各种自然资源,但为了生活质量的提高,我们并没有停止房地产的开发和增加住房面积。在运输方式的选择上,不能简单地以占用土地的多少来衡量,关键要看是否更符合未来的发展趋势,是否对经济发展更有利,是否更有利于整体路网布局的完善和效率效益的提高,是否更有利于方便人员的交流和技术的扩散推广应用,进而促进生产力水平的进一步提高。当然,在资源的使用中,要非常重视节约和提高资源使用的有效性,要考虑全体人民生存的需要和后代人的需要,对路网要进行合理布局和选择适当的建设标准,但不能片面理解可持续发展的内涵而制约公路的发展,提高人类的生存能力和生存质量,发展本身也是社会可持续的重要内容。

(三)公路与铁路占用土地比较

在运输方式比较中,人们主要是拿公路与铁路相比,认为公路占用的土地比铁路多很多。实际上,公路与铁路的功能与作用有着很大的不同,对应着不同的运输需求,尽管两者之间具有一定的替代性,但它们对于地区经济和区域经济发展的不同影响是不可替代的,它们之间对经济的影响关系是互补、相互增强的关系。因此,不能简单以占地多少来进行优劣评价和选择,而应将土地作为资源的约束因素之一,从满足社会经济发展需要的角度、综合运输网络完善的角度、以及世界交通发展的新趋势等多方面来进行交通运输项目的评判和选择。而且,高速公路与铁路相比,每公里需要占用更多一些的土地虽然是事实,但并不是人们想象的差距那样大。①铁路是以线、车站进行运输的,除了线路以外,还需要建造车站、机务段等,线路也不仅仅是路轨,还有路肩、边坡、护路、排水沟、护坡等,因此,不能简单地理解为比铁轨稍宽一点宽度与公路宽度相比;②公路除了货运和公共型旅客运输服务以外,还担负着满足越来越多的与现代生活方式相适应的私人交通的需求,而且这部分需求的比例随着社会经济的发展将来越来越大,这也是在发展趋势上与铁路最大的不同;③以单位运输能力计算的土地占用具有很大的不可比性,其隐含的前提是完成同一种运输,而且是以足量的长运距为标准;实际上,在一个通道内,既有长途运输,更有大量的短途运输,在已有平行的公路和铁路实际完成的运输量中,用各自完成的运量计算的单位运量能力占用土地面积,与用各自完成的周转量计算的单位(周转量)能力占用土地面积,结果是完全相反的;④公路货运能力计算是基于当前我国车辆结构不尽合理、干线车辆平均吨位明显偏低的情况下进行计算的,随着公路运输中相关政策的改进,干线公路上重型车辆和大型拖挂车辆将会越来越多,车辆平均吨位将会较大幅度提高,经济运距延长,公路的运输能力也将随之提高;⑤此外,在现代社会生产活动与生活方式中,即使是建造了铁路,沿线也还需要再建公路为沿线城乡和居民点提供短途运输和区间运输服务,铁路本身建造以及运营维护也需要有沿线公路的支持,区别主要是在公路等级标准上的选择有可能不同而已。为了便于说明两者之间比较真实的实际差别,表6-5 表6-6 和表6-7 根据国家相关部委颁布的用于审核建设项目用地的《公路建设项目用地指标》和《新建铁路工程项目建设用地指标》,对公路项目建设用地和铁路建设项目用地以及它们之间的差距进行了对比计算。

公路建设项目用土地面积计算[单位:公顷/公里,米^2/万吨(人)公里]　　表6-5

线路类别	交通量(辆/日)*	货车(%)	平均吨位(吨/车)	货运能力(吨公里/公里)	客运能力(人公里/公里)	总体用地(公顷/公里)	单位能力占用土地	
							货运能力	客货综合
二级公路	7500	60	6~8	590~780	1560	3.0415	51.44~38.58	14.10~12.92
一级公路	15000	60	8~10	1580~1970	3100	6.3843	40.49~32.39	13.56~12.51
四车道高速	27500	55	8~10	2650~3300	6450	7.4004	27.93~22.34	8.12~7.57
六车道高速	40000	55	8~10	3850~4800	9400	8.2122	21.31~17.04	6.20~5.78

*注:交通量为中型载重汽车,货车实载率取60%,客车实载率取65%;

为了可比性,客运能力按公共型车辆计算=客车交通量×22客座/车×实载率65%;

用地指标取自《公路建设项目用地指标》,交通部、建设部、国土资源部1999

铁路建设项目用地面积计算[单位:公顷/公里,米^2/万吨(人)公里]　　表6-6

序号	线路类别	年货运能力(吨公里/公里)		年客运能力(人公里/公里)	总体用地(公顷/公里)	单位能力占用土地	
		重车方向	双方向			货运能力	客货综合
1	Ⅰ级国家铁路双线,内燃	3500~5000	5250~7500	2000~2500	5.9796	11.39~7.97	8.25~5.98
2	Ⅰ级国家铁路,双线,电气化	4500~6000	6750~9000	2200~3000	6.0426	8.95~6.71	6.75~5.04
3	Ⅰ级国家铁路单线,内燃	800~1500	1200~2250	600~800	4.9192	40.99~21.86	27.33~16.13
4	Ⅰ级国家铁路单线,电气化	1200~1800	1800~2700	700~900	4.9770	27.65~18.43	19.91~13.83
5	Ⅱ级国家铁路单线,内燃	600~1000	900~1500	250~350	4.8186	53.54~32.12	41.90~26.05
6	Ⅲ级国家铁路单线,内燃	400~500	600~750	120~180	4.4243	73.74~58.99	61.45~47.57

*注:双向能力按重车方向的1.5倍计算,客运为双方向能力;

用地指标取自《新建铁路工程项目建设用地指标》,铁道部、建设部、国家土地局1996

铁路线路与公路用地面积比较　　表6-7

序号	年货运量（万吨/年）	比较对象		单位能力用地比较		
		铁路	公路	总体用地	单位货运能力	客货综合能力
1	1000以下	Ⅲ级铁路,单线,内燃	二级公路	1:0.69	1:0.65~0.70	1:0.23~0.27
2		Ⅱ级铁路,单线,内燃	二级公路	1:0.63	1:0.96~1.20	1:0.34~0.50
3	1000~2000	Ⅰ级铁路,单线,内燃	一级公路	1:1.30	1:0.99~1.48	1:0.50~0.78
4		Ⅰ级铁路,单线,电气化	四车道高速	1:1.28	1:1.46~1.76	1:0.68~0.90
5	2000~3500	Ⅰ级铁路,双线,内燃	四车道高速	1:1.24	1:2.45~2.80	1:0.99~1.27
6		Ⅰ级铁路,双线,内燃	六车道高速	1:1.37	1:1.87~2.14	1:0.75~0.97
7	4000~6000	Ⅰ级铁路,双线,电气化	六车道高速	1:1.36	1:2.38~2.54	1:0.92~1.15

从以上比较可以看出,按公里计算的高速公路用地大体为铁路Ⅰ级干线的1.24~1.37倍,而二级公路仅为Ⅱ级国家铁路和Ⅲ级国家铁路的0.63~0.69倍,少于铁路用地;按单位货运能力计算的高速公路用地大体为铁路Ⅰ级干线的1.46~2.54倍,而二级公路仅为Ⅲ级国家铁路和Ⅱ级国家铁路的0.65~1.20倍;为了同口径比较,将公路的客车交通量假定为公共型客车运营,按此计算的单位客货综合能力用地,公路比铁路少,特别是比铁路单线少很多。因此,实际情况并不是有些人所说的公路用地是铁路的五六倍。当然,在计算中,铁路包括了车站(但未包括编组站),公路没有包括站场,在比较中存在着一定的口径误差;但是,即使都按正线用地对比,铁路与公路的用地比为1:0.85~1.50(表6-8),也就是说,六车道以内的公路与铁路的用地之比不会超过1.50倍。

公路与铁路正线工程用地比较(单位:公顷/公里)　　表6-8

序号	铁路类别	用地指标*	公路类别	用地指标**	铁路/公路
1	Ⅲ级国家铁路,单线	3.2833	二级公路	3.0340	1:0.92
2	Ⅱ级国家铁路,单线	3.5833	二级公路	3.0340	1:0.85
3	Ⅰ级国家铁路,单线	3.6333	一级公路	5.1900	1:1.43
4			四车道高速公路	5.4400	1:1.50
5	Ⅰ级国家铁路,双线	4.5901	四车道高速公路	5.4400	1:1.19
6			六车道高速公路	6.1400	1:1.34

注:*为Ⅱ级地形指标,**为平原中值指标

(四)高速公路与一般公路相比具有显著的集约效益

在土地占用方面,一条四车道的高速公路日均通行能力为55000辆/日(标准小客车),每公里综合用地指标是7.4004公顷,而一条二级公路的通行能力为7500辆/日(中型载重汽车),每公里综合用地指标是3.0415公顷,按单位运输能力占用的土地之比是1:1.7~1:1.8,具有明显的集约效用。在行驶成本和时间节约方面,效果也非常明显,日本高速公路的运输成本比一般公路低17%,平均车行公里可节约12日元;德国高速公路每147公里行程时间

为1小时14分，比一般国道节约时间47%。在交通事故率方面，高速公路比普通公路降低的幅度，美国为56%，英国为62%，日本为89%，德国为90%；死亡人数，日本高速公路为普通公路的1/40，美国为不到总数的1/10。2001年，美国州际公路里程约占整个公路网总里程的1.2%，却承担了全国1/4的交通量，单位里程承担的交通量是公路网中其他公路的27倍，交通事故死亡人数为5476人，约占全美交通死亡人数4.173万人的13%，州际公路对于美国的经济发展和现代社会生活方式的保障等具有极其重要的作用，是其他一般公路无法比较的，美国土木工程协会将其称为"美国7大奇迹之一"。

（五）公路是一种战略投资，干线公路应适当超前建设

公路还是一种战略投资，其占用的资源不仅可以为当代人服务，提高当代人的生存能力和生活质量，而且还可继续为后代人利用和服务。公路具有一次建成、长久使用，一次性投资建成比分期改扩建、重建投资省的特点；高速公路与一般公路相比，在资源的集约效益、交通运输效率、促进地区社会经济发展等多方面都具有更加显著的效益和作用；因此，对于路网中起骨干作用的线路，应当选择适当高一些、超前一些的标准进行建设，加快高速公路网络的形成，以适应水工业化、城镇化快速发展对交通运输的要求。

第四节　公路在我国综合运输体系中的地位和作用

（一）公路交通是综合运输体系中的重要基本方式，是现代社会的基本要素和生产要素

美国运输部2000~2005年战略规划的引言中有这样一句话："谈起运输，不要只想到形成道路的水泥、沥青和钢铁，更重要的是，它使人们工作、上学、相爱成为可能，使大自然丰富慷慨的各种恩赐物到达我们手中。对于运输部来说，首要任务是保证运输安全，同时，要努力改善运输条件、刺激经济的发展、提高人与自然环境的和谐水平，并保证国家安全"。将安全、畅通、经济增长、可持续发展作为交通运输发展的重要战略目标，在经济增长战略目标中指出：支持经济增长是国家运输系统最基本的目的之一，运输业的合作、创新、经营和财政健康，是整个经济增长战略的重要主题，它们对美国在全球经济竞争中的重要性与日俱增，运输能够提高国家的经济地位，要保证运输服务价格指数的增长低于全国生产价格指数（PPI）增长率。

随着交通运输从蒸汽轮船到钢轨火车，再到公路和民用航空的演进，世界经济和现代文明获得了极大发展，汽车交通已成为现代经济发展和人们生活所必须依赖的交通方式，是社会经济的重要组成部分，不少发达国家甚至可称之为汽车文明社会。公路交通的发展大大加快了社会发展的进程，极大地提高了旅客出行和货物运输的便利性和通达性，完全改变了

人们出门步行、肩挑背扛、畜驮的旧的落后的生产、生活方式，给社会经济活动和生活方式带来了巨大变革，使社会生产效率获得了巨大提高，公路交通已成为现代社会和现代文明的重要组成部分，是现代社会发展和产品生产不可缺少的基本要素。公路交通的发达程度与一个国家或地区的经济发展水平、人们生活水平、生产力水平密切相关，经济发达的国家或地区公路交通必定发达，即使是水运和铁路发达的地区也是如此；公路交通落后的地区一般地经济发展也相对落后，其主要的原因就是交通不便，不能有效解决通达性和畅通性问题，运输成本（广义成本）和运输效率制约了地区经济发展。"要想富，先修路"深刻地揭示了公路与地区社会经济发展之间的内在关系。

公路交通是现代社会实现客货位移最基础的机械化交通运输方式，人们的出行、资源的开发、商品交易的实现无不需要公路交通的支持，即使是港口或是铁路也需要公路的衔接才能完成货物和人员的全程运输，将货物送到最终目的地。而且，公路交通的发达程度、运输成本的高低直接影响着地区产品的交易成本，进而影响着地区产品的市场范围、市场竞争力、产品生产的驱动力以及生产规模的大小。此外，城市发展的空间战略布局规划和城市现代化、为落后地区提供更为公平的社会服务、提高国防安全保障能力等无不需要公路交通作为基础支持。

交通运输既是社会经济发展的基本条件，也是国民经济的重要组成部分，在美国，1998年运输年产值约9500亿美元，占GDP的11%左右；澳大利亚，1998—1999年全部运输活动（包括仓储、管理和智能运输系统）年收入占GDP的5.3%；我国的交通运输收入约占GDP的8%左右。公路是综合运输体系中的基础运输方式和重要的骨干运输方式之一，也是承担着绝大多数的旅客运输任务和货物运输的主力运输方式之一。

因此，可以说公路交通是现代社会发展的基础，是商品生产不可缺少的生产要素之一，是国民经济的重要组成部分，即使是其他运输非常发达的地区，也离不开公路交通作为基础支持。公路交通是现代文明的标志之一，一个现代的国家或地区可以没有港口和铁路，但绝不可以没有公路。公路交通是现代社会各种社会经济活动联络的重要纽带，公路的发展大大加快了社会发展的进程，极大地提高了旅客出行和货物运输的便利性和通达性，促进了生产力水平和人们生活质量的提高，给社会经济活动和生活方式带来了巨大变革。汽车交通已成为现代经济发展和人们生活所必须依赖的交通方式，不少发达国家甚至可称之为汽车文明社会。

我国人口众多，既有众多的大城市，又有广阔的农村，人口面上分布广，区域范围内的、地区性的经济活动和人员流动量和比重非常大，对公路网的需求密度要大于国外人口密度低的国家。随着人们生活水平的提高，汽车保有量的大幅增加，在各种运输方式中对公路的需求也越来越大。

我国经过50多年的建设与发展，尤其是20世纪80年代以来的快速发展，公路网络和运输能力不断发展壮大，已达到了相当规模，对改善各地的交通条件和缓解运输紧张局面起到重要作用，在综合运输体系中的地位和作用不断提高，对促进社会经济发展、加快城镇化进程的作用不断加强，全社会已形成了对公路交通的强大需求和依赖。

(二)公路总体规模、承担的运输量在综合运输体系中占很大比重

1. 随着公路网络规模、覆盖面的大幅提高,作用增强

改革开放后,随着计划经济的松动和市场经济大门的开启,农业、工业、商业迅速蓬勃发展,经济规模高速扩大,能源、原材料、产品运输需求以及人员出行大幅度增加,使得原本落后、能力不足的交通运输成了国民经济发展的“瓶颈”制约。为此,国家一方面继续加大对长途运输主力——铁路的投资,挖掘铁路潜力,增加铁路能力供给;另一方面批准和颁布了一些支持公路交通发展的政策,如“贷款修路,收费还贷”政策,车购费政策等。公路交通部门在以“有路大家行车,有河大家行船”的指导思想放开公路运输市场、增加运输能力供给的同时,积极利用国家政策充分调动各级政府修建公路的积极性,大力加强公路基础设施的建设,使得公路基础设施数量大幅增加、质量明显改善,能力供给显著增加。

至 2007 年底,全国公路总里程已达 358.37 万公里,其中高速公路 53913 公里、一级公路 500093 公里、二级公路 276413 公里、三级公路 363922 公里、四级公路 1791042 公里,等外路 10483326 公里(表 6-9);拥有高级、次高级路面的公路里程达到了 177.65 万公里,占公路总里程 49.6%;公路平均密度达到了 37.33 公里/百平方公里,其中有 8 个省、直辖市的公路密度超过了 100 公里/百平方公里;乡(镇)公路通达率 98.96%,建制村公路通达率 88.24%。各地的社会经济活动、人们的出行方式和出行行为与公路的关系已达到了非常密切的依赖程度。1990 ~ 2007 年,公路总里程增加 255.57 万公里,其中高速公路从零星的三四条线发展到了全国骨架网络基本建成,二级以上公路里程增加了 33.4 万公里,为 1990 年的 7.18 倍,公路总通行能力大体增加了 5 ~ 7 倍,公路在综合运输网络中的作用明显增强。按里程计算,公路网络长度占到了综合运输网络长度(国内部分,包括公路、铁路、内河航道、航空)总里程的 90.12%。

1990 ~ 2007 年公路通车里程增长 表 6-9

类　别	1990 年		2007 年		2007 年比 1990 年里程增加
	里程(公里)	比重	里程(公里)	比重	
高速公路	522	0.05%	53913	1.50%	53391
一级公路	2617	0.25%	50093	1.40%	47476
二级公路	43376	4.22%	276413	7.71%	233037
三级公路	169756	16.51%	363922	10.15%	194166
四级公路	524833	51.05%	1791042	49.98%	1266209
等外公路	287244	27.94%	1048332	29.25%	761088
合计	102.8 万	100%	358.37 万	100%	255.57

资料来源:《全国交通统计汇编》

2. 承担的运输量比重上升,对缓解交通运输紧张的贡献度大

公路不仅承担了绝大部分短途客货运输,而且承担和分流了相当比例的中长途客货运输以及港口集疏运,改变了以往基本以铁路为主导、航空为补充的干线中长运输的局面,有效地缓解了铁路的压力和整个交通对国民经济的“瓶颈”制约。

2007 年,全国公路交通完成的全社会旅客运输量达到了 205.7 亿人次和 11506.8 亿人公里,完成的全社会货物运输量达到了 163.9 亿吨和 11354.7 亿吨公里,分别占综合运输总量(不含远洋)的 92.05%和 53.29%、73.95%和 21.53%(见图 6-1)。1990 ~ 2007 年,公路完成的客货运量分别增加了 2.16 倍和 1.16 倍,占全社会总客货运量的比重分别提高了 8.15 个百分点和 1.15 个百分点(表 6-10),完成的客货周转量分别增加了 3.39 倍和 2.38 倍,占全社会总周转量的比重分别提高了 6.69 个百分点和 2.93 个百分点(不含远洋)。公路交通不仅在旅客运输中的作用增强,而且在货物运输中的作用也在不断提高,并且还有继续增强的发展趋势。

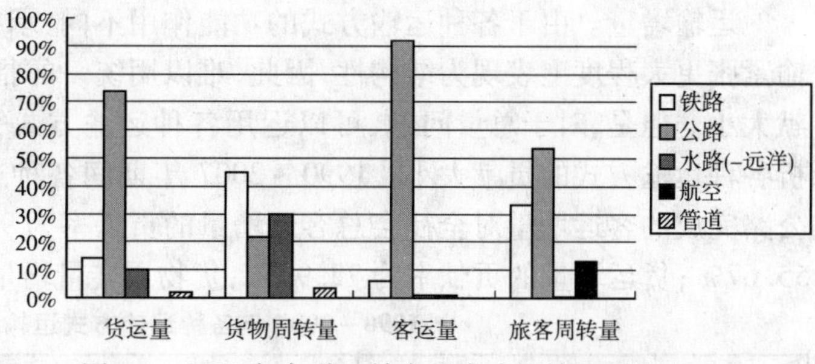

图 6-1 2007 年各种运输方式完成运输量所占比重

各种运输方式运输量占国内全社会总运输量比重变化 表 6-10

名称 \ 年份		1980	1990	1995	2000	2007
客运量	合计	100.0%	100.0%	100.0%	100.0%	100.00%
	铁路	27.0%	12.4%	8.7%	7.1%	6.09%
	公路	65.2%	83.9%	88.8%	91.2%	92.05%
	水运	7.7%	3.5%	2.0%	1.3%	1.03%
	民航	0.1%	0.2%	0.4%	0.5%	0.83%
旅客周转量	合计	100.0%	100.0%	100.0%	100.0%	100.00%
	铁路	60.5%	46.4%	38.8%	37.0%	33.42%
	公路	32.0%	46.6%	51.7%	54.3%	53.29%
	水运	5.7%	2.9%	2.0%	0.8%	0.36%
	民航	1.8%	4.1%	7.5%	7.9%	12.93%
货运量(不含远洋)	合计	100.0%	100.0%	100.0%	100.0%	100.00%
	铁路	17.7%	15.9%	13.6%	13.3%	14.17%
	公路	72.8%	75.1%	77.1%	77.8%	73.95%
	水运	7.7%	7.4%	8.0%	7.4%	10.03%
	民航				0.0%	0.02%
	管道	1.9%	1.6%	1.2%	1.4%	1.83%
货物周转量(不含远洋)	合计	100.0%	100.0%	100.0%	100.0%	100.00%
	铁路	60.9%	58.8%	53.7%	50.8%	45.13%
	公路	14.2%	18.6%	20.5%	22.4%	21.53%
	水运	20.2%	19.1%	23.4%	24.3%	29.58%
	民航				0.2%	0.22%
	管道	4.7%	3.5%	2.4%	2.3%	3.54%

资料来源:根据中国统计年鉴的数据计算

运输增量。由于各种运输方式的功能作用不同、承担的主要运输任务不同,而且交通运输紧张更大程度上表现为结构性,因此,难以用统一的指标来准确衡量它们对整个交通的贡献大小。但是,对于总量问题,可以运用各种运输方式完成的客货运输增加量的对比,来分析各种运输方式的贡献大小。1990~2007 年期间各种运输方式对运输增量分担的贡献率,公路完成的客运增量对全社会总客运增量的贡献率为 96.39%,旅客周转量增量的贡献率为 55.67%;货运增量的贡献率为 72.90%,货物周转量增量的贡献率为 23.07%(表 6-11)。

1990~2007 年各种运输方式运输增量贡献率 表 6-11

名称 \ 年份		1990	2007	增量	增量贡献率
客运量(万人)	合计	772682	2227761	1455079	100%
	铁路	95712	135670	39958	2.75%
	公路	648085	2050680	1402595	96.39%
	水运	27225	22835	-4390	-0.30%
	民航	1660	18576	16916	1.16%
旅客周转量(亿人公里)	合计	5628.3	21592.2	15963.9	100%
	铁路	2612.6	7216.3	4603.7	28.84%
	公路	2620.3	11506.8	8886.5	55.67%
	水运	164.9	77.8	-87.1	-0.55%
	民航	230.5	2791.7	2561.2	16.04%
货运量(不含远洋)(万吨)	合计	961194	2216919	1255725	100%
	铁路	150681	314237	163556	13.02%
	公路	724040	1639432	915392	72.90%
	水运	70686	222296	151610	12.07%
	民航	37	401.8	364.8	0.03%
	管道	15750	40552	24802	1.98%
货物周转量(不含远洋)(亿吨公里)	合计	18066	52733	34667	100%
	铁路	10622.4	23797	13174.6	38.00%
	公路	3358.1	11354.7	7996.6	23.07%
	水运	3450.9	15598.8	12147.9	35.04%
	民航	8.2	116.39	108.19	0.31%
	管道	627	1866	1239	3.57%

资料来源:根据《中国统计年鉴》数据计算。注:水运数据不包含远洋

(三)高速公路网络的逐步形成,提升了公路在干线运输中的作用

我国公路网络在国家高速公路规划出台前,行政等级是按国道(含国道主干线)、省道、县道、乡道、村道的层次结构划分,国省道公路网的骨干。

二十世纪八九十年代,我国各种运输方式基础设施都非常薄弱,规模小、层次低、覆盖面不足、运输能力紧张,当时,一方面交通运输整体投资不足,另一方面对公路在综合运输体系中的地位作用认识不到位,"以铁路为骨干,公路为基础"是当时的主导思想,对我国是否要发展高速公路争议很大,尽管"车购费"、"贷款修路、收费还贷"等政策,扩大了公路建设资金来源,但总量规模仍然比较小,各省市交通基础设施也很难从较高的起点进行系统性、战略性地布局和建设安排。1992 年"五纵七横"国道主干线系统建设规划的出台,使公路建设有了更具体、更明确的全国性目标和建设重点,加快了全国高等级主干公路网的形成。随着规划的逐步实施,已建成项目体现出来的巨大效果效益,发展高速公路的必要性逐步被政府和社会各界所认同,发展形式也从"汽车专用路"正名到"高速公路",为随后全国高速公路的快速发展奠定了理论和认识基础。

随着以"五纵七横"国道主干线为重点的高速公路里程不断增长和线路的不断联通成网,尤其是到 2007 年底,"五纵七横"国道主干线网 3.5 万公里项目的基本建成,标志着我国公路、尤其是高速公路建设发展的跨上了一个新的台阶,全国高速公路里程达到了 5 万多公里,为世界第二位,再经过几年的建设,将超过美国现有 8 万多公里的里程,而且也将很快超过我国的铁路运营里程。高速公路里程的大规模增长和形成覆盖面较广的网络,使得公路运输的技术经济特征发生了显著变化,载运能力、经济运距、运行速度、运输成本、舒适性等指标大幅提升,不再仅仅是短途运输和集散运输功能。高速公路的长途干线运输功能显著,较大程度地改变了我国的干线运输结构,提升了公路在通道运输、干线交通中的地位和作用。目前高速公路已成为我国综合交通运输网骨干之一和综合运输大通道的重要组成,与铁路形成了较强的互补,大大增强了综合运输通道和体系功能,改善了我国综合运输体系结构,对保障全国主要城市间交通和满足多样化运输需求起到了重要作用。

(四)社会经济发展对公路交通的巨大需要

1. 全面建设小康社会形成了对公路更多、更快的发展需求

公路是一个地区最基础、也是最根本的网络,不仅决定了内部的通达程度和方便性,而且也直接影响着与外部的连通性和通畅性;公路作为生产要素之一,其发达与否,不仅直接影响着交易成本的高低和商品市场的发达程度,而且直接构成投资硬环境之一,影响着一个地区的资金和技术的引进,最终影响着地区社会经济的发展和人们的生活水平及生活方式。交通条件较好的地区具有比较优势,在吸引国内外投资和扩大产品市场范围及提高产品竞争力等方面获得了先机,推动了经济比其他地区更快速的发展,抢先占领了市场。

大多数贫困的地区之所以贫困,其重要的原因之一就是公路落后,包括一些铁路沿线的县、乡(镇)也是如此,缺少足够或必要的与社会生产和人们日常生活紧密相联的对内、对外公路,不仅因为没有交通条件或运输成本太高制约了资源开发,而且较差的交通条件制约了地区内部商品市场的发育和社会化分工以及专业化水平。"要想富,先修路","要想经济快速发展,修高速公路"就是人们对公路在社会经济发展中的基础作用和促进作用的深刻

总结。

公路交通是现代社会发展的基础，几乎所有的行业都需要依赖公路运输来运输原材料和产品以及其他的供给服务，人们的出行更是离不开公路交通。公路交通与社会经济的发展和人民生活水平的提高是一种相互促进的关系，交通条件改善了，将会对地区投资环境的改善、成品交易成本的降低、信息量的增加和灵通度的提高等产生实质性的促进作用，进而会促进地区整体经济发展加快；经济发展了，人民收入增加了，区域内外的人员交往和各种物资流通也将随之增加，公路交通运输量也将随之增大，对公路交通质量的要求又会进一步提高。可以说，在我国铁路发展相对滞后，航空消费与民众的经济承受能力存在较大差距的环境背景下，公路交通在促进社会经济的发展和提高人民生活水平中扮演的角色尤为重要。

"十六大"提出要在21世纪头20年建设"使经济更加发展、民主更加健全、科教更加进步、文化更加繁荣、社会更加和谐、人民生活更加殷实"的全面小康社会和有条件的地方率先实现现代化的发展目标。交通运输的服务程度是衡量小康标准的指标之一，交通运输与国民经济的关系和对国民经济发展的支持作用，使越来越多的人认识到，要实现建设全面小康社会的目标，必须要有良好的交通条件作为支持，而目前我国的交通运输刚刚从对国民经济的"瓶颈"制约中走出，基础还很薄弱，支持经济快速发展和满足人们生活质量提高要求的能力不强，城市交通越来越拥堵，城际间的路网质量虽然在不断改善，但总体能力和质量仍然与安全、便捷、畅通、舒适的目标和要求存在着很大差距，路网交通状况还很不理想，交通运输成本高，特别是西部地区和农村地区差距更大，发展很不平衡，在城市居民享受着现代社会各种物质文明的今天，还有一部分乡村不通公路，缺少基本的交通基础设施以帮助他们与外界更好的沟通和摆脱贫困。全面建设小康社会是一次全面而深刻的社会变革过程，其不仅仅是指要提高经济发展水平，还要有平等公平发展的责任，为落后地区的经济发展和人们生活质量提高提供基础支持，实现共同富裕的目标。目前，公路建设在这方面还有很大差距。

此外，由于路网密度不够，线路布局稀疏，也导致了相当一部分迂回运输，造成运输量多，运输费用支出多，其直接结果是过多的运输费用吞噬了产品的一部分利润空间，对资源开发和经济发展产生不利影响，也削弱了产品的市场竞争能力。1997年美国GDP为87202亿美元，国内货物周转量约为45500多亿吨公里，单位GDP国内货物周转量约为0.52亿吨公里/亿美元；而我国2002年全国GDP为102398亿元，折合12380亿美元，国内货物周转量约为28884亿吨公里（不含远洋），单位GDP国内货物周转量约为2.33亿吨公里/亿美元，产值是美国的1/7，国内货物周转量是美国的63.5%，单位产值国内货物周转量是美国的4.49倍，这样大的差距，除了产业结构、能源结构以资源分布不同以外，我们认为一个很大的原因就是运输网络线路不足、布局结构不够完善，造成了相当一部分无用功负效益的运输。

在各种运输方式中，公路是与人们生活最直接、最密切的交通运输方式，也是大多数农村和县乡唯一的交通运输方式，是需求最多、客货运输交通增长最大的一种运输方式，是交通运输适应建设全面小康社会的主角。

2. 社会经济发展和工业化、城镇化增大了对公路交通的需求

(1)我国货物运输总量在工业化过程将继续保持较快增长

根据发达国家的发展经验，社会经济发展从工业化初期到工业化中期至后工业化阶段，货物运输需求的增长弹性系数呈快速增长到逐步下降的发展趋势，但货物运输总量随经济规模的扩大而不断增长，直至后工业化高度发展阶段，货物运输总量才基本保持平稳、不再继续增长，并伴随着知识经济的发展而略有下降。

我国经历的工业化发展时间较短，各地工业化发展水平差异较大，目前总体上处于工业化中期。虽然利用后发优势可以加快工业化的进程，缩短整个过程的发展时间，而且，目前我国的电子技术、信息技术等世界性的高新技术产业也已占据了一定的经济规模，并且比重也在不断提高，但是，我国工业化整体水平还不高，第一产业在国民经济中还占相当高的比例，城市化水平还很低，农村人口占总人口的比重仍高达60%多，要真正完成工业化过程，实现第一产业劳动力绝对向第二产业和第三产业转移，形成第一产业比重大幅下降，第二、第三产业比重提高的经济结构，还需要较长的一段时期。可以说我国正处于工业化的加速发展期，其基本的标志是农村劳动力在向第二产业和第三产业快速转移，城市化进程显著加快。在这一时期，能源、原材料的需求随着经济总量规模的扩大而不断增长，劳动密集型产业、资源密集型产业与资金密集型、高新技术产业并存，单位产值的货物运输量虽然随着产业结构层次的不断提升和产品技术水平的提高而呈下降趋势，但下降的速率明显小于经济规模扩大而新增的运输量增长速率；特别是我国幅员辽阔、资源分布不均衡、区域经济发展差距大、产业布局与资源分布不一致，大规模的能源、原材料跨区域运输仍将长期存在，运输总量仍将保持在较高的水平上；此外，尽管产业结构在加速调整，但劳动密集型和资源密集型产业在未来相当长的一段时期内仍然是我国经济的主要支撑。与此同时，由于我国国内市场范围的广大，随着社会生产分工的细化、产品种类的丰富以及同类产品的服务和质量差异化，产品在全国范围的销售将产生较旺盛的运输需求。从1980～2007年的各种运输方式完成的运输量可以看出(见表6-12)，货物运量和货物周转量与国民经济(GDP)增长率对比的弹性系数一直保持了较高水平，其中1991～1995年的弹性系数有所下降，1995～2000年下降较多主要是亚洲金融危机的影响，2000～2007年弹性系数大幅回升，主要是我国进入了重化工业比重提升的发展阶段，以及基础设施、房地产的大规模建设。2007年比2000年国内货物运量增长了66%，货物周转量增长了93%。

1980～2007年全社会国内货物运输量增长弹性系数 表6-12

年　份	GDP增长率	货运量增长率	周转量增长率	货运量弹性系数	周转量弹性系数
1981～1985	10.78%	6.34%	6.48%	0.59	0.60
1986～1990	7.90%	5.39%	6.74%	0.68	0.85
1991～1995	11.56%	4.88%	5.66%	0.42	0.49
1996～2000	8.34%	1.83%	2.67%	0.22	0.32
2001～2007	10.2%	7.51%	9.82%	0.74	0.96

资料来源：根据《中国统计年鉴》数据计算。注：不包含远洋运输量

我国的经济发展目标是人均GDP2020年比2000年翻两番,2000~2008年的经济增长始终保持在9%~11%的高增长,受2008年开始的金融的融危机影响,未来一段时间的经济增长率会有所下降,但在政府的各项积极措施下,不会大幅下降,将会保持在9%~7%左右。

货物运输总量方面。根据我国的经济发展现状和国情,一是重化工业和大规模的基础设施建设,还将持续相当一段时期;二是作为世界加工制造业基地的地位,在经济全球化激烈竞争的环境下,将在实现产业升级和高新技术比例提高的过程中,继续巩固和发展,以解决就业为出路的劳动密集型产业将在很长一段时间不会衰退,原材料和产品的大进大出以及国内资源的配套供给所带产生的运输量还将继续保持增长趋势;三是人们生活水平的改善和城镇化进程的大规模进行,房地产等建设所产生的运输需求将继续保持比较旺盛的增长。因此,未来相当一段时期,至少在2020年前,我国的货物运输总量将继续保持相对较高的增长速度,预计货运量年均增长将在6%~4%,货物周转量年均增长率将在7.5%~5.5%左右。

值得注意和思考的问题:美国经济已高度发达,交通运输发展也已进入成熟发展期,但货物运输量并没有像以往许多研究所描述的那样,运输量基本保持平稳或增长缓慢,国民经济增长的弹性系数也处于较低的水平,其实际上是:1990~1997年,美国GDP年均增长率为5.4%,铁路货物周转量和公路货物周转量的年均增长速度分别为5.13%和5.24%(注:根据世界银行资料计算),铁路和公路的货运周转量增长弹性系数分别为0.97和0.95,高于我国目前的水平。

(2)产业结构变化和物流管理方式,对公路运输需求的比例将上升

现代综合运输体系的发展目标是合理利用资源、以更高的效率满足社会经济发展和人民生活水平不断提高的需要。根据发达国家发展的历程看,当人均GDP从1000美元向5000美元迈进时,是产业结构剧烈变化、社会格局剧烈调整的时期,我国目前正处于这样的一个发展时期,从本世纪初我国人均GDP已进入1000美元,目前已有不少城市达到了3000美元以上。全国三大产业结构比例1980年为30.1:48.5:21.4,2007年为11.3:48.6:40.1,服务业的比重大幅提升。目前,我国大部分地区正处于工业化中期向工业化中后期、部分地区处于工业化后期的发展阶段,未来产业结构将进一步变化,服务业比重将会进一步提高。在运输方面,除了单位产值的运输量降低以外,货物的种类、外形体积大小、产品价值、批次等都会产生较大的变化。

在货物种类方面。由于资源与产业分布的不均衡以及重化工业比重的提高,能源、矿产品等大宗散货类物资的运输会继续提高,同时,由于产业的分工细化、产品种类的不断丰富,以及区域内产业群、产业带的形成和加强,尤其是我国各类加工制业能力和水平的进一步提高,非大宗、件装类、带装类的货物运输将会增长更快。以美国为例,在全社会商品流量中,电子电器与办公设备1997年比1993年增长了69%,达到8697亿美元,占社会商品总流量的12.5%,排名国内物流流量第一位,第二位是汽车测量及配件,占8.2%,第三位是混合制品(枪械弹药、玩具、游戏、体育用品等),占6.1%。

在产品体积、价值方面。一是随着工业化水平和科学技术水平的不断提高,将会继续不断地推动我国产业进行结构调整和升级,资金密集型和技术密集型产业的产品会较大幅度

增加，产品价值和附加值提高，运输费用占产品价值的比重降低，二是产品将向提高技术含量、降低资源消耗方向发展，产品的体积缩小，重量减轻。这些客观上都形成了适合于公路运输的产品比例增加。

在批次方面。随着市场竞争的激烈、产品生产周期的加快，以及通过采取现代物流的采购、库存的管理方式，生产组织以及供应链组织方式将发生较大变化，对货物运输的时间要求提高，小批量、多批次的货物运输需求大幅增加。

此外，随着公路网络的不断完善，地区性运输以及干线运输作用的增强，运输组织和服务水平的提高，运送速度的加快，运输费用的相对降低，门到门的运输优势将为企业在激烈的市场竞争中赢得更多的主动。因此，未来对公路运输的需求比例会进一步提高。

(3)收入增长和城镇化水平提高，公路旅客出行量将继续快速增长

人们出行的频率与人们的收入水平、市场的发达程度、生产组织方式和商业经营方式密切相关。目前我国的人均出行次数与发达国家相比还处于较低的水平，2007 年全国人均出行次数为 16.9 次，从交通出行规律看，随着收入水平的提高、经济条件的改善，人们的活动范围将扩大，活动出行的频次增多。

一是我国目前已进入全面建设小康社会，相当部分地区已进入建设更加富裕型社会以及实现四个现代化的经济发展时期，人们出行的欲望和经济承担能力都将较大幅度提高。无论是城市还是农村，旅游、休闲、探亲、求学等各种私人出行的需求将会迅速增加。

二是我国正处于城镇化进程加快的时期，20 世纪 90 年代以来，城镇化率基本上是以年均一个百分点的速度增长，未来 20 年是我国基本完成城镇化的重要发展时期，农村人口将继续大幅度地向各类城市和城镇转移，预计转移的人口将达 2 亿多人。在这过程中，农村出门务工的人流量会持续增加，即使是在城市安居下来的人口，因血缘亲情等关系，在一、二代人之内城市与农村的来往还将保持较密切的关系。此外，从调查的出行次数看，城镇人口的平均出行次数要较大幅度地高于农村。

三是随着经济的发展、企业数量的增加、市场范围的扩大，各种公务、商务出行的数量也将会大幅提高。

以上出行，一部分是长途出行，主要依靠铁路、航空等；但大部分主要是较近距离的出行，主要是依靠公路交通的方式，尤其是高速公路的发展、公路交通条件的改善很大程度上改变了以往速度慢、舒适性差的状况，安全性、便捷性、快速性、舒适性水平的大幅提高，不仅承担了区域范围内的面上出行，而且还承担着相当一部分中长途旅客出行。

四是随着小汽车的普及程度的不断提高，拥有私人车辆的人越来越多，一方面促进了人们出行的次数，另一方面，选择使用自家交通工具出行的比例不断增大，这种方式也更能满足现代生活方式对便利性、休闲性、出行私密性的追求。

因此，在未来的客运交通需求中，一是旅客运输量将在相当长一段时期继续保持较快的增长，增长趋势比货物运输更加明显，与国民经济之比的弹性系数相对较高；从以往的发展规律看出，我国客运量的增长弹性系数始终都在 0.5 以上，旅客周转量增长的弹性系数在

0.6、0.7以上(表6-13),未来十几年内也还将会保持在0.5以上。二是在以往的历史数据中,公路旅客运输量的增长率始终高于全社会旅客运输量的增长率,如1990~2007年,全社会客运量、旅客周转量年均增长率分别为6.42%、8.23%,公路客运量、旅客周转量增长率分别为7.01%、9.09%,在未来这一趋势不仅会继续,而且会因大量私家车的拥有而增强。

1980~2007年旅客运输量增长弹性系数 表6-13

年份	GDP增长率	客运量增长率	周转量增长率	客运量弹性系数	周转量弹性系数
1981~1985	10.78%	12.66%	14.23%	1.17	1.32
1986~1990	7.90%	4.49%	4.87%	0.57	0.62
1991~1995	11.56%	8.70%	9.85%	0.75	0.85
1996~2000	8.34%	4.75%	6.37%	0.57	0.76
2001~2002	10.2%	6.03%	6.87%	0.59	0.83

资料来源:根据《中国统计年鉴》数据计算

根据国家发展改革委综合运输研究所2003年的《我国现代综合运输体系框架研究》预测结果(表6-14),2020年公路客运量、旅客周转量分别达385.44亿人、22987.5亿人公里,占全社会旅客运输量的比重进一步提高到了94%和61.3%;公路货运量、货物周转量分别达192.4亿吨、14729亿吨公里,占国内货物运输量的比重分别从2000年的77.8%、22.4%提高到了80.2%、28.5%。

2000~2020年运输量预测结果 表6-14

名称 \ 年份	运输方式	2000年	2020年	年均增长
客运量(万人)	合计	1478170	4100000	5.23%
	铁路	105073	191880	3.06%
	公路	1347392	3854410	5.40%
	水运	18983	16810	-0.61%
	民航	6722	36900	8.89%
旅客周转量(亿人公里)	合计	12255	37500	5.75%
	铁路	4533	9358.9	3.69%
	公路	6657	22987.5	6.39%
	水运	94	53.625	-2.77%
	民航	971	5062.5	8.61%
货运量(万吨)	合计	1335175	2400000	2.98%
	铁路	178023	304800	2.73%
	公路	1038813	1923960	3.13%
	水运	99442	141600	1.78%
	民航	197	840	7.52%
	管道	18700	28800	2.18%

续上表

名称 \ 年份	运输方式	2000 年	2020 年	年均增长
货物周转量（亿吨公里）	合计	27380	51900	3.25%
	铁路	13902	24134	2.80%
	公路	6129	14792	4.50%
	水运	6662	11159	2.61%
	民航	50	270	8.80%
	管道	636	1547	4.54%

资料来源:《我国现代综合运输体系框架研究》,2003。注:不包括远洋

(五)公路交通已形成了较强的市场消费需求基础

1.汽车保有量水平大幅提高

截至2007年底,全国民用汽车保有量达到了4358.36万辆,其中载客汽车3195.99万辆、载货汽车1054.06万辆;私人汽车达到了2876.22万辆,汽车驾驶员10332.23万人。公路营运汽车849.22万辆,其中载客汽车164.73万辆,载货汽车684.49万辆。

尽管近十年来,我国汽车保有量增速很快,但是我国还是世界上汽车保有密度最低的几个国家之一。目前,我国每千人拥有的汽车仅相当于发达国家的1/25。汽车是当今世界最为便捷的交通运输工具,小汽车进入家庭是人们生活质量提高的主要物资体现之一,经济发展的根本目的是提高人们的生活质量,因此,小汽车大量进入家庭是现代文明发展的必然,是经济繁荣的具体体现。经济的快速发展和汽车价格的降低,使得具有汽车消费能力的群体迅速增加。

目前,全国人均GDP总体水平虽然还比较低,2007年为18934元/人,但由于区域经济发展的不平衡,不同地区差距很大,东部沿海主要省市的人均GDP基本上在2.5万元以上,其中北京、上海、济南、青岛、南京、无锡、常州、杭州、宁波、温州、福州、厦门、广州、深圳、东莞等相当一部分城市达到了3.5万、4万元以上,"买得起车、也养得起车"的人已占到很大比例。根据世界银行《1990年世界发展报告》的分类,人均国民生产总值545美元为低收入国家,545~2200美元为中下收入国家,2200~5999美元为中上收入国家,6000美元以上为高收入国家。按此标准,我国已有一部分城市达到了中上收入国家的水平,户收入达到8万元以上的家庭已占相当大的比例,在其他地区,也有一定比例,即相当一部分人的生活水平已从小康步入了富裕型小康。随着我国经济的快速发展,这部分人的收入还会继续提高,同时,还有越来越多的人跨入这一水平,具有较高支付能力。

世界经济发展的经验表明,当一个国家或地区经济发展跨入富裕型阶段时,随着收入水平的提高,人们对生活便利和舒适程度的要求大为提高,城镇居民的消费结构将从传统的基本生活消费逐步向发展型和享受型消费转移,恩格尔系数保持下降,家用电器占重要地位的小康型特征将不存在,住宅、家用轿车为主的富裕型消费特征日益显著。因此,伴随着我国

经济的高速发展，交通机动化的进程会以日新月异的速度不断加快。

消费能力对应于价格是一个相对的概念，当前我们面对的是一个完全成熟的现代跨国汽车工业，随着技术的进步、生产力水平和效率的大幅提高、以及大规模化的生产，使得汽车生产成本和销售价格逐渐降低，相对于随着经济的发展不断提高的收入水平而言，使得越来越多的城乡居民可以有能力和以较低的代价享受大规模化生产的高技术物质成果，使得汽车从奢侈消费品逐步成为现代人们生活和家庭的主要大件消费品、成为人们主要的代步交通工具的进程加速。随着加入WTO后市场开放和进口汽车关税降低的各项承诺的履行，更是加快了这一进程的步伐。由于我国的经济正以每年8%～11%的速度高速增长以及面对的是一个高度发达的成熟的汽车工业，我国的汽车工业规模和生产能力也已达到相当的水平，市场竞争趋于激烈，这就更意味着我国小汽车进入家庭的速度将会比发达国家曾经经历的要快得多。近几年我国的汽车产销量已从20世纪末的200多万辆迅速增长到了八九百万辆，预计2009年将达1000万辆以上。因此，可以说，我国已迎来了一个汽车化的时代，汽车大规模进入家庭普及程度将越来越快。

2.小汽车成为主流消费趋势正在形成，市场需求越来越大

汽车进入家庭改变着人们生活方式，是人们生活质量的标志之一，同时也是身份和地位的象征（如汽车档次的差别）。社会经济发展和人们辛勤工作的根本目的是提高生活质量，当小汽车成为体现生活质量的一个组成部分时，当越来越多的人和家庭具有较高消费支付能力时，尤其是随着的城市空间布局的调整，小汽车作为到城市外围购房置业改善居住环境必须拥有的交通工具时，小汽车消费的市场需求将会迅速膨胀；当拥有小汽车的家庭逐渐增多，形成比较大的一个群体后，对其他家庭产生的刺激也会越来越大，小汽车将会形成一种主流的消费趋势，拥有小汽车的家庭比率将会直线上升。

国外交通发展史表明，当人均GDP达到3000美元的时候，小汽车开始成为人们首选的机动化个体交通工具，并逐渐进入汽车化社会（按照国际通行标准，每百户家庭小汽车拥有量达到10辆左右，或每千人拥有30辆左右，则可视为小汽车已经开始普及），发达国家普遍经历了这个阶段。例如，日本1955年时每千人拥有小汽车1.7辆，到1965年时已增长为每千人22辆（当年其人均GDP为920美元，折合成1994年美元约为3700美元），到1973年时进一步跃升为每千人133.6辆（当年其人均GDP为3829美元，折合成1994年美元约为15000美元），小汽车的普及程度快速得到提高。

小汽车拥有率的提高与人均收入的增长有着直接的联系。收入越高，小汽车千人拥有量也越高，表6-15为按不同收入分组的小汽车千人拥有量，图6-2为45个不同收入水平国家（或地区）最新的截面数据（同一指标同一时点的数据），其更为清晰地展示了小汽车千人拥有量与人均GNP之间的相关关系，图中的趋势线表明，人均GNP3000～5000美元之间，大部分国家的小汽车千人拥有水平在100辆左右，随着人均GNP的增长，小汽车的拥有量呈上升趋势，但在人均GNP达到25000～30000美元之后，又出现下降的趋势（这一趋势并不会自动发生，而需要采取适当的措施；香港特区与城市型国家新加坡正是通过政策调控，使得其小

汽车千人拥有量较其他相同收入水平的国家要低得多)，其主要是大力发展城市公共交通的结果。

1998 年不同收入水平的小汽车千人拥有量(辆) 表 6-15

低收入国家	5
中等收入国家	104
下中等收入国家	55
上中等收入国家	140
高收入国家	429

资料来源:《2000 世界发展指标》

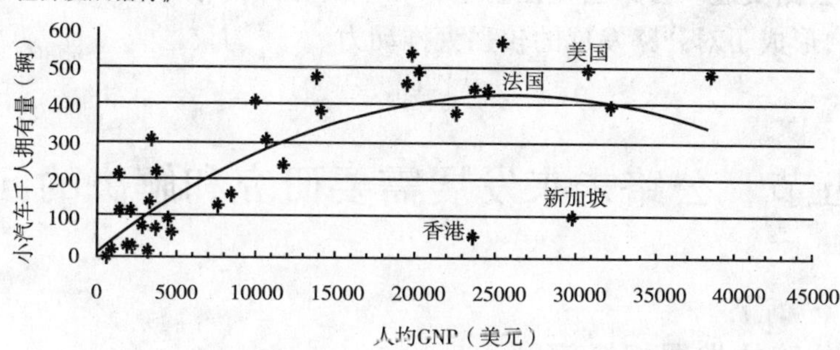

图 6-2 小汽车千人拥有量与人均 GNP 的相关关系

资料来源:《2000 世界发展指标》

注:不同的政策选择会导致处于同一收入水平的国家(或地区)间小汽车拥有率的较大差异(如美国与新加坡、法国与中国香港)

汽车工业在许多国家的经济发展中起着举足轻重的作用，它产业链长、乘数效应大，是经济发展的主要驱动轮之一，我国也将汽车工业作支柱产业之一予以发展，汽车工业通过整合后，正在按经济生产规模的方式进行发展，品牌效应正在形成，品种、性能、价格等已越来贴近消费者需求。从近几年的汽车消费市场看，已呈现出产销两旺的繁荣景象，私人购车已成为市场的主导力量。到 2007 年底，全国私人汽车已从 1990 年的 81.62 万辆和 2000 年的 625.33 万辆上升到了 2876 万辆。除了消费水平和消费观念越来越支持小汽车进入家庭以外，城市公共交通(包括轨道交通)发展的滞后，不能满足人们正常上下班需求和为在城区外沿地带购房居住、置业提供交通出行保障，也会促使相当一部分家庭提前购车。

3. 汽车拥有量的快速增长，必将对公路构成更大的交通需求

一个地区的路网交通流量与该地区的汽车保有量和汽车的使用率密切相关(当然，区外车辆的进入和过境也是影响因素)，汽车使用率的影响因素很多，在不同的地区和不同的政策环境下会存在着很大的不同，但有一点是肯定的，那就是购买汽车就是为了使用。尽管目前在讨论将支持购买汽车的政策与汽车使用政策分开，但其主要是针对城市交通而言。对于公路来说，随着其汽车保有量的快速增长，公路交通需求必将大幅上升，一是家庭拥有汽车后，机动化水平和便利程度提高，将刺激人们旅游、休闲、探亲访友以及商务出行次数的增

加；二是拥有自己的交通工具后，在可比选距离范围内的出行，选用其他运输方式的倾向大幅降低。

此外，公路的快速发展，特别是高速公路网络覆盖范围的扩大，公路的技术经济指标发生了很大变化，速度加快、舒适性提高、运输成本降低等有效地提高了时间效率和降低交易成本，使得对公路运输的需求不断快速增加。越来越多的工商企业依据公路交通状况制订生产和商贸计划以及市场的拓展计划。

可以说，我国已形成了以汽车消费为中心的较大规模的消费群体，并且还在快速扩大，公路交通已深刻地影响到整个社会的生产方式和生活方式，不仅是短途交通，而且越来越多的长途出行选择公路交通。公路已在社会生产和生活方式的根本上营造了不可逆转的较强的市场消费需求，形成了对公路发展的较强大推动力。

第五节　公路未来发展需要研究和解决的问题

（一）高速公路的发展规模问题

高速公路的大规模发展和连接成网，不仅极大地提高了公路在综合运输体系中的地位作用，而且有效地改善了我国主要城市间的交通条件，大大缩短了时空距离，为区域经济合作、紧密城市间关系提供了较好的基础支撑。在高速公路的有力支持下，我国城市化进程加快，沿线城市群和城市带不断崛起和发展壮大，许多大都市和中心城市几乎都制订了几小时交通圈经济发展战略。不仅在珠三角、长三角等既有城市密集区，在全国以省会城市和主要城市为中心、以高速公路为连接载体的各类规模的城市带和产业带都在不断形成和迅速发展；在珠三角、长三角等城市密集区，城市间以及城市与农村间的发展边界已越来越模糊，一体化、整体发展的趋势在交通的支撑下已越来越明显。同时，高速公路对改善区域内、跨区域间的交通连接和交通条件，为生产要素流动和市场配置资源的基础作用具有重要的交通基础作用。因此，各地对发展高速公路的积极性非常高。

日前，国家已制定了国家高速公路网规划，总规模约 8.5 万公里，构建形成“7918”骨架网，里程数量于美国现有的高速公路网规模相当；除了国家高速公路以外，各省市政府也都制定了各自的高速公路发展规划，而且，数量相当庞大，达十多万公里，许多省会城市的高速公路的规划里程达二三千公里以上，有的省接近 1 万公里。在各省市高速公路的建设发展中，存在着相互攀比，被作为拉动经济的重要投资方向和领导人业绩的倾向非常明显，而国家对这些高速公路的建设发展如果不采取更有力的措施，有失控的危险。如果这些规划都得以实施，我国的高速公路里程将达到美国的两倍多，对于人均土地资源极其有限的我国是否能够承受将是一个极大的考验，这种发展是否符合我国综合运输体系的发展和交通需求政策引导的方向？其中高速公路的收费还贷以及经营性收费的发展模式是地方政府大规模建设高速公路的一个诱因。

由此，需要深入研究在交通需求引导、节能减排政策下，全国高速公路的合理总规模到底需要多少，高速公路应主要布局覆盖哪一层级以及所需要发挥的功能作用，地区性的路网是否有必要建设大量的高速公路，在地区性路网中普通公路是否更经济实用，如何对地方规划建设高速公路实施有效的约束等。

（二）收费公路以及公路建设后续资金来源问题

我国的公路收费源于政府公路建设资金严重不足，始于20世纪80年代初的广东省，后来国家逐步明确了"贷款修路，收费还贷"的政策，打开了公路建设利用社会资金和银行贷款的大门，非常有效地扩大了公路建设资金的来源渠道。"收费还贷"改变了相当一部分的公路建设机制，大大提高了地方政府建设公路的积极性，他们积极创造条件利用国际金融组织贷款、国内银行贷款、外商和国内企业及个人直接投资、收费经营权转让、发行债券和股票上市等多种渠道为公路建设筹集资金，使我国公路获得了前所未有的发展。"收费公路"政策支撑着我国一多半的公路建设资金来源，是我国公路快速发展的根本源泉之一；如果没有"收费政策"，我国的公路绝对达不到目前的水平，高速公路也绝不可能有这么快的发展，对国民经济的"瓶颈"制约问题也不可能这么快的缓解。

但是，公路本身是公益性的基础设施，大规模的收费公路，不仅给公路行业本身带来巨额的债务压力，而且，也大大增加了使用者的成本支出，在改善交通条件的同时，一定程度上加大了地区之间产品和要素流动的成本，阻碍了一些地区资源和产品的开发，尤其是农产品的流通，削弱了产品的国际市场竞争力。在经济全球化进程加快、国际市场竞争越来越激烈以及加入WTO后国内市场的逐步开放、国外产品不断抢占国内市场的今天，如何从我国经济发展大战略的角度对收费公路的发展规模进行较合适的把握，既能使我国的公路建设保持较快的发展速度和公路状况的不断改善，不断提高对运输需求适应程度，又能更好地提高我国产品的在国际市场和国内市场的国际竞争力，将直接影响到交通运输发展的战略指导思想，以及交通运输在发展过程中对国民经济增长的贡献如何体现的问题。美国将支持经济持续增长作为交通运输发展的重要战略目标，"一场21世纪的开拓国际国内市场的革命即将到来，运输业对美国在全球经济竞争中的重要性与日俱增，运输能够提高国家的竞争地位"。为此，美国运输部一方面调整国际行动计划，支持政府在全球范围内建立高效、安全的运输体系的构想；一方面保证运输服务价格指数的增长低于全国生产价格指数（PPI）增长率。据有关报道，美国现全国拥有的8.9万公里高速公路，只有大约8000公里是收费路段，收费标准也比较低；而我国的收费公路里程达12多万公里，占到全世界收费公路里程的80%左右。

20世纪，由于政府财力不足，采取了通过市场化融资，建设收费公路的方法来弥补政府提供公共产品能力不足问题，是一个非常有效的手段。目前，我国的经济发展水平和政府的财力已经发生了很大变化，较大程度地具备了提供公共产品的能力，因此，应对公路这一产品重新定位，恢复公路作为公共产品的本来性质，增加政府财政投入，改变以建设收费公路为主导方式的公路建设发展模式，增加非收费高速公路的供给；并积极“还路于民”，促进整个国民经济的和谐、健康、快速发展。一是应该结合燃油税的改革，逐步有序地取消二级公路的收费，还原为非收费公路；二是对于收费高速公路收费期满后，坚决不再收费，对于政府收费还贷高速公路转为经营性收费高速公路，不能延长收费期限；三是政府可以用财政资金对部分收费高速公路收费权进行回购或偿还贷款，作为非收费公路。

对于我国公路发展来说，如果改变高速公路收费还贷的建设发展模式，缩减收费发展的规模，将面临着公路建设资金来源问题，以及公路建设的发展速度问题。根据我国现阶段经济社会发展水平，今后一个时期，收费公路政策仍将是筹集公路交通建设资金的重要渠道。但是，应逐步过渡到以政府税收资金投资为主的发展模式，逐渐缩小收费公路规模。一方面，应结合燃油税的改革，建立公路建设发展基金，以政府资金投资为主，建设非收费高速公路或收费期短、收费标准低的高速公路；另一方面，应合理制订公路发展的实施计划和分阶段目标，以适应国民经济发展、城镇化发展的需要为目标，科学合理地平衡跨越式发展的要求和资金供给能力，在适当长的时期内完成交通运输大发展的过程、逐步完善公路网络的布局配置。美国高速公路的投资管理经验值得我们借鉴，1956 年，美国通过了《联邦资助公路法案》，确立了高速公路投资管理的框架。根据这一法案，美国州际高速公路由联邦政府和州政府按照 9:1 的比例出资，其中联邦资金由“联邦公路信托基金”提供，这个基金的资金 87.6% 来自机动车燃油税。这种燃油税的方式较好地解决了美国高速公路的建设以及养护资金的来源，从 20 世纪 50 年代到 70 年代末，美国高速公路平均每年建成 3000 公里，直到 20 世纪 80 年代末期，美国的高速公路网基本建成。燃油税的方式也较好地解决了公路使用成本问题，不仅有效、公平，而且避免了设路卡收费导致成本增加和运行效率损失的问题。

（三）农村公路的建设与养护资金问题

加大农村基础设施建设投入，加快农村公路建设、改善农村的出行条件是解决“三农”问题和建设社会主义新农村的重要内容和基本前提。“十五”期间，国家发展改革委和交通部在公路建设中积极贯彻落实中央精神，对农村公路的发展给予了高度重视，在资金和政策上给予了前所未有的支持，加大了国债和车购费对农村公路的倾斜。从“十五”期间启动了新中国成立后规模最大的农村公路建设工程以来，五年中，农村公路建设共完成投资 4178 亿元，农村公路通车里程、等级路、硬化路面里程大规模增加，为历史最快发展时期，未通公路的乡、村数量大幅度减少，全国乡镇、建制村通公路率分别达到 99.8% 和 94.5%，10 个省实现乡乡通油路，3 个省基本实现村村通油路。农村交通总体面貌明显改善，有力地促进了农村经济和公共事业的发展。“十一五”期间，交通部继续组织实施农村公路“五年千亿元建设工程”，将基本实现全国所有具备条件的乡镇、建制村通公路。为此，交通部也将车购税投资农村公路建设的比重，由 2005 年的 29.5% 提高到了 2007 年的 39.5%，并还将会继续提高到一半以上，各省级财政和公路养路费也加大了对农村公路建设的支持力度，各地市县乡政府出台了很多措施支持农村公路建设。预计“十一五”后期，农村公路每年的投资额将超过2000亿元。

农村公路的改善，不仅有助于缩小城乡差距、改变城乡二元结构，而且也是加快城镇化进程、提高资源集约利用、以及通过促进农民的生产生活方式的改进而减少对生态破坏的重要基础性条件。在我国公路总体交通、特别是干线交通获得显著改善的背景下，重点支持和加快农村公路的发展，既是贯彻科学发展观、统筹城乡和区域协调发展的要求，也是社会可持续和公平发展的要求，“十五”以来国家交通主管部门把握和突出了这一主题。但是，由于原有基础底子差，目前我国农村公路建设仍然存在里程少、安全隐患多、养护跟不上等突出问题，是我国目前公路的薄弱环节，还难以满足全面建设小康社会的需要。

农村公路发展最大的问题是资金不足问题，尽管各级政府已加大了投入，但农村公路的公益性和庞大的数量需求，无论是建设还是养护都需要更大的资金投入。一是到目前为止，还有一部分的建制村不通公路、自然村不通公路的数量还比较大，而且节点连通度低，网络还很不完善，大部分为树状形态连接，相邻乡、相邻村之间不通公路的状况很多，缺涵少桥、危桥多的状况比较严重；二是路面硬化率还有待提高，尤其是中西部地区，乡乡通油路的目标还未完全实现；三是农村公路养护资金短缺问题非常突出，尤其是村道，不少道路建成后由于缺乏养护，破损严重，有的三五年后甚至断路不能通车。尽管2005年9月国务院印发了了《农村公路管理养护体制改革方案》，交通部随后颁布了《农村公路养护管理暂行办法》，但还未能落实到位，目前能够筹集到的养护资金远不能满足需要，尤其是村道，有可能得到养护资金支持的仅是经地方交通主管部门认定的部分，实际上即使是这部分也很难得到资金保证，其他的除了村民自筹以外基本上没有养护资金来源渠道。

农村公路的建设与养护，既要充分调动沿线居民群众的积极性，更需要进一步发挥政府的主导作用，从“公平发展”的角度在资金渠道和政策上给予更大的倾斜，同时，要将村道纳入公路网的范畴加以建设和养护管理。

此外，还应大力改善农村客运交通。目前还有许多农村通路不通车，农村居民出行仍然非常困难，尤其是老人、妇女儿童。许多农村不通客运班车或公交车，出行主要依靠摩托车、自行车，农用车、拖拉机等违规载客现象也非常普遍，安全隐患极大。为此，还应大力提高农村客运的普遍服务水平，积极推进农村客运网络化建设，做到路通车通，为建设社会主义新农村提供交通保障。

（主要部分完成于2003年，2008年修改补充）

第七章

铁路管理体制改革

内容提要:铁路体制改革是我国垄断行业改革的最后攻坚堡垒之一,备受政府和社会各界关注,要求对铁路体制进行改革的呼声很高。本文主要通过对目前铁路体制存在的问题、改革的必要性、改革的目的、改革的难点进行分析,根据铁路网络化运营的特征提出改革思路。为了达到彻底改革和较充分的市场公平竞争的目的,建议采取"网运分离"、整体推进的改革模式。组织框架设计应以保持路网的统一性、维护铁路建设发展能力、建立有利于公平竞争和社会投资者进入的市场基础和环境为原则。

第一节　当前铁路体制存在的主要问题

我国铁路管理体制和运行机制是在计划经济条件下建立起来的,其最大的特点就是政企合一的经营管理体制,铁道部既是行业主管部门,市场规则、行业政策的制订者和监督者,又是铁路企业的直接投资者、经营参与者。实际上,国家铁路是政府独家公司垄断经营,尽管有像三茂铁路公司以及一些地方铁路公司和合资铁路公司,但它们主要为了解决路网供应不足、吸引各方面资金参与铁路建设而形成的运营公司,每个公司经营的只是整个路网中的某一段铁路或地方铁路及其相对应的客货运输,是对国铁的一种补充,不是与国铁相竞争的公司,经营范围和规模非常有限,在经营上往往还受到国铁的排挤。国铁经营仍然是"独此一家",而且与政府权力相结合形成行政性垄断行业。

我国铁路的这种管理模式,对铁路的发展和在运力极度紧张情况下维持正常的客货运输秩序、贯彻政策、保证重点、支持国民经济和社会健康发展发挥了重要作用。但是,随着社会主义市场经济体制的逐步建立,现行铁路体制存在的问题日益突出,已不能适应市场发展需要和我国经济体制改革的要求。其主要问题有:

（一）政企不分，政府与企业间的权责边界不清

目前，铁道部既是全国铁路行业的政府主管部门，又是企业的直接出资人，行使国家铁路生产调度、制订客货运输市场战略等企业职能，并担负着铁路国有资产保值增值的责任。正是由于这种政企不分，政府与企业间的权责边界不清，铁道部难以摆脱对企业的生产经营情况、盈利状况等的考虑，难以完全从社会利益的角度、创造公平竞争的角度来制定发展政策和进行市场监管，作为行业管理中的政府职能缺位，形成政府代表企业制定市场规则、向国家要政策，并通过制定部门法规保护所管的企业，进而保护部门利益。

（二）铁路运输企业没有形成利益独立的市场竞争经营主体

根据《铁路法》，铁路局、铁路分局分别为一、二级法人，经工商、税务登记成为铁路运输企业。但实质上，它们都不是真正意义上的自主决策、独立经营、自负盈亏的市场经营主体，也没有资产处置权等，整个国家铁路系统内部基本上是下级铁路部门向上级铁路部门负责，大多数的生产经营决策出自铁道部，铁道部才是真正的唯一的经营主体。尽管1999年，全路14个铁路局全面实行了资产经营责任制，铁道部作为出资人，授予铁路局资产经营权，对铁路局明确了12项权利；在不设分局的昆明、呼和浩特、南昌、柳州4个铁路局，试点组建了客运公司，按内部独立核算、自负盈亏的非法人实体，模拟企业法人运作；虽然这种改革一定程度上调动了铁路局的积极性，但由于铁路运输网络化生产经营的特点，全路60%以上的运输工作量是跨局完成的，各铁路局约75%的运输收入来自于内部清算，各铁路局除了在管内以外，既不能独立地提供运输服务，也不能独立地从市场上获得收入，运输生产中的行政干预依旧，铁道部对各铁路局行使的不是股权代表的权利，而是行政权力。虽然现在的铁路局、铁路分局为法人注册企业，但深层次的体制性矛盾并未解决，仍然是隶属于铁道部，不是利益独立的经营主体，在行业内也不存在相互竞争，不是真正意义上的符合市场经济条件的企业。

（三）铁路运输企业缺乏提高效率、降低成本的内在动因

由于受行政性垄断的保护，铁路运输企业缺乏业内竞争的压力，尚未建立现代企业制度，约束、激励机制不健全，加之铁路系统内部以成本为基础的“大锅饭”财务清算制度，企业提高效率、降低成本的内在动因不足，普遍缺乏创新激励、技术进步的动力，甚至有争相扩大费用开支的倾向，致使造成系统整体效率不高。虽然铁路运输企业面临公路、航空、水运等替代运输方式相当程度的竞争，整个行业也在积极调整市场营销策略和提高服务质量等，但这些外部的压力动摇不了铁路运输企业的根本，只对所占的市场份额有所影响，不会影响到其行政垄断企业的生存；加上铁路运输国家定价，而且是成本“倒逼”式的定价，企业的所有成本费用都可以通过政府定价得到补偿，即使亏损也是国家的，企业缺乏成本约束机制和努力降低成本的动力。

(四)行业禁入,缺乏竞争,社会福利受损

《铁路法》规定,国家铁路、地方铁路等承担公共客货运输服务,成为铁路运输企业;专用铁路兼办公共旅客、货物运输营业的,须报经省级人民政府批准,适用铁路运输企业的规定。实际上将铁路运输市场中的经营主体严格限制在由政府直接投资、管理的国家铁路、地方铁路以及少数经批准的专用铁路。再则,铁路系统外的潜在经营者由于必须自己拥有铁路基础设施才能成立运输企业,而铁路基础设施专用性强、投资大、建设期长,同时铁路建设和运输价格等受国家控制,巨额的沉没成本和巨大的风险形成了很难逾越的进入壁垒。实质上,铁路运输市场对其他不拥有铁路的经营者是禁入的,现有的国铁经营者又都属于同一所有者,只是经营的区域不同而已,市场缺乏行业内的相互竞争,没有节约成本的激励机制,结果是铁路服务质量差、供给不足、技术进步和效率提高缓慢、不能有效降低的成本传递给下游产业和旅客,致使国民经济效益下降和公众社会福利受损。铁路提价纵然要举行铁路价格听证会等,但没有清楚的成本基础,无法区分那些成本是合理的,那些成本是不合理的,而且铁道部也是极力站在经营者的角度维护经营者的利益,因此,听证会也阻止不了铁路提价。

(五)铁路基础设施与客货运输的一体捆绑,制约了铁路的发展

铁路基础设施与客货运输合为一体,基础设施建设投资必须通过完成的客货运输收入才能得到回报,不能仅通过经营基础设施而得到补偿,限制了基础设施的国内外潜在投资者的直接投入,抑制了基础设施的供给。铁路对国内外社会资金的利用仅停留在金融机构贷款和发行政府债券的层面上,与公路、港口、机场相比,铁路的发展速度明显落后,铁路供给结构性矛盾依然很突出、质量不高,满足不了国土开发和人们出行的需要。同时,由于在体制上制约了运输经营主体的单独存在,新的运输经营者无法进入和参与铁路客货运输市场竞争,使得铁路运输服务质量提高缓慢,难以满足经济发展和人们生活质量提高的需要。

第二节　铁路体制改革的必要性与改革目的

(一)现行铁路体制改革的必要性

1. 社会主义市场经济体制的要求

党的十四大确立了我国经济体制改革的目标是建立社会主义市场经济体制,十六大进一步明确了21世纪头20年经济建设和改革的主要任务是,完善社会主义市场经济体制,推动经济结构战略性调整。建立和完善社会主义市场经济体制,就是要使市场在国家宏观调控下对资源配置起基础性作用。而市场经济要求市场具有平等性、竞争性、法制性和开放性

(平等性是指在市场上经济活动参加者之间的关系是平等的;竞争性是指经济活动参加者之间存在着广泛的竞争,其是商品经济的必然产物;法制性是指社会经济运行有健全的法制基础,生产者和经营者的经济活动依据市场经济的法规进行;开放性是指市场不是相互封闭的)。为此,市场的主要参与主体应该是按现代企业制度要求建立起来的产权清晰、权责明确、政企分开、依法自主经营、自负盈亏的企业,政府对市场的管理以间接手段进行宏观调控,不直接干预企业的生产经营活动。

现有的铁路运输企业没有按现代企业制度的要求进行改造,是资产边界不清、产权不明晰、政企合一的企业,铁路运输企业虽然名义上被冠以"法人"地位,但实际上并不真正具备法人财产权,并不真正完整地拥有对其财产的占有权、处置权和收益权,法人实体地位虚化,企业不能以其拥有的法人财产独立地在市场活动中自负盈亏,而是由铁道部承担着铁路运输全行业的最终盈亏责任,企业没有直接的责任。由于运输企业不能从市场直接获取收入、缺乏独立核算机制、企业的经营绩效并非主要决定于自身经营状况,导致了企业缺乏内在的激励机制和足够的积极性。同时,由于政企不分,企业还承担了大量不应由企业承担的政府职能和社会职能,如大量具有国土开发性、社会公益性以及出于国防安全需要的铁路建设和经营责任,这些政策性投资和非经营性亏损又没有进行独立的核算和直接有效补偿,而是在全行业中由铁道部统算,即以"大锅饭"的形式进行全行业交叉补贴,最终形成的无力偿还的各种债务又将落到国家财政上。

为此,必须按照社会主义市场经济的要求对铁路体制进行改革,实现政企分开,界定清楚政府与企业之间的关系。

2. 提高效率,增进社会福利的需要

我国的铁路垄断是一种行政性垄断,而非是技术性垄断,行政性垄断是一种制度性、扼杀竞争机制的垄断形式。由于缺乏系统内的竞争压力和清晰独立的成本核算制度,企业对配给资源的有效利用、能力供给、效率提高、成本降低、服务质量提高的内在动力明显不足,资源的优化配置不能充分体现,社会需求(尤其是服务质量方面)得不到满足。虽说我国的铁路运输密度全世界最高,但它主要是我国运输需求量大和路网不足的结果,若从全路 240 多万人计算的平均劳动生产率看就不是高的,而是存在巨大差距;再则,由于资产界线不清和没有成本约束机制,造成铁路运输成本不实和有效降低,尤其是铁路多经企业依附于运输主业,无法真实地反映运输主业和多经企业的经营成果和经营成本,实际上相当一部分铁路多经企业在很大程度上是依赖于主业和"吃"主业,这也是铁路亏损、职工福利待遇增加的一个原因之一。因此,可以说是现在的铁路体制问题造成了效率低下和社会福利受损。

铁路体制改革难以进行的一个理由是:铁路的自然垄断性和生产调度指挥的集中性。实际上,铁路运输有两个层面,一个层面是直接面对用户提供客货运输服务的运输层面,另一个层面是为运输服务经营者提供服务的基础网络层面。基础网络层面具有网络的不可分割性和自然垄断的特点,在基础网络的平台载体上,运输层面具有开放性和可竞争的特点;

现有的技术完全可以将两者进行分离，通过制度创新以不同的方式进行经营；在运输层面上完全可以打破行政性垄断，引入竞争机制，实现优胜劣汰；在行车指挥调度系统独立、保持网络互联互通的前提下，基础网络层面也可以在贯彻国家价格政策基础上实现划区的公司化管理和经营。

铁路运输生产的产品具有多样性和地域分散性的特点，虽然运输层面的生产经营具有网络化、规模化的要求，但它并不具备明显的成本弱增性的自然垄断特性，基本上如同航空运输一样可以由多个公司进行经营，特别是我国地域广阔，如果只有一家铁路公司经营，规模庞大，管理环节多，信息的直接有效反映受到影响，内部组织追加的交易成本必然上升可能导致生产要素的不能最佳使用。如果由多个达到最小有效规模以上的公司经营，则会形成市场竞争，竞争是反垄断最有效的力量，也是维护和提高消费者利益的最有效的手段，在竞争的环境下，所有企业的刺激机制是建立在可比较的绩效标准基础上，从而会促使企业尽可能地提高效率和技术水平，积极有效地控制成本，提供更好的服务，进而使整个行业发展水平得到提高，社会福利增加。

3. 消除社会资金进入铁路领域的体制性障碍、加快铁路发展的需要

铁路体制改制改革既是打破垄断，也是铁路自我发展的要求。在我国运输需求旺盛的情况下，铁路能力供给不足、发展落后于公路等其他运输方式的一个重要原因就是铁路的体制和运行机制严重不适应铁路发展的需要，社会资金难以进入。行政性垄断、网运一体化和铁路投资的资金密集性对社会资金形成了高深壁垒。

解决铁路基础设施建设资金不足，增加铁路能力供给和提高服务质量的有效途径是加快铁路体制改革，打破行政性垄断，通过制度创新，降低社会资金进入的门槛和引入竞争机制。“网运分离”为社会资金进入运输领域和投资建设铁路基础设施提供了可能。

（二）铁路体制改革的目的

铁路体制改革不是“瓜分势力范围”和“肢解恐龙”的问题，也不是要垄断还是要竞争的问题，而是要根据社会主义市场经济体制的要求和铁路运输的技术经济特点，改革目前的行政性垄断，构建一个有利于铁路更好、更快、更高效发展的环境和机制，促进整个铁路运输业技术进步、成本降低、加快发展、增加有效供给和服务质量提高，进而增进社会福利和为国民经济其他行业的发展以及国际竞争力的提高创造更有利条件，适应国民经济发展和全面建设小康社会的需要。

根据市场经济发展规律和国外发达国家的经验以及我国其他行业的改革实践，消除市场进入壁垒、引入竞争机制是实现目的最为有效的解决手段。为此，我国的铁路体制改革应该使企业成为独立的市场经营主体；将基础网络层面与运输层面分开，创造市场进入条件；重组现在“全国大一统”的运输企业，形成可竞争的框架，同时构建的企业规模既要符合网络化、规模化生产的要求，又要有利于新企业的进入和平等竞争；构建符合市场要求和铁路特点的监管体系。

第三节 铁路体制改革的难点和对既有方案的评述

(一)铁路体制改革的难点

1. 人的问题

铁路体制政企不分、高度行政化,是经传统的计划经济体制几十年演化而来,管理者与企业经营之间有着千丝万缕的关系,体制改革将不可避免地触犯相当一些既得利益,现有管理者的一些权利将丧失,未来工作去向和岗位等成为不确定的因素,因此,在改革中最大障碍将是人的问题,必须是政府作为改革的"第一推动力",自上而下进行改革。

2. 如何真正做到政企分开

政企分开并不是简单地成立一个控股公司或资产管理公司,由铁道部管理换到另一个部门管理就解决问题,政企分开的目的是使企业真正成为市场主体,铁道部(或未来的其他机构)成为铁路行业政策和规则的制定者,承担社会经济的管理职能。因此,需要在对现有资产按照产权清晰、权责明确的要求进行重组的同时,界定清楚执行社会经济管理职能的政府机构与代理行使国有资产所有权职能的机构之间的职责与关系,做到彻底的政企分开。

3. 企业如何构建才能引入竞争、提高效率,又符合铁路运输的特点

铁路改革的关键问题是:铁路基础设施与客货运输如何分拆、企业如何构建,才能适应社会主义市场经济体制的要求,更好地引入竞争机制,促使铁路运输整体效率的提高,又能符合铁路统一调度指挥、网络化经营的要求,同时,还要为未来的发展理顺关系、创造发展条件。

4. 较完善的、强有力的铁路监管体系的建立与运行

职能分割、责任混淆、软弱无力是我国经济监管机构的通病,政府监管机构也缺少铁路行业监管的经验,铁路体制的改革需要建立相应的监管体系作为保障,依法对改革后的铁路市场和管理者、参与者的行为进行有效的监管,使改革的意图得以实现。

(二)对既有的铁路体制改革方案(讨论稿)的评述

1996 年,铁道部就成立了铁路总体改革办公室,铁路体制改革方案一直在铁道部内部酝酿,反复修改,但也一直未最后敲定。下面仅对 2000 年铁路改革与发展研讨会提出的《铁路体制改革方案》(讨论稿)和 2002 年最近的一稿进行一些简单的评述。

1. 对 2000 年《铁路体制改革方案》(讨论稿)的评述

该方案确定的铁路运输企业重组的基本模式是"网运分离",把具有自然垄断性的国家

铁路路网基础设施管理与具有竞争性的铁路客货运输经营分离开,组建统一的国家铁路路网公司及若干个较强实力的客运公司、货运公司,实行分类管理。重组后目标格局是:一个路网公司、5~7个客运公司、3~5个货运公司和2~3个专业公司,除路网公司是特殊的企业法人外,其他公司都是按照现代企业制度要求组建的规范化公司,均为独立的法人实体。客运公司以较大客流集散地的大城市为中心组建,货运公司按照管内货运量接近或超过70%的原则、根据货运市场结构按区域组建。该方案较好地体现了"网运分离"的思想,但也存在以下不足:

(1)方案确定的路网公司职责:统一管理铁路线路和车站,制订铁路发展投资计划,负责铁路路网建设、改造和维修,承担融资责任,负责编制全路列车运行图和列车编组计划,对连接各货运公司的干线实施列车运行调度指挥。

这样的划分,路网公司基本上是现有铁道部职能的缩影,只是不管具体的客货运组织生产而已。

①仍然是以对路网的垄断通过编制列车运行图和调度指挥,对客货运输公司的生产进行制约,容易产生"寻租、设租"行为;

②路网公司没有约束和激励机制,对线路能力的挖潜和利用存在"惰性"的可能;

③将会以公司的利益,而不是以路网发展的需要来选择资金的投向,国家路网发展、特别是效益不理想的线路建设将会受到较大的影响。

(2)方案确定的货运公司按区域组建,并拥有相应的货场、站台、装卸机械等设备,拥有货运机务段、货车车辆段全部资产。

这样划分,实际上是一种区域割据,各公司虽然没有铁路网,但拥有区域内的货场和装卸机械等仍然可独霸一方,限制和排挤其他经营者,相互间难以进入对方的领地进行经营,难以形成公平竞争的环境。

(3)将站场等划拨给各在位经营的运输公司,实际上是对潜在的新经营者设立"进入壁垒",缺失市场进入的公平性,因为新的经营者不可能再建一套站场系统和购买大量的运营设备等进入该领域,如果是采取租用在位经营者的站场等,首先在位的经营者是否会愿意新的竞争者进入,其次是可以设置种种障碍以及任意提高租费排挤竞争者。而且,在位经营者拥有大量国家无偿划拨的资产,所形成的独特"成本优势",也将大大提高其他经营者的进入的成本。

2. 对2002年《铁路体制改革方案》(讨论稿)的评述

该方案主要是将"网运分离"分阶段实施,第一阶段:组建国家铁路控股公司,组建3个客货网合一的北部、中部、南部区域公司,以及货车租赁公司和集装箱运输公司;第二阶段:随着铁路运输能力紧缺状况的环节和市场的不断完善,将各区域公司的客运和货运事业部分别改组为客运公司和货运公司,移交中央管理,国家铁路控股公司将不再行使区域公司出资人的职能,改组为国家铁路路网公司,实现"网运分离"的改革目标。该方案主要存在以下问题:

(1)模仿电信区域分拆的改革模式,改全国垄断为区域分割垄断

该方案的最大特点是从“网运分离”的思想退出,模仿电信南北分拆的改革模式进行区域垄断经营,电信改革没有将长途干线基础网络拆分出来是否成功暂且不说,铁路本身的经营特点与电信有着很大区别,铁路所有的路网都可以与运输相分离,路网基本上都是由国家投资,而电信的市话网络和市话服务是合为一体的,具有自然垄断性,而且网络是由企业进行投资和扩展的。铁路这种改革方式,将独家垄断经营分成三家割据垄断经营,最大限度地保护了铁路目前的经营方式,而且破坏了铁路物理网络的统一性,增加了协调的难度和交易成本。

(2)实现政企分开的方式——组建国家铁路控股公司

方案确定国家铁路控股公司的主要职责是:行使全路运输调控职能,负责落实国家要求的运输调控任务,监督各区域公司公平提供基础设施服务;负责组织实施跨区域的国际干线铁路网建设与改造,组织制订建设计划,筹集建设资金;根据国务院授权,对3个区域公司行使国有资本出资人权能。继续实行铁路建设基金的方式,铁路建设基金由各区域公司收取后上缴中央国库,其中70%返还国家铁路控股公司,用于非公益与铁路项目的建设,30%由铁道部安排于公益性铁路的建设。改革前累积的铁路建设负债,分别由国家铁路控股公司和重组后的相关铁路公司承担偿还责任。调整铁路运输调度指挥系统,构建新的两极调度指挥系统,在国家铁路控股公司内设运输调控中心,行使全路性运输调控职能,包括组织编制全路列车运行图,确定合理的货物车流径路和货物列车编组计划,公平分配运输限制区段通过能力;各区域公司组建区域运输指挥中心,实行管内运输集中统一指挥。

这种方式,实际上是将目前铁道部所行使的相当一部分职能划到新组建的国家铁路控股公司,控股公司不仅仅是出资人,以股权管理各个公司,仍然行使着相当多的行政权力,企业也仅仅是由现在的铁路局变成几个更大的铁路局而已。政企不分的实质并没有很大的改变。

(3)铁路路网的维护与发展受到削弱

①铁路路网归到各区域公司,一是各区域公司的路网维护和技改资金来源没有解决,二是会造成重运输生产、轻维护的短期利益倾向;

②网运合一阻碍了社会资金直接投资基础设施建设;

③铁路控股公司负责非公益性铁路项目建设,铁道部负责公益性铁路建设,路网发展的地区间不平衡的矛盾将进一步加剧,而且公益性与非公益性的界线难以划清。

(4)铁路运输市场仍然禁入,竞争环境难以形成

这种划分没有为新的经营者创造进入的环境,而且各家把持一方,既有企业没有危机感和竞争压力,进行创新和提高服务质量的动力不足。

(5)过渡阶段是否有必要

改革的最后是实现“网运分离”,为什么一定要这么费尽周折的过渡阶段,为什么不可以将目标定得更明确和彻底一些,改革一步到位,建立基本的框架,然后逐步完善。

第四节　铁路体制改革思路和方案框架构想

(一)改革的基本思路

1. 制定目标明确的改革总体方案,整体推进

铁路运输是国民经济的命脉部门,几十年形成的行政性垄断行业的管理方式,痼疾极深,错综复杂。仅局部改革,难以有效解决问题,难以突破原有的框框,这也是铁路改革方案始终难以完善的一个重要原因。为此,必须要有一个改革目标明确和彻底的、能够打破垄断建立竞争机制、符合社会主义市场经济要求的改革总体方案,以整体推进的方式进行改革。改革的主线是"政企分开、网运分离、调度独立"。

2. 坚持"网运分离"

铁路的垄断问题是基础设施网络与客货运输合二为一,利用基础设施自然垄断的属性实施客货运输的垄断经营。为此,改革首先要将基础设施网络与客货运输相分离(如:机场与航空运输相分离、公路与公路运输相分离、港口与航运相分离等),并根据基础设施和客货运输两部分的不同的属性和技术经济特征进行分类管理与经营。只有将自然垄断的基础设施与可引入竞争机制的客货运输分离开来,铁路客货运输经营的垄断局面才有可能彻底打破,才有可能在相同的政策环境下,实现公平进入和公平竞争。"网运分离"是多数专家公认的铁路改革的有效手段,也是铁路改革的关键和实质,必须坚持。

3. 保持路网的统一性

由于铁路基础设施是为各个客货运输企业提供生产的平台,其具有固有的高度统一性和完整性,即自然垄断性,其集中和统一的程度决定和影响着运输的连续性和网络化程度以及效率等。因此,铁路路网应进行集中统一管理,保持其完整性,减少连通的各种障碍。

4. 站场公司独立、公共服务

铁路客货运输具有很强的网络化要求,将站场等设施配属于区域公司将造成运输网络的割裂和区域垄断的形成。因此,在运输企业重组中,应将站场也独立出来,形成为各个运输企业服务的公用型站场,运输企业应该是可以在整个路网中经营客货运输业务,企业间才能真正形成竞争。

5. 合理划分组建客货运输企业

组建的客货运输企业规模要适当,如果初期划分的运输企业过于强大,将可能会形成"寡头经营",加之这些"寡头"又都是国有的、归属同一部门,市场的竞争性将大大减弱,并有可能并借垄断地位通过损害公众利益牟取不当受益。因此,运输企业的划分要使整个系统形成一个大体可操作的竞争性框架,并为新的经营者创造可进入铁路客货运输市场参与竞

争的环境。

6. 铁路运输调度指挥系统独立

铁路运输的整体性主要是体现在列车的运行调度指挥上，铁路的垄断难以打破也正是将集中统一调度作为一大理由。为了更好地保证公正性和公平竞争，防止铁路调度指挥被某一公司控制和用于制约对方以及“设租、寻租”等，铁路调度指挥系统应具有独立性，不应划归到任何一家公司中。实际上，铁路行业的技术特征并不决定铁路运输调度必须由政府或路网公司来行使职能，在市场条件下，网络的调度职能完全可以由第三方中介机构来行使。

7. 成立机车车辆租赁公司

为了适应社会生产的要求，节约设备投资、提高运输设备的利用效率和有利于新的经营者进入，应组建机车车辆租赁公司。

8. 制定促进铁路发展的投资政策和非赢利线路经营财政补贴政策

根据国民经济发展的总体战略要求，制定的相应的路网通路权价格政策；根据铁路路网发展的要求，制定国家投资、鼓励国内外资金投资的相关政策；制定铁路非赢利线路经营的财政补贴政策。

（二）方案框架构想

1. 政企分开，加强行业监管

通过铁路资产重组，把原来铁道部政企合一的职能中的那些属于企业生产经营的职能剥离出来交还给铁路运输企业，确立企业的市场主体地位，将“政府职能”与“企业职能”分开。改革铁路企业财产权力制度，铁道部与所属企业“脱钩”，将铁路资产管理全部移交给相应的国有资产管理部门，改革后的铁路管理机构不再直接管理铁路国有资产，实现代理行使国有资产所有权职能的机构与政府执行社会经济管理职能的机构相分离。改革后的铁路管理机构的政府职能将转到全行业管理上，制定行业发展规划、产业政策、技术标准、重要的规章制度以及市场规则等，并完善监管体系和加强监管力量，（或授权独立的监管机构）依法客观公正地履行行业监管职能。

2. 组建国家铁路路网集团公司，实现“网运分离”

组建国家铁路路网集团公司，负责铁路基础设施的管理与运营，负责基础设施的债务偿还。集团公司下设路网管理公司、站场管理公司、路网发展公司三个公司，公司为独立的法人实体，企业化经营。

路网管理公司：负责铁路网的维护、改造和线路使用权经营，考核目标为线路维护质量和线路容量供给及使用数量；负责执行调度指挥中心下达的车辆编组计划。线路使用权（通路权）由客货运输公司通过质量招投标（每条线路的通路权要分成若干份）或协商分配或直接购买的方式取得，通路权招投标和各公司之间的协调由行业协会主持（或由铁道部临时主持），并制定禁止倒卖和对通路权占有而不使用等行为进行处罚的相关规定，允许公司间的合作。

路网管理公司负责收取线路使用费,并上缴集团公司,由集团公司根据线路维护、线路改造、线路建设以及偿还债务等有关费用使用规定进行分配使用。线路使用权价格(元/列车公里)由国家根据线路的投资、维修费用以及未来新建铁路的部分资金需求按不同的线路分若干大类制定;线路能力紧张、客货运输量大的主要干线可以适当定高一些,偏远的、客货运输量小的支线等应适当定低一些。这些基础设施的费用最终将反映到客货运价上,因此,要体现国家对铁路作为国民经济基础产业的运价政策要求。

站场管理公司:将客运站、货运站的资产和设备独立出来,铁路站场管理与经营公司(也可以分别设立客运站场管理公司和货运站场管理公司),负责客运站、货运站场的管理与经营。客货运输站场为公用型站场,实行非歧视的为各客货运输公司提供服务,收取服务费用;价格标准由国家制定指导价;同时,允许其他经营者建设新的货运站场。

路网发展公司:负责执行国家的铁路发展计划,负责铁路新线建设的实施与投融资,国家铁路的建设资金来源于国家财政、收取的线路使用费用于建设的部分以及债券、银行贷款等;允许和鼓励国内外社会资金修建铁路,实施特许经营政策。

3. 组建若干个市场竞争经营主体

为了平稳过渡、便于操作、防止形成少数几个寡头垄断以及有利于新的经营进入,对现有14个铁路局进行适当合并后,每个铁路局分别组建一个客运公司和一个货运公司,通过购买通路权每一个公司都可以经营全国范围的客货运输;为了避免冷线无人经营现象和满足普遍服务原则,初期将非干线的客货运输经营按区域分配给当地的客货运输公司(基地公司),并规定至少应该提供的运输服务数量和保证服务质量,同时允许其他经营者购买通路权;对于实施普遍服务(或称公益性运输服务)效益差的线路客货运输经营,国家制定相应的运输补贴政策。

客货运输企业的组建规模既要符合铁路运输网络化运输的要求,实现规模化、集约化经营,又要防止形成寡头垄断。寡头市场的潜在危险是寡头企业通过形成卡特尔组织或默契合谋联合操作市场,扭曲资源配置,提高价格,损害消费者利益。此外,寡头企业也可能通过设置进入障碍阻止潜在进入者的进入。

4. 组建车辆租赁公司

为了更好地调节各客货运输公司的运力供求不平衡关系和提高投资效用等,将现有车辆部分配属给个客货运输公司,其余的配属新组建的车辆租赁公司;各客货运输公司可以自主决定购买车辆或租赁车辆;允许其他经营主体成立新的车辆租赁公司。

5. 组建集装箱运输公司

以现有铁道部集装箱运输中心为基础进行组建,拥有全路集装箱及集装箱专用货场等资产。

6. 组建铁路运输调度指挥控制中心

铁路运输调度指挥控制中心为独立单位,既不归属于路网公司,也不归属于运输企业,其为独立的服务性中介机构或协会性组织,人员由独立的专职专业人员和运输企业、路网公司指派的技术人员组成。中心按制定的运行规则运行，具有全路生产调度指挥控制权，负责全路运行图编制和统筹安排客货运输计划等，列车运行计划、车辆编组计划由中心编制完成后交由路网管理公司执行，其公正性受相应的规则制约和行业监督；按照需要可以设立区域性分区调度中心。

由于路网公司的业绩考核指标有线路容量供给及使用数量，路网公司将会尽力多提供线路能力和促使能力得到使用而督促调度中心；客货运输企业为了得到所需的运力，也会督促中心安排列车运行计划更有效率。

7. 组建结算与统计中心

结算与统计中心为事业单位、企业化运行，其为铁路运行的所有各类经营者提供各项业务结算服务和承担行业统计任务。

（三）实施步骤建议

（1）用1～2年的时间，先实施“网运分离”，组建国家铁路路网集团公司，向客货运输部分收取通路权使用费；

（2）用2～3年时间，完成各类公司（包括路网集团公司下的路网管理公司、站场管理公司、路网发展公司，客货运输企业，车辆租赁公司，集装箱运输公司等）的组建；完成铁路运输调度指挥控制中心及其整个运行系统的建立；完成国家控制的各类价格的标准制定和有关补贴政策的制定；将铁路资产管理全部移交相应的国有资产管理部门，实现彻底政企分开；组建铁路运输监管机构，建立健全监管体系，行使行业监管职能。

（3）开放市场，按照鼓励竞争、有利于效率提高和行业发展的原则制定和执行相应的准入与退出规则，允许企业间的合法兼并；

（4）改造国有公司的股权结构，向其他经营者（包括铁路经营者和非铁路经营者）和个人销售部分股权，允许客货运输企业相互持股，完善现代企业制度建设。

（完成于2003年）

第八章

铁路投融资体制改革

内容提要：铁路投融资体制直接决定着社会资本的进入与否、进入规模，关系到铁路的发展速度和投资建设的主体结构，应根据《国务院关于投资体制改革的决定》和《关于鼓励支持和引导个体私营等非公有制经济发展的若干意见》，进一步放宽和落实市场准入政策，提高市场配置资源的基础性作用；应重点加强市场制度和网络化运营构架及规则的建设，营造公平竞争的市场环境，保护投资的合法权益，才能较大规模地吸引社会资本进入；应发挥政府在铁路建设中的主导作用，加大政府资金投入和扩大债券发行规模，充分调动地方政府投资建设铁路的积极性；同时，构建有效的投资平台，吸引社会各方面资金的更大规模进入。

第一节　铁路投融资体制现状和存在的主要问题

(一)铁路投融资体制现状

目前我国国家铁路仍然是政企合一的管理体制，铁道部既是行业主管部门，市场规则、行业政策的制定者和监督者，又是铁路企业的直接投资者、经营参与者，同时负责全路运输的统一调度指挥，并对全路货车实施统一管理；全路实行统一核算，运输企业实行收支两条线的财务清算制度，以铁路局为单位的铁路运输企业并不是独立自主的市场经营主体。

20 世纪 80 年代以来，铁路投融资体制随着社会主义市场经济体制的推进和铁路发展的需要进行多次政策改革和放宽进入，但是，由于国铁的政企合一，网络化互联互通、公平经营的市场化环境尚未形成，投资者权益保护不足等系统性问题，制约了非国铁资本的较大规模性进入。虽然铁路的市场准入在政策上已经放开，社会资本投资铁路已没有禁区，但市场制度构架和机制上仍存在较大障碍，路外投资者大多处于踌躇观望。

——铁道部是铁路建设最大的投资主体，约占总投资的 90% 左右。建设资本金最主要来自征收的铁路建设基金以及每年几十亿元的财政预算内资金，其他的建设资金基本上是债务性资金，主要是国内银行贷款、债券、国际金融组织贷款等。各铁路局不具有独立的法人财产权，因此，也不具有投融资主体资格，所有基本建设的投资和融资由铁道部最终决策并作为投融资主体。

——其他投资主体参与的铁路主要是合资铁路。“合资铁路”执行与国铁不同的特殊运价。既有运营的合资铁路中，铁道部出资约占60%左右，省、市、自治区各级政府及国有企业出资约占40%左右，几乎没有非国有资本进入。由于与国铁之间的网络性经营等问题没有很好地解决，大部分既有合资铁路经营处于比较尴尬状况，70%的合资铁路公司亏损，较大地影响了地方政府的积极性和社会投资者的进入。

——地方铁路。主要是由地方政府和企业投资建设和运营管理的路网支线铁路，为地方经济服务，一般线路技术等级低、运量小，至2004年底，地方铁路里程为4869公里，铁道部对地方铁路的投资很少。地方铁路在路网进入和经营上也遇到和合资铁路同样的问题。

——融资方式。目前铁路的融资方式主要以债务融资向银行借款和每年发行经国家批准的一定额度的铁路建设债券；股权融资所占的比例很小，包含线路基础设施的上市公司只有广深铁路公司一家。

——投融资风险防范机制。由于投资决策、投融资主体与以铁路局为经营单位的运输企业相分离，投融资决策以及实施过程中的权、责、利相脱节，投资行为不规范，存在全路吃投资“大锅饭”，没有形成健全的责任约束和投资风险防范机制。

(二)存在的主要问题

1.铁道部政企不分，投资主体单一，筹资渠道和融资方式少

我国铁路基本上是国铁大一统垄断，而且政企不分，政府与企业间的权责边界不清，铁道部既是国务院铁路主管部门，又对国家铁路运输企业实行统一管理，对国家铁路运输企业承担经营盈亏和国家资产保值增值的责任，使得铁道部不能有效地行使行政管理和规制职能，公平竞争的市场机制难以建立，外部投资主体难以进入，即体制的弊端造成了铁路投资领域的高度垄断。而且，在过去的几十年，国家铁路建设项目基本上是由铁道部直接负责筹措资金、组织建设和运营，并承担还贷责任。由于产权边界不清、缺乏相应的投资控制机制，国铁企业的投融资主体地位始终未能确立。尽管在这种大环境背景下也进行了一些投融资体制的改革，但除了合资铁路和地方铁路有部分省市或企业参与投资以外(所占比重小)，基本上全部由铁道部投资，而且实际经营中合资铁路遇到的诸多问题和投资普遍亏损等也挫伤了地方政府参与铁路投资的积极性，未能发挥国有资本对社会资本的引导和带动作用。

理论上投资我国的铁路具有稳定的回报，但是由于相应的配套改革跟不上，铁路的网络化经营特性使得社会资金进入者在经营上面对庞然一体、政企不分的国铁时缺失话语权和对自身资产运营的管理权，致使社会资金投资铁路仍然望而却步。

由于体制等各种原因，20世纪50年代以来形成的我国铁路主要由政府投资的局面没有

根本性突破，只是由中央政府单一主体的全部投资过渡到地方政府也参与一定的投资。"九五"以来，铁路全行业完成基本建设投资中，铁道部投资约占90%左右，地方政府及国有大型企业集团投资约占10%左右，2004年全国铁路完成基本建设投资中铁道部投资占92.4%。

同时，铁道部的资金主要来自征收的铁路建设基金，约占非债务资金的65%，财政预算内资金和企业自筹资金所占比例较小，筹资渠道单一。在融资方式也主要是依靠银行贷款的债权融资，除了发行铁路建设债券以外，以项目融资和企业形式在资本市场上融资的比例很小。

我国幅员辽阔，资源与产业分布不平衡，人口众多，经济发展和人均收入水平不高，决定了铁路在综合运输体系中的重要地位和作用，铁路网络的不完善和能力的严重不足急需进行较大规模的建设，以加快铁路的发展。然而，在目前的这种体制下，铁路的发展速度极大地受限于政府的能够用于投资铁路的财力，从铁道部单一投资主体和融资主体所能筹集和融资到的建设资金来看，又无力完全承担这一重任，存在较大的资金缺口。

2. 国铁改革和市场化进程缓慢，社会投资者"平等进入、公平待遇"的基本市场环境尚未建立，市场进入的规模壁垒高深

国铁仍然是大一统体制，归属于铁道部统一经营和管理，虽然各铁路局为工商登记的企业法人，但实质上，它们都不是真正意义上的自主决策、独立经营、自负盈亏、利益独立的市场经营主体，也没有资产处置权，相互之间不是竞争关系，而是铁道部的各个子公司，整个行业基本上是独家垄断。由于铁路网络化、规模化的经营特性，外部资本进入铁路必须与国铁取得各方面的合作，在拥有全国干线网络和8千多亿元总资产的国铁面前，在相应的制度和维系市场公平竞争的规则不健全的环境下，社会投资者难以真正取得平等的地位和公平的待遇。

一是在市场准入方面，社会投资者原来所能进入的合资铁路项目基本上是支线铁路和末梢铁路（朔黄铁路为煤炭运输专线，属于特例），运量相对较小，财务效益相对较差；直到2003年铁道部提出要跨越式发展和2004年国务院审议通过了《中长期铁路网规划》后，为了满足铁路投资的巨大资金需求，铁路客运专线等干线项目才向社会资本抛出参股的"绣球"，并根据国务院《关于鼓励支持和引导个体私营等非公有制经济发展的若干意见》制定了《关于鼓励支持和引导非公有制经济参与铁路建设经营的实施意见》，鼓励非公有资本以投资参股、项目融资以及合作、联营等方式，参与铁路干线、铁路支线、地方铁路及其桥梁、隧道、轮渡设施的建设和既有线改造。但是，干线项目都是以铁道部控股，对于与国铁干线有较强竞争性的铁路项目，社会资本要独资或控股建设难度很大。

二是几乎在所有的干线和大型项目上，由于基本上都是铁道部绝对控股，其他参与者在企业决策、经营管理上基本上没有什么影响力，但在债务偿还上需要承担责任（主要是为合资铁路公司担保的借款）。

三是全路统一调度指挥系统为国铁独家掌控，路外企业基本没有话语权。尽管铁道部已经逐渐增加向合资铁路分流列车，而且有些是强行分流，但许多合资铁路公司仍反映运行

图安排不公,开行长途列车受国铁的排挤较严重。目前既有合资铁路和地方铁路现实的总体运营境况使得许多社会投资者望而却步。

在这样的环境下,社会资本进入铁路,如果想减少受国铁的限制,就必须尽力扩大自身的路网规模,而铁路建造成本的高昂、资金的密集性,无形中构成了高深的进入规模壁垒。

3. 缺乏透明、公正的运作规则,社会投资者收益预期不明,权益保障存在风险

运作规则不够透明、收益预期不明、权益保障不足是影响社会投资者进入铁路的最大障碍,这也是近几年铁路放下姿态,极力向社会资金推介铁路建设项目,而真正进入铁路的非政府资本仍然极少的重要原因。其主要表现在:

(1)目前铁路的实际盈利水平不清

虽然普遍宣传的是铁路投资具有稳定的收益,但目前铁路的整体盈利很低,2003 年全路总资产收益率和净资产受益率分别为 0.21% 和 0.34% 。由于国铁实行统一核算,铁路局之间、线路之间存在交叉补贴,即各个运输企业将收入首先上交铁道部,再由铁道部根据各运输企业的清算系数对其进行再分配,单个铁路局等运输企业的全部收入不是其直接从市场上获取的真实的全部收入,投资者无法真正搞清楚不同类型项目的实际盈利水平,更无法根据铁路运输企业的实际经营绩效来决定是否对铁路投资。

(2)国铁干线网的路权和市场开放度直接影响非国铁公司收益,而非国铁公司对其无法预期和把握

非国铁公司的收益不仅取决于本路段的经营,而且还取决于国铁公司安排通过列车多少和允许其开行多少长途列车以及在国铁地域内国铁站场设施所能够提供的服务,由于涉及市场占有和各自的收益问题,处于弱势方的非国铁公司对此无法预期,完全取决于国铁公司的态度和对市场的把持程度。实质上,非国铁公司是受制国铁下的“自主经营”。

(3)非国铁公司对通过清算的收入和支出难以预期

付费标准和清算办法由国铁独家制定,非国铁公司是被动接受者,其反映实际成本的程度对小规模公司的收益影响很大。由于铁路缺少分类成本财务核算的基础,付费标准并不完全反映实际成本支出,缺乏成本透明度。对于铁路局,由于经营的网络规模和范围广,客观上存在着交叉补贴,整体上影响很小;而对于只经营某一条线路或路段的非国铁公司来说,其反映实际成本的程度对公司的盈利影响很大。通常,非国铁公司的线路等级相对较低,付费的标准也低,而实际运行的成本较高;对于国铁干线网络则相反。

(4)企业缺乏相应的运价自主权

尽管合资铁路实行的特殊运价高于国铁,但仍然缺乏相应的调价自主权,既不能通过价格体现投资和经营成本,也不能通过价格调节供求和实施相应的价格经营策略。

(5)投资权益的保障措施不健全

干线项目基本上是运量大、收益较好的项目,铁道部基本上都要占绝对控股地位,其他参与的每个投资主体所占的股份比例相对较低,属于从属地位,对企业的经营和交易的影响力和制衡能力微弱,有可能无力阻止一些不利的具有倾向性的规则、交叉补贴、关联交易、公

司合并等行为而利益受损。如果目前组建的合资公司将来发生一系列的合并重组，社会单个资本所占股份比例将会进一步降低，将有可能面临资金规模“陷阱效应”。当然，从另一面看，如果国铁参与投资的比例过小，社会投资者参与投资的信心也会受到影响，但是，这种影响主要还是取决于市场的公平经营和保障措施的健全程度。

4.分类投资建设体系尚未建立，政府投资不足，建设资金来源渠道狭窄

铁路是国民经济和社会发展的重要基础设施，具有基础性、公益性的特征，既有许多经济效益好的项目，也有不少公益性、政治性强而经济效益差的项目。目前铁路没有建立分类投资建设体系，没有根据不同类型的项目分别确定投资主体，不仅影响了整体财务状况，使社会资本因担心背负过多的公益性责任而不敢投资铁路，市场配置资源的基础作用未能有效发挥，而且造成政府资金负担沉重，建设资金缺口大。此外，中央政府与地方政府在不同类型铁路项目上的投资主体责任也没有比较明确的划分。

也正因为没有建立充分利用市场形成多元投资主体、多种融资方式的铁路投资体制，目前铁路建设资金的来源渠道狭窄，政府所能用于铁路建设的资金最主要的来源是铁路建设基金，2005年征收约470亿元，其中相当一部分要用于还借款和到期债券；其他的资金来源主要是国债和每年向社会发行的具有一定额度限制的铁路建设债券。利用既有资产“以存量换增量”和“以存量带新量”等融资渠道尚未打开。

5.铁路运价国家控制过严，市场主体功能不健全，企业投资发展能力低

目前铁路运价由国家定价，企业没有相应的自主定价权，造成市场经营主体功能不健全，企业不能根据成本和市场供求关系及时调整运价实施企业营销战略。由于尚未形成政府调控下的市场化运价机制以及铁路运价水平相对较低，市场配置资源的基础性作用不能有效发挥，对于拥有近7000亿元净资产的国铁企业，2003年利润18多亿元，2005年也只有70多亿元，远低于社会平均利润率水平，与同属垄断行业的电力、电信、石油等差别巨大，不仅造成铁路难以通过自身积累增加投资和扩大再生产，而且也极大地影响了社会资本的进入。

第二节　铁路投融资体制改革的重点和主要思路

（一）加快铁路投融资体制改革的紧迫性

改革是发展的动力，发展是改革的目的。铁路改革的目的，一是要促进铁路网的大发展，二是要提高社会效率和公平，二者互为关联。当前最为重要的任务是促进铁路网的大发展，铁路投融资体制的改革必须为此服务。

建立符合市场经济规律的铁路管理体制是构建系统、完善的铁路投融资体制的重要前

提。20 世纪 90 年代以来，铁路的发展越来越滞后于其他基础设施行业的发展以及国民经济发展的需要，其根本原因就是铁路管理体制的改革未能跟上社会主义市场经济发展的步伐和要求，局部性的铁路投融资体制没有取得实质性的成效。但是，铁路管理体制改革是一项极其复杂、重大的工程，尤其是当前铁路能力供给严重不足，处于高强度的运行情况下，对改革过程中可能造成的各环节的衔接问题、运输生产波动、安全保障等必须要有充分的考虑和准备，总体改革方案和改革时机由中央和国务院决定。尽管在当前体制限制条件下，投融资体制的改革不可能是彻底的、完善的；但是，等待无助于问题的解决，反而会因铁路的发展缓慢加剧能力的紧张和增大改革的风险代价，尤其是当前铁路发展面临的紧迫任务，又不得不要求先从深化铁路投融资体制改革寻找突破口，创造适应社会资本进入的环境与机制，大力吸引社会各方面资金参与铁路建设与运营，促进铁路的大发展和运输能力的缓解；同时，从量变到质变、从局部到整体促进和破解铁路管理体制的改革难题。

(二)当前铁路投融资体制改革的支持条件

当前深化铁路投融资体制改革的支持条件主要有：

(1)《国务院关于投资体制改革的决定》和《国务院关于鼓励支持和引导个体私营等非公有制经济发展的若干意见》为铁路投融资体制改革提供政策支持；

(2)政企分开已得到广泛共识和中央的高度重视，如果近期能够实施，将对铁路投融资体制的改革提供极为有利的支持；

(3)2004 年 10 月铁道部组建的中国铁路建设投资公司注册成立，履行铁路大中型建设项目铁道部出资人代表职能。其对规范铁道部出资人行为，进行项目投资、合作、融资提供了基础和平台；

(4)铁道部 2005 年撤销了铁路分局，国铁内部运输企业由以往的铁路局、铁路分局的二级法人结构改革为铁路局单级企业法人结构，为进一步构建独立的市场经营主体，进行独立的成本和收入核算创造的有利条件；

(5)自 2005 年起，国铁财务管理体制实行"收入显性清算，支出预算管理，盈亏动态考核，资金转移支付"的新办法，使铁路运输企业的经营结果进一步显性化；路网使用费统一标准，单独核算，使运输成本更加清晰。为项目的市场化融资，创造了最基本的财务核算条件和投资分析基础，尽管成本核算、付费标准、清算办法有待进一步提高科学性；

(6)地方政府和许多企业对发展铁路、支持地方经济和企业的发展希望迫切，相应的配套政策措施跟上后，投资建设铁路的积极性将会大大提高；

(7)铁路投资经营的收益稳定，风险性低，对于拥有越来越多资金、寻找合适投资项目的保险资金、养老基金等具有很强的吸引力；

(8)股票、债券等资本市场的发展和容量的不断增大，为铁路市场化融资提供了很好的条件；

(9)WTO 承诺和铁路全方位的对外开发，为外资进入中国铁路清除了障碍。

（三）当前条件下铁路投融资体制改革的重点和难点

目前国内外社会投资者投资建设与经营铁路在法律上已没有障碍，铁路主管部门也对社会资本频频召唤，但真正进入的很少，许多投资仍在等待相应配套措施和市场机制的完善。一边是铁道部的融资冲动，另一边是投资者的理性，从有效吸引社会投资者的角度分析，现有条件下铁路投融资体制改革的重点应是：

(1)从市场化的角度，构建可具体实施的系统性指导方案；

(2)突出制度建设，建立透明、公正的市场运行机制和加强投资者权益保护；

(3)建立健全铁路市场化融资体系，大力拓展有效的融资方式，增加社会各类资金投资铁路的渠道和平台。

现有条件下铁路投融资体制改革的难点：

(1)路权开放和开放度问题；

(2)中央政府铁路投资资金来源问题；

(3)铁路分类投资体系的建立和政府补贴机制；

(4)跨公司运营的付费单价和清算办法的科学性和合理性问题；

(5)铁路货车的购置、拥有、管理以及使用、排空等问题。

（四）近期深化铁路投融资体制改革应坚持的基本原则

(1)投融资体制改革的思路和方案设计要有利于未来的总体改革，统筹兼顾当前改革与未来的管理体制改革；

(2)支持铁路网络发展规划，快速扩充铁路运输能力对资金的需求；

(3)有利于路网的公平互联互通和网络化经营以及保持全国铁路干线运输网络集中统一调度指挥，有利于先进技术的推广应用和提高运输效率；

(4)要以资本运营的规律和市场化运作的方式，建立能够有效吸引社会各类资金投资于铁路建设的市场机制，充分发挥市场配置资源的基础性作用；

(5)要有利于充分调动各级政府和企业参与铁路建设的积极性；

(6)要有利于分类投资体系的建立和推进现代企业制度建设；

(7)以制度和法规维护市场公平竞争，保护各类投资者合法权益。

（五）铁路投融资体制改革的思路基础

(1)铁路的自然垄断特性只是决定了铁路具有区域垄断性和网络规模经济的特点，并不决定全国独家垄断，在位经营者的改革和外部投资者的进入，主要取决于政府的政策和制度安排。与我国国土面积相近的美国，目前也有7家一级铁路公司和500家左右的区域和地方性公司同时存在，就是最好的例证。我国铁路最大的问题在于铁道部政企不分所造成的行政性垄断。

(2)我国铁路的严重供给不足和不断增长的运输需求以及大规模路网扩张的政府规划，对于潜在的国内外投资者具有很大的吸引力。针对铁路投资不足和促进效率提高，政府应同意放宽市场准入限制和相应的制度安排，建立和促进铁路市场的可竞争性，创造有效的市场机制，引导社会投资，增强铁路发展力度，实现在国家规制下充分调动社会各方面积极性、多元化投资共同发展铁路运输业的新局面。

(3)铁路可竞争市场的形成和不同规模的铁路公司的网络化经营，关键在于各公司基础设施的开放和“通路权”问题以及公司之间科学合理的清算，其具体规则直接影响着市场的公平竞争机制和投资对收益的预期以及规模较小公司的经营自主权等，是潜在投资者进入的重要前提，政府必须通过规制和相应的具体配套政策，建立起一个透明、公正的运行环境，而不仅仅是政策层面的号召。

(4)政府主导作用对于加快铁路的发展至关重要。铁路是国民经济发展必须投入的“社会先行资本”，政府除了做好规划、项目审批(核准)、政策制定和为各类投资者创造良好的、公平的投资环境以外，还负有责任对铁路进行投资和公益性铁路项目的运营补贴，起到政府的主导和引导作用，增强社会投资者的信心。铁路庞大的资金需求，没有政府通过公共资金的手段筹资进行投入，完全推向市场是不现实的，也是不可能的；只有具备商业运作条件的项目才有可能一定程度地吸引社会资本进入，尤其是目前我国单个企业的资本规模相对较小的情况下更是如此；大量公益性项目和盈利条件较差的项目，必须要由政府进行主导性投资。此外，铁路发展是中央政府和地方政府共同承担的责任，但中央政府的主导作用远远大于地方政府。“回避政府职责的中国铁路改革肯定是不成功的改革，否定市场作用的中国铁路改革则肯定是成本较高的改革”。

(5)确立铁路分类投资政策是现代企业制度建设和更大范围地吸引社会资本投资铁路的重要前提条件。一是国铁背负无法获得正常经济收益的线路和经营业务，又得不到必要的补偿的话，必然导致国铁作为企业的经营边界不清、财务状况的恶化，社会融资能力下降；二是社会资本尤其是民营资本进入铁路追求的是回报，在得不到合理补偿的情况下，不会进入公益性铁路和承担公益性职能。

(6)铁路融资渠道狭窄很大原因在于现有各国铁运输企业尚未完成现代企业制度构建，不是产权边界和运营边界清晰、自负盈亏、自主经营的法人实体和市场主体，在市场上不具有投融资主体地位，投融资集中于铁道部一个主体。项目融资和既有企业的现代企业制度建设，是增加融资主体、拓宽融资渠道、扩大融资规模的必然选择。

(7)无论是铁路行业还是单个铁路项目的股权融资和债务融资应有一个合理的平衡。目前铁路全行业的资产负债率不到40%，表面上虽然不高，但是还款来源指向同一个标的和铁路的低资产收益率，可以说债务沉重。今后既要合理地改善债务方式和融资结构，关键还是要增加股权融资和提高股权融资比例。

(8)退出障碍影响着资本的进入和可竞争性市场的建立，禁止退出或沉没成本巨大，将构成进入障碍，为此，在放宽铁路市场准入的同时，应当制定相应的退出规则。

（六）当前铁路投融资体制改革的总体思路建议

铁路投融资体制改革的目的有很多，如提高效率和完善社会主义市场经济体制建设等，但最主要的是要解决铁路建设资金严重不足、政府无法独家承担的问题，因此，改革的重点应是如何有效使社会资金进入，同时积极拓宽政府的筹资渠道和提高筹资能力。要想通过铁路投资与运营领域的开放，吸引社会资本进入，以弥补铁路建设资金不足的巨大缺口，关键要政企分开和保护投资者的合法权益。在当前政企尚未分开的情况下，首先要改变目前国铁对干线路网通路权的垄断，要合理开放干线路网通路权以及建立公正的清算规则，才能使社会投资者对投资的收益有比较明确的预期；其次，要制定建立符合市场规律的具体配套措施和公正的监管体系作保障，投资者才会有进入的信心，才有可能形成投资主体多元化的局面。投资者效益的取得，关键要在运营环节以及运价来实现，如果不解决运营环节的市场机制问题和公平问题，只讲进入是不会有很大效果的。此外，铁路跨越式发展需要开辟大规模资金的融资渠道，主要依靠债务融资不能满足大规模资金缺口的需要，必须大幅提高股权融资的比例。因此，近期铁路投融资体制改革的指导思想是：按照完善社会主义市场经济体制的要求，根据《国务院关于投资体制改革的决定》和《关于鼓励支持和引导个体私营等非公有制经济发展的若干意见》，进一步放宽市场准入，推进政企分开和铁路运输企业的现代企业制度建设，加强市场化制度构建和监管体系建设，营造有利于各类投资主体"平等进入，公平待遇"的市场机制，充分发挥市场配置资源的基础性作用和政府的引导作用，实施分类投资和公益性项目补贴制度，完善配套法规建设，保护投资者的合法权益，鼓励以项目融资、股权融资、发行债券、银行借款、特许经营、融资租赁以及建立产业投资基金等方式拓宽资金渠道，实现铁路跨越式发展，满足国民经济和社会发展要求。

当前铁路投融资体制改革的总体思路是：以干线路网通路权合理开放和保护投资者权益为核心，将市场机制运用到投资、融资、建设、运营、管理等各个环节，推进制度创新（建设）和筹融资渠道的拓展，形成"政府主导，市场引导，社会各类资金参与，投资主体多元化，融资方式多样化"的政府和社会资金共同推动铁路发展的投融资体制。

第三节　实现铁路投资主体多元化的制度建设与安排

多元化社会资金投资铁路并不存在政策障碍，关键是社会资本对通过客货运输经营获取投资回报难以预期和把握。铁路网络化经营的特性决定了铁路公司的许多客货运输需要通过跨线和跨公司网络经营，而目前铁路系统尚未建立能够维系各铁路公司公平竞争的网络化运行组织构架和市场规则，即各铁路公司线路之间的互联互通和跨公司网络经营等没有形成公平合理的具有约束力的制度框架，同时市场监管者缺位和缺少可依据的市场规则，使得政企合一、掌握统一调度指挥权的国铁公司可以根据自己的利益需要在网络化经营上轻易地控制和排挤其他竞争对手。此外,铁路担负的社会公益性服务没有相应的补偿制度以及运价定价机制等方面存在的问题也影响着社会资本的进入。这些规则和制度需要国家有关管理部门加紧制定,并加强监管。这样,透明、公平、公正的市场体系才能真正建立,社会资本才可能有信心并积极进入铁路。

(一)确使监管者处于公正立场的制度改革

1. 政企分开,铁道部归位"政府职能"

在尚未进行铁路管理体制总体改革的情况下,首先将铁道部的"政府职能"与"企业职能"分开。成立国铁总公司承担企业职能,与其他铁路公司一样同为市场经营主体,国铁企业如何改革放到铁路管理体制总体改革中进行;铁道部履行铁路行业主管部门的政府职能,以保证规则的制定和监管的客观公正和透明。

2. 铁道部政资分开

在尚未进行铁路管理体制总体改革的情况下,将铁道部现管理的运输企业资产交由国有资产管理部门管理;由中国铁路建设投资公司履行铁路大中型建设项目国家出资人代表职能,对项目进行投资。

(二)市场准入制度的安排

(1)贯彻平等准入、公平待遇的原则,允许国内外社会资本进入法律法规未禁止的铁路领域。

(2)允许社会资本在国家统一规划的前提下,独资、控股、参股建设和经营与现有路网并行的竞争性新线路,包括与现有铁路基本并行的主要为煤炭运输、矿石运输、集装箱运输服务的铁路新线路以及客运专线;允许国内公有资本控股铁路干线新项目的建设和运营。

(3)建立铁路运输企业的资质认定制度,允许国内资本以合资、合作、联营或以独资、控股、参股等方式组建具备相应资质的运输企业,参与铁路货物运输、集装箱运输、特种运输、旅客运输以及仓储等相关业务的经营。

(4)允许国内外社会资本购置现有国家铁路资产、股权和通过并购、控股、参股等多种形式参与现有铁路企业的改组改制。

(5)允许国内外社会资本开办与铁路运输服务相关的代理企业以及无车承运人,积极推进联运和全程运输的开展。

(6)全面开放铁路建设市场,允许具备相应资质条件的路内外各种所有制的企业参与铁路建设工程的招投标。

(三)分类投资与运营制度的建设

1. 建立铁路分类投资制度,合理界定政府投资范围和重点

政府铁路资金主要用于投资建设市场不能有效配置资源的公益性铁路和低盈利能力的

铁路,进一步促进经济欠发达地区交通的改善和国土资源的开发。

——公益性(包括政治性)铁路项目,以中央政府投资为主,地方政府和企业参与进行建设;

——低盈利性铁路项目,以对项目进行投资补助或贴息,由中央政府、地方政府和企业、社会投资者共同组建项目法人公司进行投资建设;

——盈利性铁路项目,根据项目在路网中的地位作用,以政府引导、创造条件积极吸引国内外社会投资者按商业化的运作方式进行投资建设;

——区域城际铁路项目,以铁路部门、地方城市政府投资为主,吸引社会资本参加,地方城市财政对运营亏损的城际铁路项目提供一定的运营补贴。

2. 改革项目审批制度,实施分层投资决策制度

在国家统一路网规划的前提下,实行铁路项目分层投资决策制度,合理划分各级政府的审批权限,规范政府投资项目审批程序。按照铁路项目性质、资金来源和事权划分,合理确定中央政府与地方政府、国务院投资主管部门与铁路行业主管部门之间的项目审批权限。对于不使用政府投资建设的铁路项目,新建(含增建)铁路,跨省(区、市)或100公里及以上项目由国务院投资主管部门核准,其余项目按隶属关系分别由国务院行业主管部门或省级政府投资主管部门核准。

3. 建立公益性铁路项目的运营补贴制度

公益性铁路项目建设后,根据具体情况采取项目公司运营、委托或托管运营、特许经营权转让运营等多种形式,并建立运营补贴制度。经过详细研究和论证,对于某些营运收入无法弥补营运支出的公益性铁路亏损项目,根据合理回报的原则,由政府提供一定的费用补贴,以维持其基本的服务要求和正常运营。

(四)建立健全通路权的合理开放制度和行车集中统一调度的协调机制

路网通路权对其他经营者的合理开放和行车集中统一调度的公正性是实现路网互联互通和建立公平经营环境的关键。通路权开放最彻底的解决的方式是实施"网运分离"的改革模式,目前铁路的清算制度实际上也已经包含了"网运分离"的做法,只是未成立专门路网公司和未进行独立的核算。从目前铁路的实际发展情况分析,"网运分离"或"网运 ·体"各有利弊,"网运分离"虽然更有利于铁路运输市场开放和创造更公平的市场竞争环境,是未来进一步市场化的发展方向;但基础设施依然存在垄断问题,而且也不能直接解决当前的路网扩充问题,可能还会产生路网状况与运输要求的矛盾。为了更好地维护当前铁路运输能力紧张状况下的运输生产稳定和安全,减少改革步伐过大过快可能带来的波动或混乱,"网运一体化"的改革方式也许是当前较好的选择,但其必须解决路网通路权开放和开放度的问题以及调度公正问题,而这些问题的解决必须依靠国家的相关规章制度。

通路权开放问题主要在于干线,支线、地方铁路以及合资铁路不存在开放问题,而是希望安排有更多的列车使用它们的线路,即要求编制运行图和指挥调度时对列车路径的安排

更合理、更公正。

对于市场多主体能够公平参与铁路网络化运营的前提,必须是网络互联互通和通路权开放以及调度公正,而这些问题的解决必须通过国家的相关规章制度,在当前的情况下,由合资铁路等企业通过市场的形式推动是难以形成并得到公平的。

1. 建立路网通路权合理开放制度

在合理维护各公司资产使用权和经营利益的前提下,根据铁路互联互通网络化经营的特点,实施通路权合理开放制度,各公司经营的线路必须对其他铁路公司和专业运输公司一定程度的开放。

——旅客运输通路权:与合资铁路直接相连的国铁干线必须向合资铁路公司开放(××%—具体比例待研究)以上的旅客列车通路权,与地方铁路相连的国铁干线必须向地方铁路公司开放(×%)以上的旅客列车通路权,但同一路段向合资铁路和地方铁路开放的通路权合计可以不超过(××%);其他非直接相连的国铁线路本着合理开放和协商的原则向其他铁路公司开放一定的通路权;其他铁路公司的线路向国铁公司开放旅客列车通路权;在公正透明的基础上签订各铁路公司之间的互通协议。

——货物运输通路权:除了一般的互联互通货物运输外,各铁路公司必须向其他公司的固定车体和不解编直达货物列车开放通路权,专业运输公司可以与各铁路公司通过协商签订固定列车对数或一定能力比例的通路权协议。

——通过的货物列车将综合考虑最短计费径路、时间要求、列车对线路的技术要求、通道方向各线路能力利用状况等因素和指标按一定的规则进行公正的行车线路安排。

2. 成立全国铁路调度协会,对全路运行图的编制进行协商并对统一调度指挥的公正性进行监督与协调

成立独立于各铁路公司的全国铁路调度指挥中心是铁路运营公正的重要保障,也是铁路改革的难点之一,目前还难以办到。实际上,调度应该只是按照通路权规则安排列车行驶的一个组织,而不是一个权力分配单位。在目前的情况,为了贯彻落实非歧视政策,较好地维护铁路运营的公正性,建议成立全国铁路调度协会,对全路运行图的编制进行协商和对统一调度指挥的公正性进行监督与协调。

随着铁路管理体制的总体改革的推进,全国铁路统一调度指挥中心将从国铁总公司中分离出来,成为独立的服务性机构或协会性组织,人员由独立的专职专业人员和运输企业、路网公司指派的技术人员组成。中心按协商制定的规则或章程运行,具有全国铁路生产调度指挥控制权,负责全路运行图编制和统筹安排客货运输计划等,其公正性受相应的规则制约和全国铁路调度协会监督。

(五)建立健全透明、公正的付费和清算体系

建立透明、公正的付费标准和清算规则,提高铁路运输经营收入的可预期性,是吸引社会投资者进入铁路的重要前提条件之一。其中,公正的付费标准制定的基础在于成本分类

核算体系的建立。为此：

(1)建立收支一条线的清算体系；

(2)成立独立的清算中心，将清算中心从铁道部分离出来，成为独立性的服务机构；

(3)建立铁路运营成本分类核算体系，进一步细分和完善铁路运营成本项目分类，实施分类核算，明晰各类业务的实际成本，为成本控制、付费标准的确定、运价制定以及相关监管提供更加清晰、透明的基础依据。

(4)制定公正合理的付费标准，以各铁路公司透明的分类成本为基础依据，考虑一定的成本收益率，根据技术服务水平等制定各类使用费、服务费的付费标准。

(六)完善宏观调控下的市场化铁路运价权机制

1. 进一步完善铁路运价宏观调控机制

维持国家对铁路运价的宏观调控，在提高铁路运输成本核算透明度的基础上，以成本为基础，根据铁路行业的特点综合考虑社会平均利润率水平等因素，合理确定铁路基准运价。缩短运价调整周期，每1~2年根据运输成本变化进行调整，使运价能够较好地反映运输成本，发挥市场配置资源的基础性作用。

2. 最终运价由铁路运输企业在一定的浮动权内自主确定

在国家基准定价的基础上，实现最终运价市场化机制，企业可以在基准运价一定幅度内根据成本变化、运输市场供求关系确定运价和采用相应的市场价格策略进行市场竞争，以获取合理的投资回报。

(七)建立健全规范、公正的市场监管体系

1. 以维护公平竞争和保护各类投资者的合法权益为核心，建立健全铁路法律法规体系

规范政府的铁路投资管理和各类投资与运营主体的投资与运营行为，维护铁路各类市场主体的公平、有序竞争。修改现行的《铁路法》，根据市场经济和铁路改革的发展要求，明确国家对铁路发展的职责和铁路管理部门的政府职能，确立铁路企业的市场主体地位，开放铁路投资领域与运营市场，维护各类投资与运营主体平等的市场地位和公平的市场竞争环境，为铁路改革和依法监管提供法律支持。

2. 建立独立、公正的监管体系，完善监管框架，将铁路政策的制定和监管与铁路经营相分离

对于吸引大规模私人投资来说，独立监管部门的存在非常必要。在英国，铁路监管员已经是保护私人资产不可缺少的力量。在美国，地面运输委员会和司法部在确保以公平的价格准入每条铁路方面发挥了关键作用。但铁路通行费由铁路公司自由制定时，就需要制定规章制度，甚至是建立仲裁机构来解决铁路公司间以公平的价格获得线路准入权的纠纷。当政府制定铁路基础设施使用费时，就需要一个监管机构来使基础设施使用价格的制定透明化，并保证政府对私人投资者的监管政策和收费调整合理。

私人投资要求提供透明的监管，做到这一点首先就是将政府监管职能从铁路管理和运营中分离出来。但监管、政策制定、投资、运营补贴、基础设施管理和列车运营都集中在一个单独的部门时，潜在的私人投资者就会发现，在自己有需求的时候找不到一个独立的仲裁机构。这将会阻碍投资，并会使私人资本投资要求大幅度提高风险回报。

因此，应将铁路政策的制定和监管同铁路经营相分离，在政企分开的基础上，成立独立的铁路监管机构（铁路监管委员会），明确监管职能和监管内容，对铁路政策的实施、市场规则的制定、价格的确定与执行、公平竞争、关联交易等投资与运营主体的市场行为依法进行公正的监管，对不同投资经营主体间的市场纠纷进行仲裁。

3. 对投资经营主体的债务风险进行严格防范和监管控制

铁路不同于其他的一般基础设施，铁路公司因债务问题而停止运营或破产，将会对经济正常运行和公众利益造成很大的影响和损失。为此，必须建立透明的会计制度，对铁路公司的资产等关联交易和公司合并进行严格的监管，防止利用关联交易和公司合并转移资产以及控股股东利用控股地位进行关联交易和公司合并等侵害其他投资者利益以及变相要求政府补贴的恶意行为。

（八）投资者退出制度的安排

（1）允许铁路投资者依法进行产权转让和股权交易。

（2）推进铁路租赁业的发展，减小铁路投资者进入的资本门槛和退出成本。

（3）对于社会资本参与的铁路公司或其经营的某些线路连续（政策性）亏损，债务负担沉重，企业难以正常经营的，在财务透明和严格监管的条件下，通过签订相关的服务协议，由政府提供一定的补贴或其他方式的财务支持，要求经营者继续经营和提供相关的服务。

（4）对于一些线路影响较小、债务负担沉重、经营管理不善、难以正常经营的铁路公司，允许其依据相应的退出规则和法律程序申请破产或由政府接管后委托其他公司经营或重组。

第四节　政府铁路投资职责和资金来源渠道

（一）政府在我国铁路建设中的主导作用和对铁路的投资职责

国外发达国家的铁路发展经验表明，无论是以私人投资为主还是以政府投资为主的模式发展铁路，在铁路发轫和快速发展时期和近二三十年的改革复苏时期，都离不开政府的扶持和公共财政的投入。我国长期以来的以公有制为主的经济发展模式和国民收入分配模式，决定了政府对基础设施等公共产品的投资责任更大于资本主义国家。加快我国铁路的发展，必须充分发挥市场的作用，大量吸引社会资金投入，但离不开政府的主导作用，否则在铁路体制还不完善、尚未形成足够强大的市场化投融资局面的情况下会影响铁路的发展进程。

一是我国尚未形成以社会资本大规模发展铁路的发展趋势和格局,而且社会资本和民营企业单个资本的规模普遍较小,缺少对铁路大项目的投资能力;

二是虽然民间资金较多,居民储蓄存款达14万亿元,但非常分散,且户均数额也不大,考虑各种储蓄目的、理财能力以及投资平台等因素后,真正能够转为直接投资以及多大数量能够吸引到铁路建设上来也很值得研究,保险资金、社保基金投资产业有着各种限制和要求,是扩大铁路建设资金来源的重要吸引对象,但都难以成为铁路投资的主导力量;

三是我国疆域辽阔,铁路是运输和经济发展的大动脉,国家必须保持相应的控制能力,而且还有大量的公益性铁路项目以及国土资源开发的战略性铁路项目,这些项目在无法取得相应财务回报的情况下,社会资本的逐利性决定理性投资人是不会进入的,必须要由政府进行主导型的投资;其他具有较好经济效益的项目也需要政府投资才能起到引导和增强社会投资信心的作用。

铁路的特性、体制等各种实际情况决定了我国近中期铁路建设还是应该"以政府为主导,充分发挥市场作用,广泛吸引社会资本参与"的发展模式,在增强中央政府铁路投资能力的同时,重点要大幅度地提高地方政府和大型企业集团对铁路的投资规模。具备条件推向市场的项目,积极推向市场,政府可以不控股,但这些线路与公益性和低盈利性线路相比,数量相对有限。

政府(包括中央政府和地方政府)对铁路建设的职责主要在:

(1)跨区域的国家路网主干铁路的主导性或引导性投资;

(2)公益性铁路和国土资源开发的战略性铁路的投资;

(3)其他干线铁路的引导性投资、贷款贴息;

(4)支线铁路的投资补助、贷款贴息;

(5)区域城际铁路的主导性或引导性投资;

(6)为铁路建设债券发行提供担保;

(7)为铁路项目融资、银行贷款提供必要的支持或担保;

(8)公益铁路的运营补贴等。

政府对铁路项目的投资,根据资金来源、项目性质和调控需要分别采取直接投资、资本金注入、投资补助、转贷、贷款贴息、运营补贴等方式。采取直接投资和资本金注入方式的,由中央政府部门和地方政府部门确定相应的出资人代表。

(二)政府铁路建设资金的筹措方式

中央政府目前的铁路投资资金包括财政预算内资金、国债、铁路建设基金、统贷统还的国外贷款等,用于基本建设的规模约300亿元,其中铁路建设基金是最主要的来源,约占75%,投资能力严重不足,必须进一步扩大资金来源和筹资规模。

1. 必须以某种方式继续保留铁路建设基金这一主要的资金来源渠道

铁路建设基金是铁路建设资金来源的主渠道，是加快铁路发展的重要保障，不能将其取消，否则中央政府铁路建设资金来源的主渠道将会被切断。继续保留的形式有以下选择：

(1)继续保留目前的铁路建设基金方式，对征收的范围和征收方法作适当调整，报国务院特别批准，延长征收期限。这一形式影响最小，可以基本保持目前的筹资水平。

(2)将目前的铁路建设基金并入铁路货物运价。这一方式对货主实际支付没有影响，也避免了社会对铁路建设基金征收的法理依据的各种质疑。但是，如何从企业所得转变到政府的铁路建设资金有相当障碍和难度，尤其是实施政企分开、确立企业市场主体地位后，这一问题将变得更为复杂；其次是在成本不透明、缺乏严格的成本监控和成本节约的激励机制的情况下，这部分资金很可能部分或全部被成本吞噬；再次是并入运价作为企业的收入，依据相应的法规纳税后，其实际的筹资额将会明显减少。

(3)将目前的铁路建设基金直接改为铁路建设税，即与征收燃油税相似，以铁路货物运价为税基征。这一方式可以较好地为铁路建设提供合法稳定的资金渠道，但涉及征收方式和资金管理方式以及征收和管理部门的变化，同时要对《铁路法》进行修改，还必须获得人大批准通过，程序复杂，难度也相当大。

(4)以线路使用费的方式向运输企业收取。即将目前的铁路建设基金转换为线路使用费，以运输企业使用线路需向线路所有者(国铁既有线路为国家所有)支付使用费的方式征收。线路使用费在铁路的清算中实际上已经使用，不存在征收困难问题，关键在于确定付费标准。该方式需要进行的工作主要有：

①确定线路使用费的付费标准(该标准与不同铁路公司之间的跨轨清算统一考虑)，明确需要向国家支付线路使用费的线路范围；

②线路使用费进入运输企业成本，同时根据线路使用费进入成本的结果调整铁路货物运价，并报国务院批准；

③在会计制度上，应允许将向国家支付的线路使用费计入企业成本支出项目和企业仍可以对这些线路按会计核算制度继续提取线路折旧。

采用该方式，a. 可以理顺铁路运价关系，为建立市场化的运价机制创造有利条件；b. 可以解决目前社会对征收铁路建设基金的质疑和基金挤占运价空间的指责；c. 最为关键的是符合铁路改革方向，可以为企业间的互联互通、清算以及建立透明的会计制度创造有利的基础条件；d. 可以较好地保持和扩大征收规模，支持铁路的发展；e. 国家可以通过对线路使用费标准以及铁路整体运价的宏观调控，引导运输市场，调整铁路与其他运输方式之间的发展关系。

2. 加大财政资金对铁路投资的安排

铁路建设基金是政府用于投资铁路的资金，但其规模无法支撑政府应承担的铁路发展职责，中央财政预算内资金目前每年投资铁路的资金仅约 40 ~ 50 亿元。铁路作为国民经济的重要基础设施和存在大量的公益性项目、超前战略性项目，尤其是公益性铁路项目更是

《国务院关于投资体制改革的决定》界定的政府主要投资范畴，需要公共财政给以更大的支持。为此，需要进一步明确中央政府对公益性铁路项目的投资责任和经营补贴责任，增加公共财政对这些项目的支持；省（市、自治区）政府也应安排一定数量的财政资金用于铁路项目的建设。

——中央财政预算内资金（包括国债）：主要是以无偿或非分红的方式投向公益性铁路项目，用于公益性铁路项目的直接投资、资本金注入、投资补助、贷款贴息、运营补贴，政府鼓励的其他低盈利性铁路项目的投资补助、贷款贴息等。

——省（市、自治区）政府安排用于铁路项目建设的财政资金：主要是以资本金注入的方式参与铁路的建设或为鼓励性的铁路项目提供贷款贴息等。

——铁路建设基金：主要是以国有资本的投入形式，投资于国家需要控制的路网干线项目和其他需要政府资金投入进行引导的铁路项目，主要是以资本金注入方式进行投资。

3. 扩大铁路建设债券的发行规模

铁路建设债券是目前铁路以债券形式筹集社会资金用于铁路建设投资的唯一渠道，发行形式是一种企业债券，实质上是政府行为，其以铁路建设基金作为担保，信用等级高，有着较大的市场需求，但发行规模受国家批准的发行额度限制。加快铁路发展应进一步发挥该平台的作用，扩大债券融资规模。

（1）申请国家批准更大规模的发行额度，争取每年发行规模达500亿元以上；

（2）申请一揽子债券发行计划，简化每次发行的审批程序，根据建设需要和市场需求发行不同期限、不同利率结构的债券品种；

（3）滚动发行，以借新债还旧债的方式持续融资，满足铁路长期建设和对资金较大规模的需求；

（4）积极开发新的债券融资模式，完善铁路债券体系。

4. 积极利用国外政府和国际金融组织贷款

目前铁路建设投资中，主要是以统贷统还的形式利用外资，约占总投资额的4%左右。对于低息和优惠的国外贷款应更多地安排用于铁路项目的建设。

5. 将投资收益继续用于铁路项目投资

政府所拥有的铁路企业收益和政府以股权方式投资铁路所获得收益，将继续用于铁路项目的投资，尤其是铁路改革后国家铁路资产归国资委管理的情况下，要保证这部分资金继续用到铁路发展上。尽管目前这部分资金数额很小，但随着运价的可能调整和股权投资规模的不断扩大，未来的数额将会不断增大。

6. 争取国家将征收的铁路行业营业税和所得税专项返还用于铁路的建设与公益性项目的运营补贴

争取国务院批准，将征收的铁路行业营业税和所得税建立财政专项账户返还用于铁路建设。具体方式可以建立公益性铁路项目建设与运营补贴基金，将返还的税款归入该基金，根据资金的使用原则，与财政预算内资金一并用于公益性铁路项目的建设和运营补贴。

7. 盘活现有铁路资产，以"存量换增量"和"存量带新量"筹集铁路发展资金

盘活既有资产，实现资本化运营，是加快铁路发展和铁路改革不可或缺的重要手段。

盘活现有铁路资产，首先，是要创建"企业(或公司)"，并进行规范化的股份制改造。其需要从总体改革的战略角度进行考虑，即未来的铁路公司较合理的规模应该是多大，是以分散的股份制公司上市还是较大规模公司的整体上市，如果规模过小，将会增大交易成本和给未来整体上市带来许多问题。目前可以将一些比较独立的、资产界面比较清晰、对网络整体运营影响较小，同时具有较强盈利能力的铁路线路及运营组建成独立运营和核算的股份制铁路公司进行市场融资，实现滚动发展。

——出让一部分公司股权，将出让股权获取的资金用于铁路新项目的投资；

——以私募形式招股，公司将所募集到的资金用于铁路新项目投资或收购其他铁路资产，使其他铁路的国有资产变现再用于投资铁路新项目；

——以公募方式首次公开发行股票(IPO)和再融资，公司将所融资到的资金用于铁路新项目投资或收购其他铁路资产使国有资产变现；同时，可以通过资本市场减持国家持股比例，将所变现的资金用于铁路新项目的投资。

第五节　扩大地方政府和社会资金进入的融资方式

吸引地方政府和社会资本投资铁路，除了政策和制度环境支持以外，还必须要有相应的资本进入渠道和平台，加快铁路发展需要有更大规模的股权融资和债务融资作为支持，以减轻铁路债务负担和经营压力，应扩大股权融资渠道和提高股权融资比例，积极开展项目融资可以有效增加铁路行业的融资主体，分担债务压力和扩大银行贷款的利用。

(一)大力吸引地方政府和社会资金以股权方式投资铁路建设

1. 推广以合资铁路方式扩大各类资金投入

(1)将路网规划中预期盈利能力较强、经济效益较好的铁路干线项目(如客运专线、煤炭运输通路等)拿出来招商投资，以合资铁路的方式进行建设。

一种方式是铁道部与各投资方确定股比和公司资本金比率，地方政府以铁路占用的土地折价和财政资金作为资本金注入，其他投资方以资金注入；

另一种方式是确定公司资本金比率，地方政府以铁路占用的土地折价入股，积极吸引其他投资者投资入股，铁道部对项目托底先行启动。

(2)对于盈利前景较差的项目，以政府财政资金或基金提供一定的投资补助或对铁道部投资限定分红条件的形式，由铁道部和投资方组建合资铁路公司，吸引地方政府和大型企业集团以及其他投资者共同参与投资，铁道部不一定控股，其投资主要是为其他投资者增强进

入的信心。

(3)对于公益性很强、没有盈利前景的铁路项目,主要以财政资金投资,要求沿线地方政府在土地等方面进行合作或参与一定的投资。

(4)对于有固定运输需求的参与铁路项目投资的企业,可以在相关的合作文件中承诺其拥有获得一定运力的优先权。

(5)国家政策银行对合资铁路项目建设提供政策性贷款支持,对于路网急需建设的项目,政府将以提供贷款担保或贴息的方式予以支持。

2. *以出让既有部分线路一定比例的股权融资社会资本*

对于部分对路网整体影响不大、资产界面比较清晰的线路,经过国资部门认可的资产评估和审查后,根据线路的性质,出让一定比例或全部股权,成立合资铁路公司或地方(或私营)铁路公司进行经营。

3. *以既有部分铁路线路或局部路网组建股份制公司募集社会资本*

对于既有的部分专运线路(如大秦铁路煤炭运输通道)、网络运营相对比较独立和资产界面比较清晰的部分局部路网,从整体路网中划出进行独立的资产管理和运营核算。

一种方式是以私募的方式吸收战略投资者等社会资本参与改组改造,组建股份制公司。改组改造的具体方式既可以出让部分国有股权,也可以扩大总股本。

另一种方式是向国务院以及证券监管等部门申请进行股份制改造和上市发行股票,以公募形式通过 IPO 和资本市场再融资(配股、增发、可转换债券)吸收社会资本投资铁路。

4. *支持地方铁路建设,增加地方政府和企业对铁路的投资*

按照事权划分和分层决策的原则,将一些主要为地方经济和大型企业集团生产服务的铁路交由地方政府和企业负责建设与运营,以提高地方政府和企业对铁路的投入,同时对地方铁路与国铁路网的互联互通提供政策支持,对于公益性较强的地方铁路,中央财政给予一定的投资补贴。

5. *采用特许权融资方式吸引国内外资金投资建设相关的铁路*

根据准入的相应规定,将某些铁路项目的建设与运营通过特许权协议的方式交由本国企业或外国公司等社会投资者进行建设和运营。根据铁路的特点,其主要可以采取:

(1)BOO 方式,即建设——拥有——经营。组建项目公司的股东既可以是国内投资者(包括自然人和法人),也可以是国外投资者。

(2)PPP 模式,即公私合营模式。由政府和私营投资者共同组建铁路项目公司,对相应的铁路进行投资建设和经营。

(3)BT 方式,即建设—转让模式。BT 模式比较适合铁路网络化运营的特点,对目前铁路运营管理方式不需要做大的改变,社会投资者省去对运营结果和可能的不公正的担忧,可以直接根据与政府铁路部门的协议进行投资和获取投资收益。铁路部门可以选择一些适合的项目,探索采用 BT 投资模式,吸引国内外企业、财团对铁路项目按照项目建设主管部门的要求进行投资和组织施工建设,项目竣工验收合格后,由项目建设主管部门按照合同一次回购,分期支付资金。

(二)搭建多种方式的社会资金进入平台,扩大社会资金的利用规模

1. 扩大债券融资平台

(1)进一步扩大铁路建设债券发行规模。在国家的支持下,进一步利用铁路建设债券形成的品牌扩大债券发行规模,争取每年达500亿元以上。

(2)发行铁路项目企业债券。组建规范化的铁路公司,在严格防范风险的前提下,积极向国家债券发行主管部门申请额度发行企业(公司)债券,以企业债券的形式融取社会资金用于铁路建设。

(3)发行铁路企业可转换债券。组建股份制铁路项目公司和积极推进铁路企业股份制改造,对于预期收益比较稳定的铁路项目公司和企业,经国务院投资主管部门和证券监管机构批准,允许其发行一定额度的企业可转换债券筹集项目建设资金。

2. 建立铁路产业投资基金

产业投资基金,是一种按照约定的投资方向进行投资的利益共享、风险共担的集合投资制度,通过向投资者发行基金份额设立基金,委托基金管理人管理基金资产,委托基金托管人托管基金资产。

对于铁路行业的发展和铁路投资项目,建立铁路产业投资基金可以通过此平台将社会各方面有意投资铁路包括分散的个人资金在内的各种资金汇集起来,形成较大规模的权益性投资资金。其既是分散的个人资本提供投资铁路的平台,也是拥有大资金规模的保险资金、养老基金、社保基金投资铁路,获取稳定收益的主要渠道。

目前,我国法律还缺乏有关产业投资基金的规范,为此,需要争取国务院和证券监管部门的批准,进行铁路产业投资基金的试点;同时,还必须争取保监会等部门的支持,允许保险资金等通过购买铁路产业投资基金投资于铁路。

3. 扩大融资租赁方式的采用

铁路运输和工程建设每年需要巨额的资金用于购置机车、车辆以及工程设备等,目前主要是以企业投资形式向银行借款购置。为了更广泛地利用社会资金,减轻铁路对投资资金的需求压力和促进铁路加快技术更新,积极支持各类社会资本开办铁路设备融资租赁公司,为铁路机车车辆以及大型设备等进行国内和国际融资租赁。

4. 探索资产证券化融资方式

积极探索采用资产证券化盘活铁路流动性差但质量较好的资产,其也是利用社会资金支持铁路发展的重要渠道。

(三)积极利用银行贷款和开展项目融资,增强债务融资能力

1. 进一步提高政策性银行以及商业银行对铁路建设项目的贷款支持

国内金融机构贷款是我国铁路基础设施建设非常重要的资金来源,其中开发银行是铁路建

设项目的最主要的贷款银行，截至2004年底，共承诺铁路行业贷款1622亿元，人民币贷款余额902.5亿元，占开发银行总贷款余额的7%，居第四位，但远低于前三位的城建(27%)、电力(24%)、公路(23%)。铁路建设规模的扩大必然要求债务融资增加，为此，铁路行业将进一步建立健全制度保障，落实项目法人制，提高经营管理水平和投资效益，完善信用结构，通过组织增信和相应的还款资金来源担保，提高国家铁路整体的信用等级和建立多元化筹资的铁路项目的有效信用结构，以规避和减小金融机构的贷款风险，扩大银行贷款对铁路建设的支持。

2. 积极采用和推广项目融资方式，增加融资主体和提高融资能力

铁路项目一般投资大、回收期长、现金流稳定，不少投资项目可以符合项目融资的要求。对于预期盈利能力较强的铁路建设项目，政府主管部门将支持项目投资发起人组建规范化的项目公司(包括BOO等特许权方式)，通过对项目的投资结构、融资结构、信用保障体系以及风险转移体系的设计，以项目融资的方式向国内外银团进行融资建设。这一方式既可以通过一系列的合同关系分担风险，又可以有效增加铁路行业的融资主体，减轻铁道部单个融资主体的债务负担，有利于扩大利用银行贷款。

(四)推进铁路投融资体制改革的相关保障措施

1. 加快铁路管理体制的改革，为铁路投融资体制改革的深化提供保障

铁路管理体制的改革是建立较完善的铁路投融资体制的前提条件，目前铁路投融资体制改革遇到许多问题都与管理体制有关或有待于管理体制的改革才能深入。为此，必须加快铁路管理体制的改革，在未进行总体改革之前，对推进投融资体制改革必须解决的有关制度建设问题应积极加以解决。

2. 抓紧《铁路法》和有关合资铁路方面法规的修订，为铁路投融资体制改革提供法律支持

现行的《铁路法》和有关合资铁路方面法规的部分内容已经落后于当前的发展实际，同时，铁路管理体制和铁路投融资体制的改革都需要法律先行和为改革提供法律支持。

3. 由国务院牵头协调各部门对铁路投融资体制改革的支持

铁路投融资体制改革仅靠铁路部门和国家投资主管部门是难以较全面地推进的，其涉及国家预算内资金对铁路的投资，保险资金、养老基金、社保基金等投资许可问题，扩大银行贷款规模和项目融资的实施问题以及股票、债券发行审批等，涉及的部门多、级别高，由国务院牵头才能较全面和较深入地拓展铁路投融资渠道。

4. 建议组建铁路货车公司，负责铁路货运车辆经营与管理

铁路货车的使用与管理涉及整个铁路网互联互通的运营组织、调度公平、运力配给、市场竞争等一系列问题。为了更好地适应铁路网络化经营的特点，减少运力使用分配上的不公正，同时减少回程空车对铁路能力的占用以及降低铁路运输者进入的成本，建议组建铁路货车公司，对全路货车按一定要求进行投放和经营管理。各铁路公司货物运输需要使用货车时向货车公司申请，由货车公司就近安排空车并向所经线路的公司支付空车调配线路使

用费，铁路公司按使用天数向货车公司支付使用费，货车公司在全国各主要车站设立提还车点。各铁路公司也可以拥有自己的货车，主要是在公司境内运营使用。

第六节　推进铁路投融资体制改革的实施措施建议

铁路是我国综合运输网络的骨干，是适合我国国情应该大力发展的一种运输方式，改革开放以来，铁路发展取得了很大成就，为保障和支持国民经济的快速发展作出了重要贡献，但是，总体发展水平仍然较大滞后于国民经济和社会的发展需要，落后于其他运输方式的发展。铁路运输在我国有着巨大的市场需求，对社会资本投资具有很大的吸引力，发展滞后的根本原因在于铁路市场化进程缓慢、管理体制和投融资体制不适应市场化发展的要求。根据党的十六届五中全会关于"加快发展铁路"和"深化垄断行业改革"的要求以及具体落实《国务院关于投资体制改革的决定》，国家发展改革委应进一步推进铁路投融资体制改革，以发挥市场配置资源的基础性作用，充分调动各方面投资建设铁路的积极性，促进铁路加快发展，实现综合运输体系结构优化，支持国民经济平稳快速发展，满足不断增长的客货运输需求。

(一)深化铁路投融资体制改革的指导思想和总体目标

进一步推进铁路投融资体制改革最主要的目的是要通过铁路领域的进一步开放和建立符合资本运营规律的制度和市场规则，充分调动地方政府和各类社会资金投资建设铁路的积极性，形成投资主体多元化及铁路投资建设力度大幅提高的加快发展局面。

近期推进铁路投融资体制改革的指导思想应是：按照完善社会主义市场经济体制的要求，根据《国务院关于投资体制改革的决定》和《关于鼓励支持和引导个体私营等非公有制经济发展的若干意见》，进一步放宽和落实市场准入政策，提高市场配置资源的基础性作用；加强市场制度和网络化运营规则建设，营造各类投资主体公平、合理竞争的投资市场环境，大力吸引社会资本进入；明确"分层规划、分层实施"的责任主体，充分调动地方政府投资建设铁路的积极性；进一步巩固和拓宽中央政府和地方政府铁路建设资金的来源渠道，加大政府对铁路建设的投入，实现铁路运输生产力的快速发展和运输紧张状况的全面改善。

近期推进铁路投融资体制改革的目标应是：通过落实准入政策和完善市场体系框架，基本建立符合资本运营规律的"政府主导、鼓励社会资金积极进入、投资主体多元化、融资方式多样化"的铁路投融资体制。

(二)建立"分层规划、分层负责实施"制度，进一步落实铁路建设项目的市场准入政策

1.改革项目规划及审批制度，明确网络规划的各层次实施责任主体

改革全国铁路网不分网络层次、不分项目性质和服务功能，一律由铁道部负责统一规划

和作为规划实施的主要责任主体的现行做法,实行“分层规划、分层负责实施”制度。全国干线铁路和路网重要支线铁路由铁道部负责规划和作为规划实施的主要责任主体,规划报国家发展改革委和国务院审批;主要为地区性服务的铁路以及区域城际铁路由所在地的省市政府规划及联合规划,并作为规划实施的主要责任主体,规划报铁道部和国家发展改革委审批;国家发展改革委根据综合运输网络布局和发展需要,经科学论证,可以提出部分线路的补充规划,报国务院批准后纳入全国路网规划,并根据不同线路的性质确定和选择项目业主。

所有新建的路网性铁路项目都必须是经国务院或国家发展改革委批准的规划项目;对于企业不使用政府性资金投资新建跨省(区、市)或100公里及以上的铁路项目由国务院投资主管部门核准,其余项目按隶属关系分别由国务院行业主管部门或省级政府投资主管部门核准;对于使用政府性资金投资新建跨省(区、市)或100公里及以上的铁路项目的铁路项目由国务院审批,其余投资额在1亿元以上的项目按隶属关系由铁路行业主管部门或省级政府核审后报国务院投资主管部门审批,投资额在1亿元以下的项目按隶属关系分别由铁路行业主管部门或省级政府审批。

2. 合理界定政府对铁路投资的范围

政府投资主要用于关系国家安全和市场不能有效配置资源的铁路项目,包括全国路网性重大铁路干线和公益性强的铁路项目以及必须由政府资金先行启动的急需建设的铁路项目。能够由社会资本投资建设的铁路项目,尽可能创造条件利用社会资本建设。省市地方政府对于经过本区域的全国铁路干线和路网重要支线负有共同建设责任。

3. 进一步放宽社会资本投资铁路项目的限制

确实贯彻落实《国务院关于投资体制改革的决定》和《国务院关于鼓励支持和引导个体私营等非公有制经济发展的若干意见》,允许境内外社会资本依据法律法规规定的条件投资相应类别的铁路项目以及法律法规未禁止的铁路项目,其包括铁路干线、铁路支线和地方铁路、独立桥梁和隧道、跨海轮渡、集装箱中心站、客货运站场等领域;鼓励社会资本参与既有铁路的股份制改造。除全国路网性重大铁路干线由中央政府控股以外,其他铁路干线可由地方政府或其他国有资本以控股、独资、联合等方式投资建设,铁路支线、地方铁路、客货运输站场等可由各类社会资本控股、独资以及联合投资建设;境外资本参与投资的干线铁路,由中方控股,国家另有规定或特别许可的项目除外。

4. 加强市场机制的引入

对政府为主投资的铁路项目,要采用市场化的运转方式,积极吸引社会资金和民间投资进入。对于与有铁路干线平行的铁路项目以及煤运通道,将按准入条件,优先考虑地方政府、社会投资者进行投资建设,促进铁路市场竞争,提高项目效益和效率。

(三)健全铁路网络化运营的市场框架和规则,促进公平竞争和市场主体多元化

1. 建立路网通路权合理开放制度

路网通路权合理开放制度是实现路网公平互联互通和构建网络化经营市场体系构架的

关键,也是行车公正安排的基础。既有路网性铁路必须按照路网规划和"互联互通"的原则允许新建铁路项目接轨,线路接轨条件、接轨方案以及接轨站改扩建投资由铁路主管部门审批和监督;各企业(公司)经营的铁路线路,必须根据《铁路网络化运营的线路通路权制度》向其他铁路公司和专业运输公司开放一定比例的旅客列车通路权和货物列车通路权,并签订各铁路公司之间的互通协议。《铁路网络化运营的线路通路权制度》由国家发展改革委和铁道部共同制定。

2. 建立公平、公正的行车调度规则

铁路运输实施运输集中统一指挥,本着平等、公平、公正的原则进行全路运行图的编制和调整,依据各铁路公司之间的互通协议和同方向线路技术条件、能力利用状况、计费里程、货主要求等进行统筹平衡,兼顾各铁路企业(公司)及货主利益,并根据运输能力的利用情况对合资和独资铁路给予适当的倾斜,为各铁路企业(公司)参与网络化经营和在网络化经营中获取合理收益提供有力保障。《公平、公正的行车调度规则》由国家发展改革委、铁道部以及铁路运输主要的经营企业共同协商制定。

3. 进一步完善铁路运输收入清算体系

按照平等、公正、透明的原则,依据各类线路的实际运行成本和服务质量,进一步科学制定统一的铁路运输收入清算标准和清算办法,并保持清算服务机构的相对独立性,建立公开、公正、公平的清算平台。同时,进一步细分和完善铁路运营成本项目分类,实施分类核算,明晰各类线路和各类业务的实际成本,为公平合理地确定及调整清算价格标准提供更可靠的依据。

4. 赋予铁路运输企业(公司)运价浮动权

允许铁路运输企业(公司)在国家批准的基准运价的基础上拥有一定的运价浮动权。铁路货物运价实施上下20%的浮动权,各铁路运输企业(公司)可以根据市场供求关系和营销战略,本着公平竞争、非歧视的原则,实施浮动运价,与货主签订合同运价、大宗货物运价;铁路旅客票价由基准票价和浮动票价两部分组成,票价浮动率为上下15%,高速铁路(铁路客运专线)初始运营的旅客基准票价由国务院价格主管部门审批确定,铁路运输企业(公司)可以根据不同的季节和市场供求关系在获得备案的情况下实施上浮或下浮(折扣)运价,铁路旅客基准票价和浮动率的调整执行《价格法》的价格听证制度。铁路主管部门将通过制定更加科学、规范化的铁路运输成本核算体系和健全财务报表制度,提高铁路运输成本的透明度,为铁路运输基准运价的确定提供更准确的依据。

(四)构建多种形式投融资平台,拓宽各类投资主体投资铁路的途径和渠道

1. 推广合资建路模式

各责任主体负责的铁路建设项目,除了少数公益性和政治性很强、社会资本不愿意进入的项目以外,其他需要政府资金参与一定投资的铁路项目都将积极采取合资建路模式,包括

中央政府与地方政府以及社会资本合资模式、中央政府与地方政府合资模式、中央政府与社会资本合资模式、地方政府与社会资本合资模式。近期将充分利用铁路客运专线、煤运通道、区域城际铁路、集装箱站场等建设项目产权界定比较清晰、经营前景好、收益比较稳定的优势,推广合资建路模式,在这些项目中,符合条件要求的投资主体都可以控股。同时,建立部、省(区、市)共建机制,对于以中央政府为责任主体、需要政府资金投入的新建铁路项目,地方政府要承担相应的共建责任和分担一定的投资比例,其投资方式可以资金投入或以负责的铁路建设用地征地拆迁费折价入股等多种形式;对于以地方政府为责任主体、需要政府资金投入的新建铁路项目,中央政府将运用铁路建设基金、国债、铁路建设债券,对不同类型的铁路项目承担一定比例的投资或对项目投资进行补助。具体实施办法由发展改革委和铁道部共同制定。

2. 鼓励社会资本联合或独资投资建设铁路

按照“能够由社会资本建设的项目,尽可能利用社会资金建设”的原则,除了允许和鼓励社会资本联合或独资投资建设铁路支线、联络线等非干线铁路项目以外,对于相对完整独立、有运量保障、投资前景看好的煤运通道、客运专线以及其它干线铁路项目,只要符合准入条件,都允许和鼓励地方政府、社会资本以联合或独资方式进行投资建设,国家在项目立项、审批上给予支持,地方各级政府要对线路征地拆迁给予协助。

3. 建立权益性投资平台

铁路主管部门将积极选择资产优良、运营网络相对比较独立、资产界面比较清晰、具有一定规模的线路或区域路网进行公司化股份制改造,鼓励战略投资者参与这些线路的公司化股份制改造。同时,通过发行股票和可转换债券上市,建立吸引社会资本进行权益性股权投资的平台。研究建立铁路产业投资基金,为保险、社保等大型资金以及其他分散的社会资金间接铁路搭建有效的平台,近期主要选择资产边界清晰、经济效益前景好、管理相对规范的铁路客运专线、煤运通道等铁路项目作为铁路产业基金的主要投资对象,确保具有较稳定的投资收益。

4. 多途径、多方式利用外资

进一步巩固既有渠道和扩大利用世行、亚行等国际金融机构以及外国政府贷款规模,积极吸引外资直接投资铁路开放的各领域。符合《外商投资产业指导目录》规定的铁路项目,积极创造条件,鼓励外商直接投资,允许外商以先进技术装备投入的方式组建合资公司和根据《外国投资者对上市公司战略投资管理办法》的规定对铁路上市公司进行战略性并购投资;引导外资参与铁路企业的公司化股份制改造;根据准入的相应规定,将筛选出一些铁路新线项目以特许权融资方式吸引外商投资建设。

5. 建立融资租赁平台

积极支持和利用各类社会资本开办设备融资租赁公司开展铁路机车车辆等移动设备的融资租赁活动,减轻铁路项目一次性投资的资金压力和促进铁路技术装备的加快更新;探索政府性铁路建设项目的 BT 模式。

（五）加大政策支持力度，提高加快铁路发展的保障性

1. 改革铁路建设基金征收方式

铁路建设基金对我国铁路的发展发挥着极其重要的作用，是当前和未来铁路继续发展的重要保障，将继续给予保留，同时，将根据国家税费改革要求对其征收方式进行改革。根据我国铁路建设的投资方式不同，本着公平竞争和“谁投资，谁收益”的原则，将对国家投资建设的既有铁路收取货物运输线路使用费，收取的对象为运输经营企业，收取的线路使用费归入铁路建设基金财政专户用于铁路建设；线路使用费进入企业的运输成本，同时相应调整国铁货物运价，使市场各运营主体基本处于同等的运价基础上竞争。国家对合资铁路的投资将通过股权分红的形式获取回报，获取的回报资金（红利）统一归入铁路建设基金财政专户继续用于铁路建设。各省（市、区）也应建立相应的铁路建设基金财政专户，其资金用于本省（市、区）相关的铁路项目建设。《国家铁路线路使用费标准及征收办法》由国家发展改革委、铁道部、财政部共同制定。

2. 扩大铁路建设债券发行规模

改革铁路建设债券发行管理制度，根据铁路建设总体发展需要和五年规划中的建设项目安排，在严格防范风险的前提下，扩大债券发行规模，研究采取五年总发行额度和年度余额控制的债券发行审批管理办法，允许铁路主管部门在额度内灵活确定发行规模和发行不同期限、不同利率的债券，形成“滚动发行”机制。在统一发行的铁路建设债券中，划出一定的比例用于省级责任主体负责的铁路项目，由省级责任主体负责偿还。支持铁路探索资产证券化融资方式。

3. 支持铁路企业股份制改造上市

在保持路网结构完整、坚持运输集中统一指挥、提高运输效率的前提下，支持对既有铁路进行股份制改造和上市，国家证券管理部门对经过国务院批准的铁路股份制公司 IPO、资本市场再融资给予优先安排。

4. 增加保险、社保等资金对铁路的投资

适度放宽保险、社保等资金对基础设施的限制，建立相应的投资管理公司，经批准，允许以权益性投资、信托融资产品、铁路产业投资基金、铁路资产证券化融资产品等方式投资铁路项目，并在投资比例和额度上给予更多支持。

5. 银行贷款支持

按照市场化原则改进和完善银行对铁路建设项目的贷款审批和相应的风险管理制度，对于中央政府和地方政府批准立项的铁路建设项目给予贷款支持和提供相应的优惠贷款，根据铁路项目运营收益前期较低的特点，可适当延长宽限期；对于重大铁路建设项目，可采用银团贷款等多种形式支持项目建设。

（完成于 2006 年）

第九章 >>

枢纽的概念问题以及与通道布局规划的关系

内容提要:目前枢纽概念混乱,影响了正常表述和规划制定。交通枢纽与运输枢纽集合了抽象的枢纽概念与实体站场有着本质的区别:运输站场主要是为运输承运人和客货集散、中转等提供服务,不是主控运输链的链主;在枢纽站场中,综合客运枢纽具有有效性,综合货运枢纽是无效的;运输通道的级别应该与宏观运输枢纽的级别相匹配。

第一节　交通枢纽与运输枢纽的区别及关系

目前在理论界、学术界对交通运输方面的枢纽没有统一规范化的定义和分类,"枢纽"的叫法非常混乱,概念不清,"交通枢纽"和"运输枢纽"经常混用,不仅在口头表述和文章上,在一些规划文件上也有这种现象,导致了所指的是宏观枢纽城市还是枢纽站场不易区分等问题。

(一)"交通"与"运输"的区别

"交通"与"运输"都具有广义和狭义的含义,经常被相互替用或通用,但严格上二者有区别,侧重的对象和内容不同。"交通"的主要含义是通行、往来,关注的重点主要是载运工具的方式和运行过程以及运行的整体状态;"运输"的主要含义是运送、搬运,关注的重点是载运工具载运对象(即人和货物)的位移及实现位移所提供的各项服务,其具有产出产品的性质,是载运工具运行的目的和结果,生产过程包括运输组织、装卸、载运工具运行过程、信息和单据传递以及其他相关的服务,即使通常所说的"私人交通"、"公共交通",实质上也是指采用"私人载运工具"、"营业性载运工具"进行的"运输",就如自货自运并不叫私人交通一样。

（二）交通枢纽与运输枢纽的区别

根据《辞海》，“枢”指事物的重要部分或中心部分；“枢纽”比喻重要的地点或事物的关键所在。从专业角度，交通枢纽与运输枢纽在实际形态和功用上是有很大差别的。

交通枢纽，主要是指交通网络的中枢或重要结点，是载运工具流产生、汇集、交汇的关键区域。交通枢纽强调的主要是交通网络的汇集和连接，满足交通流的继续或改变流向的要求，并不一定要进行具体作业。除了具体的网络节点以外，一般地，其所指的结点和线路交汇衔接是在一个地域范围内由相关线路连接形成的大结点，具有宏观和抽象的概念；有的结点伴随着交通流的到达和出发有大量的客货运输作业，而有的结点则可能客货运输作业量很小或仅是对交通载运工具进行相应的编解和编组等作业，只是起到交通流的继续和改变流向的作用。因此，指交通区位条件、网络上的重要节点城市或枢纽城市可以用交通枢纽表示，如西南交通枢纽、全国性综合交通枢纽、北京综合交通枢纽等，其中心意义，一是指已经具有或需要规划建设相应数量和功能级别的通道与之相连和匹配；二是指区域网络核心功能和对区域经济辐射带动功能的支撑强度。

运输枢纽，是指运输网络中有较大规模客货运输生成源的主要结点，并由一组或多组客货运输站场构成的为进行客货运输生产和为旅客/货主能够集体性便利地利用公共运输的基础设施，强调是为旅客和货物的集疏运和中转以及货物的装卸、仓储、信息服务、中介代理等提供服务，并进行相应的运输组织活动，使旅客和货物运输更有效率和顺利地完成全程运输，即可以简单地概括，“运输枢纽”是为了满足客货运输作业需要而建设的基础设施。其规模主要取决于当地的对外运输量和中转量，也与整个运输网络的组织模式有关。运输枢纽形成的根本前提是所在地区有较大的客货运输需求生成源、区域客货流的主要汇点和中转地，而不仅仅是交通网络的结点。

（三）运输枢纽与交通枢纽的关系

运输生产必须依托载运工具的交通运行来完成，交通流产生于客货流，运输枢纽站场既是进行运输生产组织的具体场所，同时又是公共运输载运工具流（除了直接的门到门运输以外）在交通枢纽内发生、到达、通过、停靠的具体物理点，是与交通网络相配套的基础设施，是交通枢纽结点功能的具体体现和落实。

通常，人们会把某一个地区或城市有多条干线交通线路通过和交汇称之为“交通枢纽”，来表示该地区或城市在综合交通网络中的地位。同样，在宏观“运输枢纽”规划与定位时也是以干线交通线路的连通度作为重要评判依据，交通网络的发达促使运输枢纽实体的形成和地位的提升。但是，这主要是外生条件，并不是运输枢纽形成的实质原因。宏观“运输枢纽”的形成，其根本前提是所在区域有较大的客货运输需求生成源和所在城市是主要的汇点，生成的主要机理是该城市拥有较大的人口和产业规模、对外客货运输需求量大，是区域的主要中心城市、商贸中心、生产和消费的主要集中地，而且，对周边城市和地区具有较强的吸引和辐射功能，是它们对外运输的主要中转地，其体现的不仅仅交通基础设施的地理布局，更重要的是体现区域经济和人员活动集聚中心和区域对外交流中心，运输枢纽的规模主要取决于当地的运输量和中转量。当然，运输枢纽的形成和发展必须要有相应发达的交通运输网络作为基础和前提，否则形不成运输枢纽；运输枢纽规模较大的城市必定是网络的重要结点和交通枢纽城市，但反之并不一定成立，即有主要以交通流通过为主交通枢纽城市。

第二节 运输枢纽与运输站场的概念区别

(一)概念规范化的必要性

随着我国交通网络基础设施的快速发展，交通状况的不断改善，运输枢纽发展不足和滞后已成为突出问题，影响着运输能力的充分发挥和行业整体服务水平的提高。加快运输枢纽发展已受到各方的重视，是交通运输发展规划和建设的重要内容。然而，运输枢纽的属性与线路、航道等基础设施相比，经营性的特点更为突出，其发展不仅仅是投资建设，更为重要的是站场的运营与服务。目前由于对枢纽的相关问题和内涵认识不是很清晰，很多规划基本上是按照线路基础设施的规划方式和以枢纽站场主导运输链的思路作枢纽规划，由此造成不少规划只停留在宏观层面或理念上，难以被具体落实，有些站场虽然规划了场地但没能被有效地建设和经营起来。

在当前非规范化的叫法中，运输枢纽既有指一组或多组客货运输站场的集合，如北京铁路枢纽、北京公路主枢纽等，其具有集合、抽象的概念；也有指单个运输站场实体的，如六里桥综合客运枢纽、上海虹桥综合交通枢纽、××客运枢纽等。为了更有利于辨别所指和表述的一致性，有必要对叫法进行统一规范化。

(二)运输枢纽的概念统一

建议统一到总称的概念上，指一个地区内枢纽站场的有机整体，至少应包含两个及以上枢纽站场或多种运输方式枢纽站场的组合。

——单一方式运输枢纽(其是对于大交通方式而言，可以有多种集疏运方式)，指的是其枢纽站场的集合体，如××铁路枢纽，指的是结点范围内的所有客货运站场、线路和编组场等基础设施的整体；××公路主枢纽、国家公路运输枢纽，指的是结点范围内客货运枢纽站场以及信息中心等基础设施的集合体。

——综合运输枢纽，指的是两种及以上对外运输方式枢纽站场集中布局的一体化组合实体，其不是宏观概念，是运输站场实体，之所以不用站场称呼，主要是避免诸如“北京西站综合客运站”等绕口叫法。对于宏观上或泛指的各种运输方式枢纽站场集合的概念，建议用

"综合交通运输枢纽"表述,如"完善××市综合交通运输枢纽布局,积极发展和建设综合运输枢纽"。

(三)运输站场的概念统一

具体的实体概念,指进行运输生产组织、客货换乘/换装、中转衔接以及货物仓储的建筑场所。如公路客运站、货运站,铁路客运站、货运站、货场,其既可以是枢纽站场,也可以是非枢纽的一般性客货运站场;机场、港口也属于站场范畴。

枢纽站场,指归属于运输枢纽组成的客货运站场。如北京铁路枢纽的北京站、北京西站、北京集装箱中心站,北京公路主枢纽的六里桥客运站、四惠客运站。

(四)运输枢纽站场的类型

实体运输枢纽,即运输枢纽站场,是连接两段运输过程的平台和纽带,是进行一体化运输组织的关键。在各种运输方式中,除公路外,铁路、航空、水运基本上都不能单独完成客货运输的全过程,需要公路或其他运输方式通过在枢纽站场中换乘(换装)进行集疏运;此外,对于大中城市,外部运输不能直接进入城市,必须在运输枢纽站场中与城市交通进行换乘(换装)。因此,运输枢纽站场是进行运输组织、客货集散和中转的重要基础设施和场所,是各种运输方式以及城市内外交通在物理和逻辑上实现"零距离换乘"、"无缝衔接",完成全程运输服务的关键设施和必要环节,其关系到整个运输系统的效率和运输组织模式,关系到便捷性和服务水平。

目前对实体运输枢纽没有统一的分类,尤其是综合运输枢纽主要是停留在一般的名称概念上,没有明确的定义,并由于体制等原因,实际操作的不多。如果说综合运输枢纽为两种及以上运输方式在同一枢纽站场内实现换乘(换装)和中转,那么,我国的许多港口都达到这个条件,但很少有称它们为综合运输枢纽的,而是将与港口衔接的其他运输方式称之为集疏运方式,实际上,也没有必要仅为了中转而将两种不同运输方式的货运站场放在一起,必定是一种运输方式为另一种运输方式(货运)集疏运。由此,可以一般地推论,综合运输枢纽应是对城市而言,而且是对客运而言。由于大城市内部交通运输自成体系,有着与外部交通运输不同的各种管制规定和组织方式,因此,城市交通也可以统一理解为一种运输方式;外部运输与城市内部运输必须在运输枢纽站场换装(换乘)进行运输衔接,依托城市而建立的每一个城市型枢纽站场都具有这一基本的共同功能,几乎没有纯粹为外部中转而建立的枢纽站场。外部运输为单一运输方式的站场,一般都称之为××公路客运站、铁路××站;只有外部运输为两种及以上运输方式在同一地理位置上进行一体化共同布局,实现多种外部运输方式与城市交通的便捷衔接(换乘)以及它们之间的中转换乘的大型综合型客运站,才能称之为实体的综合运输客运枢纽或综合客运枢纽。从交通运输的发展情况看,城市型综合运输客运枢纽主要有公铁、公水、公空以及公空铁四种组合,其他形式的中转一般都需要通过城市交通的运输连接。

对于城市型运输枢纽站场，由于具有外部运输与城市运输的换乘（换装）的功能和中转功能，仅从外部运输方式的本身很难进行清楚的分类，应该从与城市交通关系的角度对其进行分类。同时，运输枢纽的分类不是为了分类而分类，而是为了树立一种正确的规划理念，使其规划布局和建设能够更好地与城市发展和城市空间布局相结合，在提供有效服务的同时，减少对城市交通的压力。笔者认为，城市型运输枢纽站场从主要功能角度可以分两大类：

一类主要功能是为外部运输与城市内部运输换乘（或换装）服务的枢纽站场，主要为城市客货运输进出、集散提供服务，基本不具备外部运输直接的中转服务功能，如按高速公路单线路布局方向设立的公路客运站场基本属于这一类型。当然，其也可以通过城市内部交通连接实现中转服务，但这已不是严格意义上的"中转"。这一类枢纽站场实际上是城市内外换乘（换装）枢纽站场。对于公路客运来说，实际上就是服务于单一方向的客运站，平常一般称呼为"××公路客运站"。

另一类是具有衔接换乘和中转服务两种功能的枢纽站场，既为外部运输与城市内部运输提供换乘（或换装）服务，又为外部运输转外部运输提供中转衔接和服务。这一类枢纽站场在为本城市服务的同时，具有较强的区域服务辐射以及运输大网络组织节点的特征，可以称之为"综合性客（货）运枢纽站场"。这一类型又可以分为两种形式：

一种是单一运输方式的综合性枢纽站场。其主要是在为外部运输与城市交通衔接提供服务的同时，提供同种运输方式的衔接、中转换乘。如主要城市的铁路站场、服务于多个方向的公路客运站等，其都具备外部运输不同方向连接、中转换乘的功能。对于公路客运来说，在分类上可以将其分到"公路综合性客运枢纽站"类，平常称呼一般仍为"××公路客运站"或"××公路综合客运站"。

另一种是由多种运输方式组成的综合性枢纽站场，其由两种及以上外部运输方式组成，实际上就是通常所说的综合运输枢纽。如公铁组合的枢纽站场，其既具有铁路、公路与城市交通衔接，又具有铁路与公路之间中转换乘以及铁路各线路方向间、公路各不同方向间中转换乘的功能，在分类上可以将其分到"公铁综合客运枢纽"类。由于这种枢纽站场主要是以铁路或航空为主导方式，公路主要作为地区性集疏运和中转方式，故在称呼上一般为"××（铁路）站综合客运枢纽"、"××机场综合客运枢纽"。它们的类型结构大体可用图9-1表示。

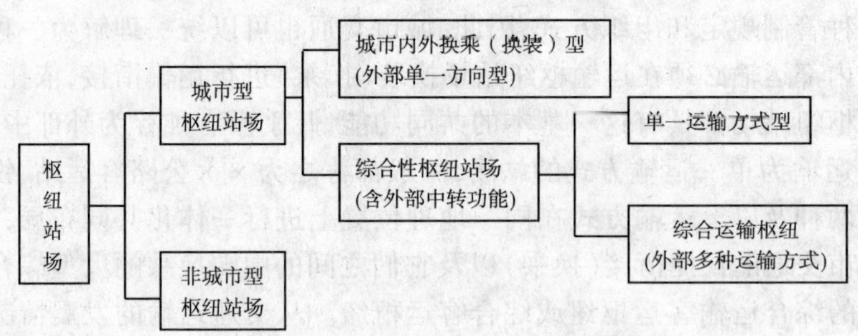

图9-1　运输枢纽站场类型结构图

(五)综合客运枢纽的有效性,综合货运枢纽的无效性

在旅客运输中,中转、换乘环节是由载运对象即旅客本人自行行走和办理手续完成的,无论是在同一运输方式还是在不同运输方式间都是如此,将两种及以上对外运输方式的客运站以及集疏运的城市交通在统一的场地进行集中、立体布局,既可以为旅客提供便捷的"零距离"换乘、一体化衔接服务以及多种出行方式的选择,又可以节约土地、空间资源以及集疏运交通等基础设施的配置数量等。因此,积极规划和建设综合客运枢纽是合理的、有效的。

而在货物运输中,在运输站场的衔接环节完全不同于旅客运输,要复杂得多,不仅需要收发货、验货、单证制作和传递、各种手续和凭证交接以及结算,还需要装卸、搬运、仓储、包装以及容器(如集装箱、托盘等)堆放与管理等,不同运输方式以及承运人之间的边界和责任要求非常清晰,货运交接手续办理齐全、完整,需要各自相对独立和封闭的场所,而且货运站场一般主要以平面布局为主,不太适宜于立体组合布局。因此,综合货运枢纽,即不同运输方式货运站场的组合布局模式,不适合于货物运输的特点,也不一定会带来土地等资源的节约和方便用户,反而可能会带来交通的过度集中和进出道路的更加拥挤问题。

(1)在不同运输方式的转运以及集疏运中,要么由前一种运输方式直接运送到后一种运输方式的站场中,如公路直接运送到铁路、港口,铁路直接运送港口;要么由后一种运输方式直接从前一种运输方式的站场取货起运,如公路从铁路车站/货场,铁路从港口等。它们都不需要从一种运输方式的站场转到另一种运输方式的站场再起运。

(2)即使是港口有公路、铁路、水路等多种集疏运方式,港口也不是集多种运输方式站场的综合货运枢纽,也仅仅是港口自身的货场、堆场。公路、水路直接送达/取自港口;铁路深入港口部分为港口所有和管理,港口内没有归属于铁路运输部门的货运站场,其形式与铁路专用线相似,尽管铁路运输是由货主申请和办理港口相关手续,但收发货对象也只有港口一家的仓库和堆场,由港口经营单位负责货物装卸,而且港口装卸的货车一般都要送到港口以外的铁路部门港前站进行交接和编组场进行编组再运行,从港口直接开行的固定班列,其手续也不是在港口内办理,对于铁路来说港口内实际上只是一个装卸作业点,而不是一个铁路站场,其也不受理港口以外的货物。因此,对于港口来说,有综合运输集疏运系统,而不存在综合货运枢纽。

(3)即使是拆/拼装箱、包装以及仓储等原因需要从一种运输方式的货运站场转到一种接运方式的货运站场,如港口集装箱转到公路货场进行拆箱或从公路货场拼装箱后送到港口或者港口堆场不足,需要转移到公路货场以及铁路与公路、航空与公路等存在的如此类似情况,在两者的站场之间无论远近都需要进行搬运倒转,唯一不同的只是搬运的距离长短不同而已,不同运输方式的货运站场集中布局并不能减少这种搬运,也不一定能降低总成本,因为货运站场是面向全社会受理货运委托,不同运输方式之间的中转货物只是占其中的一部分。各种运输方式的货运站需要根据各自运输网络和货运需求分布进行合理布局才会更

有效,更方便地满足用户需求。

(4)随着运输企业跨运输行业经营模式的逐步建立以及货物运输代理业的发展,运输站场发挥联运的作用将越来越强,如铁路运输公司只要拥有自己/或联营/或固定合作的汽车车队,就可以直接从铁路货运站/货场通过汽车运送至货主收货点,也可以将受理的货物从货主仓库或受理点用汽车直接运至铁路货运站。从铁路货运的延伸服务、航空货运委托配送公司送货等都可以看到这种模式,运输环节的连贯性和操作的简单化是提高效率和行业发展的方向。只有在各种运输方式分割、自成封闭体系的情况下,才可能会产生比较多的在不同运输方式站场间的倒转需求,其不仅导致效率降低、成本增加,也给用户带来更加不方便。

因此,综合货运枢纽是无效的,不符合运输业发展特点,实际上是不可能存在的,但是货运枢纽/站场的综合运输运送和集疏运系统是非常重要的、有效的。

第三节　站场在运输生产链中的作用

(一)运输站场在运输生产链中的关系和地位作用

运输站场是进行公共运输生产的必备场所和设施,是运输中转衔接环节的重要平台,它担负着载运工具停靠、停放、整备,客货运输受理,客货集散、中转、装载发送/到达接卸、货物仓储、信息与单证传递以及运输工具的运行调度指挥等功能。运输站场的发展对于增强运输能力、提高运输效率和服务水平具有重要影响,也有助于提高运输组织化程度和改进运输组织模式。但是,在运输生产链中,运送是目的和关键,运输链中的链主和主导者是承运人,他们主导和决定着运输的组织模式和市场的运行状况,尽管运输站场的功能在运输生产过程中很重要,是不可或缺的组成部分,但站场作业和站场服务仅是运输生产过程中的一个环节,服务于承运人的运送生产,属于配角地位,其不可能主控运输生产链和主导运输市场。然而,在一些公路运输站场规划中,往往以运输站场主控运输组织、主导运输组织化程度提高的思想或潜在意识进行规划,由此,造成一些规划的站场(主要的货运站场)建设不起来或利用率和效果不理想。

在运输生产过程中,无论是旅客还是货主都是与承运人(或承运代理人)之间的合同关系,而不是与运输站场,如航空旅客是与航空公司、公路旅客是与汽车客运公司、货主是与船运公司构成合同关系,而不是与机场、汽车客运站、港口等;运输网络开展、运输工具调配、运输组织也都是由承运人决定和执行的,如港口的航线、班次开行是由船运公司决定的,而不是港口,港口只能通过改善自身的条件增强对承运人或货主在指定港口时的吸引力。实际上,公用型运输站场是提供运输专业技术服务的物业平台,服务的对象是承运人,并通过为承运人提供相应的站场服务从承运人中获取收入，其能力、环境、服务质量是争取更多业务的重要条件，同时也是行业发展水平的重要考核指标。

不同运输方式的运输站场运行方式不同，应有相对应的规划建设思路。铁路运输，运输站场属于所在地铁路公司，为其他铁路承运人提供作业服务通过铁路清算体系清算；水路运输、航空运输、公路旅客运输，站场作业及服务作为独立的业务全部委托给港口、机场、汽车客运站经营；而公路货物运输机动灵活，不像其他运输方必须要有固定的线路站点进行作业，并且货物受理、装卸、运输组织等全程基本上都需要承运人自己完成，很难将站场作业分离出来交给公用型站场公司，因此，公路货运站的主要形式是承运人向公用型站场租用场地、办公用房、仓库、大型装卸设备以及信息平台服务等，公用型公路货运站实际上是提供一定公用物业设施和信息平台的承运人集中区，相似于物业经营单位，承运人是否愿意进驻要取决于经济性、地理位置等因素。由于目前公路货运企业普遍规模不大，对场地条件要求不高、灵活性大，加之运输市场的低成本竞争环境，对公用型公路货运站的发展，一方面仍然需要加大运输市场发展的引导，培育骨干运输企业，增加对货运站场的使用需求；另一方面要结合公路运输生产的实际，以服务于承运人、而不是控制承运人、增强运输市场管控能力的思想进行规划建设，在经济上要使承运人使用得起和带来业务及收益增加。

（二）政府在运输站场建设发展中的作用

运输站场是保障运输开展、与交通网络一体的重要基础设施，同时又是运输生产企业的生产性设施，可以采取公用型服务的方式独立经营，在发展上，存在着政府投资建设责任与企业投资建设经营的界限划分问题。总体上是，效益好的、经济较发达地区的站场较容易获得投资和发展，效益差、落后地区、政府投资参与少的站场发展困难。要加快站场发展，很重要的一点就是要明确政府在不同类型运输站发展中的责任和投资范围，为此，需要根据交通运输和社会发展的当前阶段和发展要求，结合不同地区、不同运输方式的需求特性，对客货运输站场属性进行研究和定位，制定相应的支持发展政策。

由于站场规划以及站场所需的土地等资源主要掌控在政府手中，政府的行为对站场的发展影响极大。为此，政府首先要认真研究和积极促进科学的运输网络构架模式和先进运输组织模式，树立正确的运输枢纽布局理念，编制科学的运输枢纽和站场规划；其次是要有相应的分类指导政策和引导性投资手段，对不同地区、不同类型的需要加快发展和完善的运输站场加以支持和引导，对于综合客运枢纽建设，要通过土地使用规划、项目立项审批、政府协调等措施手段加以促进。对于客运枢纽站场既是运输企业进行运输生产、运输组织的必要基础设施，又具有城市的门户窗口和城市标志的性质，城市对其建筑形象有相应要求，具有一定的公益性质，而且一般投资都较大，难以完全按经营性项目进行投资建设，因此，需要行业主管部门、地方城市政府的推动和引导，除了场地规划以外，在投资上应给予相应较大的支持。对于货运枢纽站场，由于生产性、经营性特征比较明显，应按照规模化、集约化、符合网络布局合货物流向的要求,政府规划场地,以“企业为主,政府扶持、社会化服务”的模式进行投资建设与经营。

第四节　宏观运输枢纽与通道布局规划的关系

(一)宏观运输枢纽与运输通道的关系

宏观运输枢纽与运输通道是一种相互依存、相互促进的发展关系,运输通道建设的前提是该方向有较大的客货运输或交通流需求,(区域间、城际间运输大通道)通往和连接的主要结点城市必须是某一级别的区域中心城市和客货流的主要生成地和集散地,即首先暗含了该城市是某一级别的潜在的运输枢纽城市;而运输枢纽城市的真正形成和重要度(即“场强”)的提高,必须依靠运输通道的建设和与其他运输枢纽之间联系的不断完善才能得以实现,不同级别的运输枢纽需要相应级别的运输通道与之相连接。当然,原先不是运输枢纽的城市,也可能会因为有了运输大通道连接,形成“交通枢纽城市”,与其他城市相比区位条件发生改变,通过利用交通优势促进经济和商贸发展,提高集聚能力,形成越来越大的客货运输需求生成源和吸引邻近区域及城市的客货流而逐步发展成为运输枢纽城市,但这已超出原规划讨论的范畴,是未来规划需要考虑的基础条件和作出调整的依据。

在运输通道布局规划中,必须首先搞清楚哪些是区域中心城市和属于哪一级别的运输枢纽城市,才能确定它们需要用哪一级别的运输通道进行连通,运输通道规划才能有明确地走向;而不是仅仅凭既有路网格局下已形成的客货运输流和对未来的直观判断对运输通道进行布局规划,再根据所规划的运输通道所经过城市形成的结点进行运输枢纽规划,将因果关系倒置。如果先规划通道再确定运输枢纽城市,将很难从运输网络的根本作用和服务目的解释清楚通道规划的理由。因此,除了专用运输通道以外,区域间、城际间运输大通道规划,应该是先分析和确定宏观运输枢纽城市,再规划相应级别的运输通道以及在宏观运输枢纽城市规划建设相应级别的运输枢纽实体。

(二)宏观运输枢纽的级别分类

宏观运输枢纽的级别不宜分类过细,否则将会造成功能定位不清,笔者认为,按交通运输的实际功能作用划分三个级别层次就可以了,一是国家级主干运输枢纽——主要指大区域中心城市;二是国家级运输枢纽——主要指省会城市和主要的计划单列城市、重要港口;三是省级运输枢纽——主要指各省(自治区)的重点城市和主要的港口、口岸。之所以不按国家级、区域级、地区级划分,主要是枢纽都有为区域内、区域间服务的功能和要求,而且因经济规模和人口规模的特点,运输量都比较大,国家级、区域级枢纽在功能上分不清楚,也不符合运输组织规律。对于地区性运输站场，虽然属于整个运输网络和进行运输组织的一部分，但基本属于下一层级的内容，与大通道布局的关系不是非常密切。

作为国家级主干运输枢纽之间需要有综合运输大道进行连接，按此规划思路，可以较好地对照分析出我国目前运输通道存在的不完善之处和在未来布局规划中需要加以考虑的通道项目。例如：目前成渝运输枢纽与广州运输枢纽以及与上海运输枢纽之间的通道连接和通道等级水平明显不足，需要在国家综合运输网的通道规划中给予重视和加强。

（主要完成于2006年，2008年修改补充）